Traumweh

**„Ich kann mich an wenige Tage so erinnern,
wie an jeden einzelnen der 803."**

Tim Wohlfeil Susan Döhring

Traumweh

Bibliografische Information der Deutschen Nationalbibliothek:
Die Deutsche Nationalbibliothek verzeichnet diese Publikation
in der Deutschen Nationalbibliografie; detaillierte
bibliografische Daten sind im Internet über http://dnb.dnb.de
abrufbar.

© 2014 Tim Wohlfeil

Herstellung und Verlag: BoD – Books on Demand,
Norderstedt

ISBN: 978-3-7357-4117-2

Inhalt

1. Prolog — 10
2. Vorbereitungen
   1. Die Dinge, die dich besitzen — 11
   2. Knife mich mal — 14
   3. Tausche 77 Quadratmeter gegen 70 Liter — 15
   4. Weniger 100 — 18
   5. Weil ich es mir wert bin — 20
   6. Sie verlassen den zumutbaren Sektor — 21
3. Alaska
   1. Hoffnung im Nirgendwo — 25
   2. Fitzcarraldo — 28
   3. You don't know how it feels — 34
   4. Stand by me — 37
   5. Suche geschenkten Gaul, biete… — 51
   6. Auf der Suche nach Glück — 57
4. Kanada
   1. Kanada ist doof — 63
   2. Die Seen der anderen — 66
5. USA
   1. Die Stadt der bösen Hexen — 70
   2. Sechs Tage Weihnachten — 73
   3. Lassen Sie uns durch, wir sind Arzt — 76
   4. Zelten im Zentrum des Zyklon — 78
   5. Marlboro Country — 81
   6. Winnetous Erben — 83
   7. Ich bin die Maus, die Farben sammelt — 85
   8. Stell dir vor es ist kalt und Susan geht hin — 89
   9. Susan 1, Las Vegas 0 — 92
   10. Jerry — 94
   11. Verschwörungstheorie — 97

6. Argentinien
    1. These boots are made for walking — 101
    2. Bitte gib mir nur ein Wort — 103
    3. It's good to be king — 105
    4. Hostel Himmel und Hölle — 107
    5. Villa Venus — 112

7. Chile
    1. Klimawandel — 115
    2. 20.000 Meilen unter Valparaiso — 125
    3. Eine Sommerliebe — 128
    4. Terremoto — 132
    5. Steine staunen — 134
    6. Blutsauger gegen Berglöwen — 138
    7. 1.000.000 Legionen — 141

8. Bolivien
    1. Nach Bolivien im Bus — 146
    2. La Paz — 150
    3. Das teuerste T-Shirt Boliviens — 156

9. Honduras
    1. Der beste Job der Welt — 158

10. Peru
    1. Wir sind keine Freunde — 161
    2. Große Erwartungen — 164
    3. Gullivers kritische Reisen — 169

11. Ecuador
    1. Darum Ecuador — 172
    2. Galapagos überwasser — 175
    3. Galapagos unterwasser — 176

12. Kolumbien
    1. Kolumbien ffwd — 179
    2. Zombies bei Sonnenaufgang — 182
    3. Gras im Park — 184
    4. Dumme Fragen — 187
    5. Südamerika fünf Sterne — 189

13. Mexiko
    1. Der 20. September, ein Arschloch — 192
    2. Mexiko durch den Magen in Herz — 195
    3. Ein Museum namens Mexiko — 198
    4. Vergebung zur Mittagszeit — 200

14. USA II
    1. Zurück zu alter Stärke — 204
    2. Ferne Freunde — 205
    3. Thanksgiving — 207

15. Neuseeland
    1. Sunny und Cher — 209
    2. Eifersüchtig auf Vegetarier — 211
    3. Wandern und Bier — 214
    4. How many roads must a man walk down — 217

16. Australien
    1. Tasmanien auf allen Vieren — 219
    2. Tasmanien ist kein Streichelzoo — 223
    3. Australien ohne uns — 226

17. Vietnam
    1. Ein Land namens Vietnamkrieg — 229
    2. Geld ist nicht alles — 231
    3. Im Zweitakt — 233
    4. In einem Land vor meiner Zeit — 236
    5. Vietnjam njam — 238

18. Kambodscha
    1. Hot Pants und Berettas   240
    2. Traumweh 2.0   242
    3. Beatocello   245
    4. Kurzgeschichten   247

19. Myanmar
    1. Disarm you with a smile   252
    2. Die halbe Stunde zum Jahrhundert   255
    3. Geldanlage   258
    4. Aktives Vergessen   260
    5. Freiheit der Person   263
    6. Myanmar Rail   266
    7. Lichtspielhaus   269
    8. Alles Gold was glänzt   270

20. Thailand
    1. Buddha bei die Fische   275
    2. Dieses Gefühl von   278

21. Singapur
    1. Traumweh   280
    2. Danke   285

Prolog
Die Welt war doch die ganze Zeit da?
Hamburg, 2008

Ich frage mich, warum wir das nicht schon viel früher gemacht haben. Das mit der Reise, das mit dem mutig sein, das mit dem in Frage stellen. Die Welt war doch die ganze Zeit da, wir etwa nicht?

Traumweh ist kein Gefühl wie Heim- oder Fernweh.
Traumweh ist ein Antrieb, eine Idee, die sich von alleine entwickelt, bunt malt und alles überstrahlt. Traumweh ist der Sand im Getriebe der Gedankenmaschine. Wenn Träume Stachel sind, die uns durch einen kleinen Schmerz wie Fernweh daran erinnern, dass es sie gibt oder wir sie mal hatten, dann ist Traumweh ein Dorn, der sich nur noch durch Amputation entfernen lässt.Ein Schmerz, der sich nicht einfach weglachen oder verleugnen lässt. Dieser Schmerz kommt von innen, sitzt tief im Hinterkopf, nistet in der Gedankenmaschine und lässt Träume Warteschleifen drehen. Traumweh ist eine Rekalibrierung der Gedanken, eine Neuausrichtung.
Traumweh ist unser ganz persönlicher Triumph von Mut über Zweifel, Abenteuerlust über Sicherheit und Einmaligkeit über Alltag.

Und Traumweh ist jetzt ein Buch, ein Reisebuch. Tatsächlich würde ich mich am meisten freuen, wenn Traumweh, das Buch, reisen gehen wurde. Wenn es ausgelesen irgendwo zurückgelassen und durch Zufall von einem anderen Reisenden aufgelesen würde. Traumweh sollte nicht säuberlich in einem Bücherregal stehen und hin und wieder entstaubt werden. Traumweh sollte bekleckert und schmutzig, mit Sand berieselt, irgendwo im Dreck gelesen werden, im Rucksack geknickt und im Regen nass werden. Traumweh sollte ein Geschenk an einen Reisenden sein. Traumweh sollte mit Notizen vollgeschmiert und seine Seiten in der Not rausgerissen und missbraucht werden. Traumweh sollte da sein, wo es herkommt. Von draußen, dort wo es manchmal scheiße ist aber meistens wunderschön.

Für mich ist Traumweh mehr als das Buch, das Du jetzt in den Händen hältst. Traumweh sind mehr als zwei Jahre meines Lebens. Traumweh war die beste Entscheidung meines Lebens und ich hatte keine Ahnung davon, als mich ein alter Freund anrief.

Die Dinge, die Dich besitzen
Hamburg, April 2008

„Alles was Du besitzt, besitzt irgendwann Dich."
Nach diesem dahingesagten Satz beginnt das Kino in meinem Kopf eine Wahnsinnsvorstellung. Das eben Gesagte wird mich von nun an lange begleiten und eine enorme Wichtigkeit annehmen. Es gibt viele gute Ratschläge, die ich aus verschiedensten Gründen nicht angenommen habe. Bei einigen sollte ich Recht behalten. Verkauf alles. Das sind nur Dinge. Dinge kannst Du immer wieder kaufen. Eine Reise machen und die Erlebnisse und Momente teilen, dafür läuft jeden Tag die Zeit ab. Jeden Tag. Einige Dinge kann man nicht kaufen und wenn Du zu lange wartest, ist die Zeit dafür irgendwann weg.

Zeit kennt nur eine Richtung. Entscheidungen können rückgängig gemacht oder bereut werden. Zeit kann man nur nachtrauern. Zu viele Entscheidungen schiebe ich auf die lange Bank. Die vermeintliche Sicherheit der Komfortzone, das angenehm-einlullende Gefühl des Alltags, die Selbstillusion, deine Träume auch morgen noch leben zu können. Aber mal ehrlich, die meisten Träume werden morgen nicht gelebt. Sie werden auch morgen noch geträumt und übermorgen.

Es ist das erste Mal, dass mich diese Überlegung schmerzt, dass ein Traum weh tut. Traumweh beginnt als leises Pochen in meinem Kopf. Die erste schlaflose Nacht. Nicht die Letzte. Dieser Traum nistet aggressiv, verdrängt alles andere. Kolbenfresser in der Denkmaschine, von hier an gibt es nur noch ein Thema.

„Eine Weltreise kannst Du jetzt machen. Einen Job wirst Du immer wieder finden, eine Wohnung mieten und ein Auto kaufen auch." Er sagt das so einfach. Klar, er muss es ja auch nicht machen. Für ihn ist es ein Tipp an einen alten Freund. „Mach das mal, befrei dich von Allem, lös dich aus deinem Mikrokosmos, tritt einen Schritt zurück und genieß den Ausblick."

Ja klar, alles ganz einfach. Warum eigentlich nicht - die richtige Frage. Warum? Die Falsche. Ab jetzt werden nur noch richtige und wichtige Fragen gestellt.

Nach dem Gespräch mit Fabian bin ich mir zum ersten Mal meines Alters bewusst. Ich bin 27. Das macht nichts, hat es früher nicht und macht es auch jetzt nicht. Für eine große Reise aber läuft die Zeit und gegen mich. Alles andere: die Wohnung, der vermeidlich angesehene Job, der Sportwagen den ich immer wollte, die Sicherheit auf der Bank, Altersvorsorge, dreiteiliger Anzug, pervers großer Fernseher... das alles läuft nicht weg, kann warten und ist auf einmal gar nicht mehr so wichtig.

Ein merkwürdiges Gefühl wenn ein alter Freund einen Ratschlag ausspricht und damit alles in Frage stellt. Er kennt mich noch von früher, ziemlich gut sogar, wie ich feststelle aber wir sehen uns viel zu selten um das Leben des Anderen zu begreifen, die treibenden Ideen zu kennen, die Umstände, oder Hintergründe. Aus dieser entfernten Perspektive aber trifft er den Nagel auf den Kopf, stellt genau die richtigen Fragen und reicht mir die Idee herüber aus der heraus ich nun schreibe.
Die Idee verselbstständigt sich in kürzester Zeit, malt sich selber bunt und bestimmt von hier an alles Weitere.
Wir sprechen erst Monate später wieder und ich kann ihm sagen was er angerichtet hat. Er freut sich und ich hoffe er ist stolz. Ich bin ihm sehr dankbar.

Nach dem Telefonat steht vieles, was bis hierher Teil meines Lebens war, in Frage. Die Wohnung von der Freunde später sagen werden, sie konnten nie verstehen wie wir hier einziehen konnten, die Karriere, Riester-Rente, Mobilfunkvertrag, Fitnessstudio, Krankenkasse, vermögenswirksame Leistungen. Das, was gemeinhin als „geregelte Bahnen" bezeichnet wird, was das Leben planbar, nachvollziehbar und Lebenslauf-konform gemacht hat, wird gedanklich planiert und radikal neu betrachtet.
Der Teil des Lebens, der Eltern nachts ruhig schlafen lässt, innerhalb eines nachdenklichen Nachmittags über Bord geworfen. An Deck bleibe ich allein zurück. Von nun an wird gedanklich klar Schiff gemacht, die Segel im Sturm gesetzt und der Kurs bei voller Fahrt um 180 Grad korrigiert.
Ich werde nicht mein Leben ändern. Ich werde nur mein Ändern leben. Da gibt es bloß noch eine Sache.

Wir müssen reden. Ich muss Dir was sagen. Etwas wichtiges. Ernstes Gesicht aufgesetzt und am nächsten Morgen Susan davon erzählt. Ich überrolle sie mit der Idee, Vorstellungen und Ansätzen.
Ich muss das machen, das ist wichtig für mich und auch wenn ich das erst seit gestern will, ist nichts wichtiger als diese Reise. Ich erwarte nicht die gleiche, oder überhaupt, Begeisterung. Ich erwarte nicht, dass Susan mitkommt, ich erwarte eigentlich gar nichts, ich muss nur Teilen was in mir vorgeht.

Ich würde nie einen Liebesbeweis verlangen aber wenn es jemals einen bräuchte, er war erbracht, als Susan nach einem völlig zusammenhangslosen und sehr aufregt vorgetragenen Monolog ohne zu zögern entschied, nicht nur Zweifel an unserer aktuellen Lebenssituation zuzulassen, sondern die Antwort gleich mitzugeben.

Susan und ich gehen also auf Weltreise, ohne zu wissen wie lange, wohin und unter welchen Umständen. Wir zwei und das ist auch schon das Wichtigste. Keine Wohnung in die wir zurückkehren, keine Jobs die auf uns warten, keine Versicherung, kein doppelter Boden, keine Generalprobe. Diese Karte wurde direkt für die Hauptvorstellung gelöst. Wobei so richtig entschieden ist ja noch nichts, oder?
„Wir planen eine Weltreise, also eventuell, ...steht aber noch nicht so richtig fest. Eine, in letzter Zeit häufig verwendete, Formulierung gegenüber den wenigen Eingeweihten.
Wir stellen aber schnell klar, dass hier keine fixe Idee sondern ein Plan im Werden ist. Reiseführer werden eingesammelt, ausgeliehen, gekauft. Routen überlegt, Bookmarks gesetzt, Listen erstellt. Welche Ausrüstung benötigen wir, was für Kosten kommen auf uns zu, welche Impfungen sind wichtig und wie macht man das eigentlich, eine Weltreise?

Meine Eltern wissen sofort, dass wir den „point of no return" überschritten haben: zu enthusiastisch die Erzählungen, zu leuchtend die Augen, zu wenig andere Themen an diesem Abend. Wer ein Tagebuch über ein Jahr vor Reiseantritt anfängt, nimmt die Entscheidung vorweg.
Es ist Frühling 2008, Vorabend der Finanzkrise, Arbeitslosenzahlen steigen, Aktiendepots werden wertlos, Banken verschwinden und wir auch.

Knife mich mal
Hamburg, April 2008

Heute ist der Globtetrotter Hauptkatalog angekommen. Ein zwei Kilo-Monster, voll wie ein Telefonbuch und bis vor drei Wochen wäre er nach einem gelangweilten „über-den-Daumen-laufen-lassen" direkt ins Altpapier geflogen.
Nun ertappe ich mich bei der ernsthaften Überlegung, ob ein Multibrenner wirklich zweihundert Euro wert ist. Verbrennt nicht nur Reinbenzin, sondern auch Tankstellenbenzin, sowie Diesel und Petroleum. Meine Technikverliebtheit befiehlt mir, so etwas haben zu müssen, zumal es laut Hersteller keine Flamme sondern einen Lichtbogen erzeugt und das ist auf jeden Fall viel besser weil...und...nun ja. Ich brauche das nicht rechtfertigen, ich will es haben.
Und noch etwas fesselt meine Aufmerksamkeit: Messer, die zwar wenig furcht-einflößend aussehen, dafür umso schockierender bepreist sind.
Vierhundert Euro für ein Messer. Mehrfach geschliffene und gehärtete Klinge hin, Carbon-Griff und niemals stumpf werdendes Werbeversprechen her. Dem gegenüber steht mein Zweifel, dass dieses Messer tatsächlich dazu beitragen könnte, unsere Reise einfacher oder sicherer zu gestalten.
Im Ernst: Mit dem Messer will ich eigentlich nur so ein typisch männliches Bedürfnis befriedigen. In Filmen haben die wirklich toughen Typen immer ein Messer parat und ich habe gesehen, aus welch ausweglosen Situationen man sich allein mit einem Messer befreien kann. Allerdings stehen zwischen dieser Vorstellung und der Realität vierhundert Euro, die sich auch wirklich gut in etwas sinnvolles investieren ließen.
Andererseits stelle ich mir vor, dieses Messer in einem Kampf auf Leben und Tod zu ziehen und zu gewinnen, nur weil mein Gegenüber erkennt, dass ich bereit war, vierhundert Euro für ein Messer auszugeben. Leicht auszumalen, was ich mit ihm anstellen könnte. Aber wird mein Gegner zu dem Zeitpunkt ein Messerfachmann sein oder eher ein Gauner, der auf den schnellen Taler aus ist?
Ich kaufe das Messer nicht, sondern werde später ein Messer kaufen, das nach der „Crocodile Dundee-Methode" funktioniert.
Es wird groß sein, ich damit aber nicht sonderlich gefährlich und das wird für mich und alle Mitreisenden auch besser sein.

Tausche 77 Quadratmeter gegen 70 Liter
Hamburg, Globetrotter Hauptquartier, Mai 2008

Er sagt: „Das ist ab jetzt dein neues Zuhause", und weder Mietvertrag noch Maklercourtage hindern mich am Einzug, lediglich zweihundert Euro. Klingt fair.
Bevor ich den Gedanken zu Ende denken kann, bekomme ich mein neues Zuhause aufgesetzt. Mein altes hatte 77 Quadratmeter, dieses fasst 70 Liter. Der Rucksack-Fachmann bei Globetrotter heißt auch Tim und weiß viel über Rucksäcke, die hier Backpacks heißen. Das fängt mit dem Aufsetzen an und endet irgendwo bei der richtigen Art und Weise zu packen. Wir haben keine Ahnung. Tim bombardiert uns mit Fragen. Schulterzucken, verlegenes Lächeln und einige sehr vage Vorstellungen sind unsere Antworten. Wo geht's noch mal hin? Wie lange? Wandert ihr viel oder eher so aus dem Koffer? Nee nee, das Letzte auf keinen Fall, schon richtig mit Wandern und so. Nee, haben wir noch nie gemacht aber das ist bestimmt das Richtige für uns. Oder?

77 Quadratmeter wiegen 18 Kilo und das ist das Standardgewicht für Rucksäcke bei Globetrotter. Klingt wenig aber die Vorstellung, den ganzen Tag damit rumlaufen zu müssen, macht es nicht leichter. Jetzt wird mir aber erst einmal die Luft abgeschnürt und die Arme beginnen zu kribbeln. Alles Teil der Rucksack Aufsetz- und Justier-Prozedur, nach der sich der Rucksack leichter anfühlen soll. Tut er aber kaum. Beim Anblick von Susan, die ebenfalls von einem Rucksack eingeschnürt wird und ein wenig aufheiterndes Gesicht macht, bekomme ich eine erste Vorstellung davon, was wir alles nicht mitnehmen können.

70 Liter. Klingt nicht nach viel und 18 Kilo, simuliert durch Globetrotter Kataloge, zerren aber schon ganz schön an den Schultern. 70 Liter also und da soll alles rein. Schlafsack, Isomatte, Zelt und dann ist er doch auch schon voll oder? Ich sehe mich schon in den immer gleichen Klamotten und sehr dünn weil für Essen und alles Andere kein Platz ist. Dass diese, mit Ironie erdachte Vorstellung, der Realität sehr nahe kommen wird, ahne ich an dieser Stelle nicht.

Das Rucksackaussuchen geht bei mir schnell. Die Rucksäcke, die ich probiere sind okay, der eine drückt etwas mehr und der andere scheint besser belüftet zu sein. Irrelevant meint Rucksack-Tim.

Du wirst schwitzen, egal wie gut die Belüftung zu sein scheint.
Ah ja aber werde ich Platz für Deo und frische Shirts haben oder sollte ich mal das ausgewachsene Modell da drüben aufprobieren?

Schon beim Probetragen reiße ich aufgrund des erhöhten Wendekreises alles Mögliche von Globetrotters Regalen, das der Rucksack-kompetente Tim für mich aufheben muss, weil ich mich mit dem Rucksack auf den Schultern nicht so tief bücken kann. Während ich eine Schneise der Zerstörung durch den Laden ziehe stelle ich mir vor, der Elefant im Porzellanladen schwitzt jetzt auch noch, hat heute und vielleicht auch gestern nicht geduscht und ein frisches Shirt war bei der Größe des Rucksacks leider auch nicht drin. Mein neues Leben setzt viel Toleranz und Sympathie meiner Mitmenschen voraus. Etwas, woran ich auch an mir versuche zu arbeiten.

Während ich Trockenübungen mit dem Rucksack mache und versuche möglichst wenig um- und herunterzureißen, beobachte ich die Menschen, die hier einkaufen. Outdoor ist ziemlich „in" und schick geworden.
Auf der Mönckebergstraße braucht es zwar trotz erhöhtem Niederschlagsaufkommen und Wind von vorn nicht unbedingt ein Hardshell zum Preis der Nettokaltmiete einer Zweizimmerwohnung aber man macht eben eine gute Figur und darf sich ein bisschen wie ein Entdecker fühlen. Neben diesen Posern gibt es auch Outdoor-Nerds zu beobachten, die sich hier, Hände in den Taschen, herumdrücken.
Taschen sind überhaupt das Wichtigste an Outdoor-Nerds' Kleidung. Kein Fleck wird verschenkt, überall wird eine Tasche aufgesetzt, verschließt ein Reisverschluss ein Geheimfach, ratscht ein Klettverschluss über eine wasserdichte Tasche.

Man steht also in designter Funktionskleidung bei Globetrotter und friert nicht, dank dieses echt tollen Super-Materials. Total leicht und voll funktional, wasserabweisend sowieso und dann schau mal die ganzen Taschen. Wie praktisch, Augenrollen zum Unterstreichen der Wichtigkeit und fleißig nicken. Bei den Outdoor-Nerds geht es, anders als bei den Posern, natürlich nicht um Marken, aber das sind nun mal die Besten. Und überhaupt kommt nur diese eine in Frage, reiner Zufall, dass auch die Poser dass so sehen.

Es gibt dann aber doch einen Unterschied zwischen den Posern und den Nerds. Für die Outdoor-Nerds besteht ein wahrer Wettkampf darin zu zeigen, was für knallharte Outdoor-Burschen sie sind, indem sie zu den unpassendsten Temperaturen kurze Hosen und T-Shirt tragen. Natürlich Funktionskleidung, mit vielen Taschen. Für diese schlimmste Form der Outdoor-Nerds ist es das Größte, wenn sie allein und noch als Einzige in diesem Auflauf von Möchtegern-Outdoor-Burschen, kurzärm- und beinlich unterwegs sind.

Kopfschüttelnd und in Jeans und Baumwoll-Pullover gekleidet, betrachte ich das Treiben, reiße noch einige Dinge von den Regalen, dann fahren wir mit neuen Erkenntnissen nach Hause. Es wird der große Rucksack, denke ich, und so ein Nerd versuche ich nicht zu werden. Man wird sehen, was aus mir wird.

Zurück in den 77 Quadratmetern, in denen Gramm und Liter keine Bedeutung haben, überlege ich, was wir alles verkaufen könnten. Sachen die wir zu selten nutzen, zu groß, Staubfänger, noch nie angehabt, warum haben wir das eigentlich oder überhaupt gekauft? Mitnehmen können wir kaum was von dem was wir hier haben und Sachen einlagern kostet Geld. Darum werden die Dinge ab jetzt kritischer betrachtet. Für Picknick-Korb, Fernseher, Surround-Anlage und Playstation ist kein Platz in unserem Rucksack, außerdem sind das nur Zeitfresser, das hält uns nur auf. Ich tausche Besitz gegen etwas viel Wichtigeres. Ich will nicht an einem Punkt der Reise stehen und feststellen, dass wir, hätten wir nur etwas mehr von dem Zeug was uns eh nicht wichtig war verkauft, etwas erleben könnten, was uns nun verwährt bleibt.

Als ich im Fernsehen eine Reportage über die Galapagos-Inseln sehe, muss ich lachen. Ich stelle mir vor, dass der Fernseher uns einen Teil des Weges dorthin ermöglichen wird, wenn wir ihn demnächst verkaufen. Muss ich deswegen ein schlechtes Gewissen haben? Betrüge ich meinen Fernseher?

Weniger hundert
Hamburg, Februar 2009

Heute sind es weniger als hundert Tage und ich bin cool. Ich habe gar keinen Grund, nervös zu sein. Wir sind bis an die Zähne vorbereitet. Susan hat festgestellt, dass wir gut in der Zeit liegen und wenn sie das sagt, beruhigt mich das ungemein.

Ich habe Reiseführer über die meisten Regionen, die wir kreuzen wollen, gelesen, kenne den Unterschied zwischen einem Geodät- und einem Kuppelzelt und habe Links zu all-möglichen Eventualitäten gesammelt. Einreisebedingungen, Transfermöglichkeiten, Adressen von Botschaften, Internetdoktoren und Apotheken, Umrechnungstabellen, Übernachtungsmöglichkeiten und tausend andere Dinge.
Was soll uns aufhalten?
Die Liste am Kühlschrank färbt sich von rot zu schwarz und das bedeutet, dass wir Dinge erledigt haben. Am Tag des Abflugs muss da alles schwarz sein, die wirklich wesentlichen Punkte sind es jetzt schon. Grund, sich mal was zu gönnen, findet Susan und hat sich zwei Mützen gekauft, grün und weiß. Nur die Grüne wird es mit auf die Reise schaffen. Wir wissen das, weil heute Susans Rucksack angekommen ist und wir probepacken konnten.
65 Liter und weniger groß als angenommen. Kaum waren Schlafsack und Isomatte – ach was schreibe ich – High-Tech-selbstaufblasende, gewichts- und computeroptimierte, aus Weltraummaterial unter Schutzatmosphäre hergestellte, hochbelastbare und mit reißfestem Material verstärkte Therm-a-rest-Matte in dem Rucksack, war für alles Andere wenig Platz.

Wenn man liest, was sich der Hersteller der Matte alles hat einfallen lassen und uns jetzt für die Hälfte der ursprünglich völlig unverbindlichen Preisempfehlung verkauft hat, möchte man meinen, mit dieser Matte könne man direkt in das Reich der Träume fliegen oder bei Bedarf den Colorado River runter Reiten. Dieses Ding kann alles und nebenbei soll man darauf auch noch geschützt vor Unebenheiten und fieser Kriechkälte schlafen können.
Die Matte, wenn ich es so abfällig nennen darf, nimmt recht viel Platz ein, erspart einem aber das lästige Aufpusten und ist hoffentlich so bequem wie bei der ersten Liegeprobe festgestellt.

Der Schlafsack ist nicht weniger High Tech. Ich will niemanden langweilen, daher nur so viel: der 75 Kilo Durchschnittsmann erfriert in Susans Schlafsack bei minus 25 Grad nicht. Wann der 75 Kilo Durchschnittsmann in Susans Schlafsack erfriert, steht nicht in der Beschreibung aber ich werde mit meinem noch immer nicht gekauften Messer verhindern, dass ein 75 Kilo Durchschnittsmann zu Susan in den Schlafsack krabbelt.

Jedenfalls ist Susans Rucksack mit diesen beiden Dingen schon recht voll, dazu kommen die Microfaser-Handtücher, Outdoor-Dusche und als Platzhalter und Füllmaterial etwas Schmutzwäsche. So kann der Rucksack schon mal den Geruch annehmen, der uns auf der Reise umwehen wird, ich freu mich.
Für das Gewicht sorgen einige Tetrapaks. Der Rucksack ist damit schwerer als bei Globetrotter aber diesmal lächelt Susan. Hat vielleicht etwas damit zu tun, dass der Rucksack nun der eigene ist und keine Outdoor-Nerds um uns herumwuseln und typische Nerd-Fragen stellen.
Sind wir eigentlich mittlerweile auch so, frage ich mich gerade? Schwärme ich manchmal von Materialien, lobe die praktische Tasche und rolle mit den Augen ob der Qualität meiner Wanderstiefel?

Als das Zeug in Susans Rucksack ist und sie in diese gesunde, aufrechte Körperhaltung zwängt, fällt mir auf, was da alles noch nicht drin ist und somit auf mich zukommt: Zelt, Laptop, Kamera, Kochgeschirr, Kocher, mein Schlafsack, Isomatte, Klamotten und viel Kleinkram dürften mehr als die 18 Kilo „Globetrotter-Rucksackstandardgewicht" auf meine Schultern verteilen.
Und wir müssen auch mal was essen oder trinken, das Gewicht kommt noch on top. Ich sehe die 90 Liter meines Rucksacks schwinden.

Okay, ich habe verstanden, was Beschränkung auf das Wesentliche bedeutet. Darüber sprechen und es tatsächlich erfahren, ist aber zweierlei. Egal, bis zum Abflug bekommen wir das hin.
Hundert Tage noch. Lange genug, um alles noch ein paar Mal durchzugehen, sich Fragen zu stellen und nervös zu werden. Jeder verarbeitet seine Nervosität anders. Ich schreibe.

Weil ich es mir wert bin
Hamburg, Februar 2009

So, nur noch neunzig Tage bis zum Showdown.
Nachdem wir uns bereits auf dem Flohmarkt von allerlei Kram, Klamotte und Kinkerlitzchen getrennt haben, heißt es nun für mich, im Bad Klarschiff zu machen.
Die fünf verschiedenen Duschgele, vier Shampoos gegen fettiges Haar, für mehr Haarfülle, für coloriertes Haar und für normales Haar sowie diverse Spülungen, Kuren, Masken, Cremes, Festiger, Tinkturen, Seifen, Gele, Pasten, Lotions, Fluids, Liquids und was weiß ich noch alles, müssen jetzt mal endlich aufgebraucht werden.
Es wird nichts Neues mehr gekauft, bis jede Flasche oder Tube restlos alle ist! Ich lass mich von keiner Werbung mehr verarschen.
Kann ja nicht sein, dass ich kurz vor Start mit lauter angebrochenem Zeug dastehe. Und wegwerfen geht auch nicht, da mach ich mir selbst einen Strich durch die Rechnung. Also wird jetzt mal fröhlich alles der Reihe nach alle gemacht.

Beim Blick durch den Inhalt des Badezimmerschranks, kann ich kaum glauben, was ich alles habe. Fönlotion? Was soll das sein? Schaumfestiger? Benutz ich doch gar nicht! Ach doch, den hatte ich mir mal zum Styling für eine Hochzeit gekauft, damit die Locken den ganzen Tag halten. Haben sie nicht und seit dem nie wieder benutzt. Stehen noch Feste an, bevor wir abfliegen? Nicht wirklich. Aber wegwerfen geht doch auch nicht. Ich könnte jeden Tag ein bisschen davon benutzen, dann brauch ich ihn wenigstens auf...

Mach ich mir wirklich über so was Gedanken?
Ja! Und über noch viel mehr! Zum Beispiel: Wie bekomme ich meinen Haaren die tägliche Wäsche abgewöhnt? Die ist in den letzten Jahren nämlich obligatorisch geworden. Seit ein paar Wochen, stehe ich daher jeden Morgen unter der Dusche in regem Dialog mit meinem Kopfhaar um es zu überzeugen, dass das bald vorbei ist und, dass es sich nun mal langsam auf eine andere Gangart einstellen könnte. Bisher wollen mir meine Haare aber nicht recht zuhören. Was mich wiederum dazu veranlasst hat, mir eine Mütze und ein Bandana zu kaufen. Wenn es mit den Haaren also nicht mehr geht, werde ich bemützt durch die Welt laufen.
Hab ich haarscharf kalkuliert.

Sie verlassen den zumutbaren Sektor
Berlin, März 2009

Weil wir länger als drei Monate durch die USA reisen wollen, haben wir uns entschieden, ein Visum für die USA zu beantragen, genauer gesagt, ein „B-2-Visum", ein Besucher-Visum zu touristischen Zwecken. Da gibt es kleine aber feine Unterschiede und unglaubliche Dinge zu beachten. Es fängt damit an, dass man dieses Visum nicht irgendwann beantragen kann, nein, man kann es erst zwei Monate vor Reiseantritt tun. Und das, obwohl das Visum eine Gültigkeit von zehn Jahren hat. Uncle Sam hat aber noch mehr Späße auf Lager. Da kann Behörden-Deutschland noch einiges lernen von „God's own country".

Ich will mich aber nicht beschweren. Tim musste – weil männlich und über 25 Jahre alt – in einem Formular darlegen, an welchen Waffen er ausgebildet ist und welche Länder er wann und wie lange in den letzten zehn Jahren bereist hat.
Ersteres ist bei Tim schnell erledigt, da er immer noch immer nicht das Messer besitzt, geschweige denn bedienen könnte.
Dieser Part ist also schnell abgehakt aber mal eben die letzten zehn Jahre Reisetätigkeit zu rekapitulieren, strengt die grauen Zellen ganz schön an. Und dann sind für diesen Teil im Formular DS 157, wie bei einer SMS, nur 150 Zeichen vorgesehen. Es passen vier Reisen in das Formular, der Rest füllt bei Tim feinsäuberlich die gesamte Rückseite, was der Beamtin beim Termin, immerhin ein kleines Lächeln abringen wird.

Nachdem alles Notwendige ausgefüllt und für den Termin ausgedruckt ist, wird die Visagebühr fällig, die an ein Unternehmen namens „Roskos&Meier" zu überweisen ist. Roskos&Meier schickt dann eine Email mit der Einzahlungs-Bestätigung und einem Barcode. Beides ist zum Visa-Termin mitzubringen. Aus Gründen, die mir nicht bekannt sind, kann Roskos&Meier zu viel bezahlte Beträge nicht zurücküberweisen. Ich weiß nicht, warum die das nicht können und warum diese Information auf der Visa-Seite gegeben wird aber ich gebe sie einfach mal weiter.
An dieser Stelle atme ich weg, dass die Online-Überweisung unverschlüsselt geschieht und, dass sich die Visa-Gebühr zum Vorjahr um zwanzig Prozent erhöht hat. Dass man das Geld nicht zurückbekommt, wenn man kein Visum erhält, ist wohl obligatorisch.

Für den Visa-Termin bei der Botschaft in Berlin benötigt man noch ein Foto, das den Kopf des Protagonisten auf Zweidrittel der Gesamtfläche mit freigelegten Ohren vor weißem Hintergrund zeigt.
An dieser Stelle könnte man stolpern. Das biometrische Foto, das wir vor wenigen Wochen für unseren Pass machen ließen, erfüllt alle Voraussetzungen und ich war kurz davor, eines dieser Verbrecherfotos einzupacken, aber denkste! Irgendwo bei den „Fotobestimmungen für Visa-Anträge" steht geschrieben, dass das Foto für das Visum 5x5 cm groß sein muss und das ist das biometrische Foto nicht.
Also noch mal zum Fotografen und noch mal für Fotos bezahlt, die man nirgends, außer im Reisepass, aufbewahren würde.

Mit zwei dicken Sammelheftern voll mit notwendigen Unterlagen, Gehaltsabrechnungen, Kontoauszügen, Flugticket, Impfpass, internationalem Führerschein, Hostel-Reservierung, unserer Routenplanung und als Joker jeweils ein Foto von Mama und Papa (um „bestehende soziale Bindungen" nachzuweisen) ging's ab nach Berlin. Denn im Grunde bewirbst Du Dich nicht um ein Visum, sondern musst eine Verteidigungsstrategie aufweisen, mit der Du darlegst, dass du nicht vorhast, dauerhaft in den USA bleiben zu wollen.

Leider ist es nicht so, dass man mal eben in die amerikanische Botschaft marschiert und sagt: „Hier bin ich zu meinem Visa-Interview", so schon mal gar nicht. In einem kleinen Vorraum wurden unsere Pässe gecheckt und wir und unsere Sachen durchleuchtet. Der eindringliche Befehl: „Keine Handys!" gleich mehrmals. In den Intos zum Visa-Termin steht tatsächlich, dass man weder Handys noch Waffen mitbringen darf und diese besser bei Freunden oder im verschlossenen Wagen lässt.

Nachdem die Äußerlichkeiten geklärt waren, durften wir ins Hauptgebäude, wo uns ein weiterer, sehr strammer Beamter empfing und das nun folgende Prozedere im Imperativ erklärte. Wir sollten um die Ecke an Stehpulte gehen und unsere Unterlagen vorbereiten. „Keine Klarsichtfolien oder Heftklammern". Ich verkniff mir ein: „Oh, warum denn nicht?", und ärgerte mich, dass ich die Unterlagen in Folien sortiert hatte. Also Papiere fertig gemacht und zur nächsten Beamtin, die die Pflicht-Unterlagen auf Vollständigkeit überprüfte und unsere Verbrecher-Fotos herzlos an die Formulare tackerte. Die darf also tackern, ja?

„Stellen Sie sich jetzt mit ihren Unterlagen an Schalter drei an", befahl sie. An Schalter drei stand ein weiterer Visumsanwärter und präsentierte seine Unterlagen einer Beamtin hinter Panzerglas. Ich setzte mich auf einen der Stühle.

„Ma'am... MA'AM! Bitte nicht hinsetzen. Ich habe Ihnen doch gesagt, dass Sie sich an Schalter drei anSTELLEN sollen", wies mich die erste Beamtin zurecht.

Hoppala, alles gut! Ich will ja nicht, dass das hier in die Hose geht, weil ich mir die Frechheit herausnehme, mich auf einen leeren Stuhl zu setzen. Ich war nicht bei der Armee, die und diesen Ton kenne ich nur von Drill-Sergeants aus Filmen.

Von jetzt an wird also Haltung angenommen und die Hacken geknallt und dann im Stechschritt zur Frau hinter Glas, die unsere Unterlagen überprüfte, drauf rumkritzelte und somit irgendwie für das Visa-Interview vorbereitete. Dann machte sie allen Ernstes digitale Fotos von unseren analogen Verbrecherfotos, um unser Antlitz für immer zu konservieren.

Danach durften wir uns hinsetzen und auf unser Visa-Interview warten. Also tatsächlich im Sitzen und auf einem Stuhl, lieber noch einmal zu viel nachgefragt.

Auf einem Bildschirm lief in Endlosschleife ein Werbefilm über die USA und seine Menschen, den Leni Riefenstahl nicht besser hätte inszenieren können. Monument Valley, Weißkopfseeadler, Menschen die tun als würden sie arbeiten, Mustangs, Rodeo, friedlich spielende Kinder aller Hautfarben, New York Skyline bei Nacht, der Geschäftsmann, die Mutter, die Sportlerin.

Unglaublich, sogar für eine Kopftuchträgerin, einen Rollstuhlfahrer und einen Indianer war Platz in diesem Land, äh Film.

Dennoch haben sich in diesem visuellen Erlebnis mit zu viel Weichzeichner und zu gesättigten Farben drei Fehler eingeschlichen und ich bereitete mich drauf vor, dem Visa-Beamten die Frage danach beantworten zu können. Die drei Fehler sind: Fußball spielende Teenager, saubere Energie aus Windkraft und sich küssende Männer, die wohl Vater und Sohn darstellen sollten, aber ich habe da meine Zweifel.

Während der Warterei beobachte ich die anderen Visa-Bettler. Einige haben den falschen Briefumschlag, das Foto ist ein normales Passfoto und der Rückumschlag eines dritten Kandidaten ist nicht frankiert.

Die Empfangsbeamtin weist in die Schranken und in den ersten Stock, wo ein Foto- und ein Briefmarkenautomat stehen. Beide nehmen aber nur „absolut passendes Münzgeld". Das sagte sie so ein- und nachdringlich, als ob etwas sehr schlimmes passierte, wenn man zu viel Geld reinsteckte. Es passiert nichts, zumindest nichts sehr schlimmes. Stattdessen werden wir zum Schalter fünf gerufen. Fingerscan aller zehn Finger und das erwartete Frage-Antwort-Spiel.

„Sie waren also noch nicht in den USA?" Als der US-Staatsbeamte mich das fragte, musste ich kurz überlegen, ob es eine Fangfrage sein könnte. Schließlich war ich noch nicht auf dem nord-amerikanischen Kontinent aber das Botschaftsgelände ist ja irgendwie auch Eigentum des jeweiligen Landes... Auf die Zunge gebissen und die Klugscheißerei hinten angestellt: „Nein, ich war noch nicht in den USA". War scheinbar auch die richtige Antwort, er nickt und lächelt, stellt aber leider nicht mehr die „Nennen Sie die drei Fehler im Film"-Frage. „Ich genehmige Ihnen das Visum, es wird Ihnen innerhalb einer Woche per Post zugeschickt. Sie wissen aber, dass der Einreise-Beamte in Alaska letztendlich bestimmt, wie lange Sie bleiben dürfen? Fleißiges Nicken und Zahnpasta-lächeln unsererseits. „Viel Spaß bei der Reise."

Nach einer Stunde hatten wir die Zusage für unser Visum, verließen das exterritoriale Gebiet und kehrten zurück in den zumutbaren Sektor.

Hoffnung im Nirgendwo
Anchorage und Umgebung, Alaska, USA, Mai 2009

Der Taxifahrer weiß über alles Bescheid, politische Lage, Wetter, Benzinpreise, das volle Taxifahrer-Repertoire. Als ich ihn frage, ob wir denn von unserem Hostel zu dem recherchierten Outdoor-Geschäft laufen können, kommt er ins Grübeln. Wahrscheinlich geht ihm gerade durch den Kopf, wie wir zwei völlig verloren durch diese, in seinen Augen Metropole irren und irgendwann in der Zeitung steht, zwei Deutsche von Bär angefallen und aufgefressen. Er ist dann schuld und so kommt er nach einer mittleren Bedenkzeit zu dem Schluss: Nein, das würde er nicht empfehlen. Hmm, sah doch bei Google Maps gar nicht so schlimm aus?
Am nächsten Tag brauchen wir 20 Minuten zu Fuß und sind im Outdoor-Himmel.

Es ist Sonntag und es wird langsam stickig in der Umkleidekabine. Ich probiere die hundertste Hose an diesem Tag und habe tatsächlich schon so Dinge zu Susan gesagt wie: „Die Hose hat mehr Taschen und außerdem das praktischere, weil schneller-trocknende Material, die nehm' ich." Oh je, also angekommen im Nerd-Himmel. Hier finden wir alles, was man vor den Toren von Anchorage brauchen kann. Hier laufen keine Nerds rum, sondern die knallharten Outdoor-Jungs, die ohne Zelt schlafen, ihr Abendessen mit bloßen Händen niederringen und dazwischen wir.
Wir stehen vor der Wand, an der die Angestellten Fotos von sich aufgehängt haben. Fotos, die zeigen wo sie waren und, dass sie vom Fach sind. Viel Beratung brauchen wir nicht mehr und am Ende des Tages haben wir sie dann beisammen, unsere Ausrüstung und Kleidung für die nächsten Wochen, Monate, wie lange auch immer. Modisch nicht der letzte Schrei aber insgesamt glauben wir, eine ganz gute Auswahl getroffen zu haben.

Tags darauf verlassen wir voll ausgerüstet Anchorage, wir wollen dieses Alaska jetzt kennenlernen. Draußen, in der Wildnis, mit den Tieren, dem Lagerfeuer und dem Zelt.
Das Zelt bauen wir schon recht schnell auf, nur können wir unsere Sachen partout nicht finden. Ein ständiges: Susan, wo ist…und hast Du vielleicht….ich dachte ich hätte, aber ich wollte doch und warum ist das schon wieder weggepackt und wohin, ich war doch noch gar nicht

fertig… zeigt uns, dass wir noch viel lernen werden, was das Packen unserer Rucksäcke angeht.

Wir brauchen zwar lange aber als die Nudeln im Topf heiß werden, das Zelt aufgebaut und ein Lagerfeuer angezündet ist, fühle ich mich augenblicklich zuhause und angekommen in Alaska. So hab ich mir das vorgestellt, nur ist das Wetter noch etwas besser und die Stimmung noch zufriedener als erträumt. Weißkopfseeadler und Mountain Goat haben wir schon gesehen, mal gucken was noch kommt.

Die erste Nacht im Freien ist super, wir fallen völlig fertig in die Betten, also Schlafsäcke, und schlafen wie Babys aus Stein. Also ich. Susan beweist, dass sie kein 75 Kilo Durchschnittsmann ist und deshalb die Temperaturangaben in ihrem Schlafsack für sie nicht gelten.
Während ich den 75 Kilo Durchschnittsmann ein Weichei nenne und bei den zehn Grad, die wir nachts haben, im geöffneten Schlafsack schwitze, zittert sich Susan bei geschlossenem Wärmekragen und zugezogener Kapuze in unruhigen Schlaf.
Am nächsten Tag kaufen wir Thermo-Unterwäsche für Susan, mit der sie aussieht wie Catwoman und sich ebenso sexy in den Schlaf kuschelt. Nach dieser Nacht wird sie so ziemlich jede Nacht so schlafen und es wird ihre beste Anschaffung der Reise werden.

Heute Morgen aber geht es Susan trotzdem nicht besonders. Ein, sich gestern ankündigender Kratzhals, ist schlimmer und ein Schnupfen geworden. Wir fahren ein paar Meilen bis nach Hope, wo alle selbige verloren scheint.
Hope besteht nur aus einer kleinen Ansammlung wild zerstreuter, windschiefer Hütten. Einen Ortskern gibt es nicht und daher rollen wir zunächst durch das Dorf, bis die Straße einfach aufhört. Dead end. Den Ort haben wir gar nicht bemerkt, obwohl er in jeder Karte verzeichnet ist. Merke: nur weil Ort drauf steht, muss noch lange nicht Ort drin sein. Rückwärtsgang eingelegt und ohne umzudrehen einfach Rückwärts zurück über die ungeteerte Straße bis dahin, wo uns eben die Frau zugenickt hat.
Wir bekommen einen Tipp für eine nette Lodge, fahren die beschriebene gravel road entlang und plötzlich löst sich aus dem Dickicht eine Elchkuh mit ihren Jungen. Sie traben locker über die Straße und verschwinden wieder im Wald. Wir können unser Glück kaum fassen und auf den Fotos ist so auf die Schnelle auch was zu erkennen – Geil!

Die Lodge ist okay, Internet und ein Zimmer zum auskurieren – dann bitte das. Im Fernsehen läuft „Stand by me" und während Susan schläft, gehe ich noch mal zu der Stelle an der wir die Elchkuh gesehen haben. Ich habe unser Bärenglöckchen nicht dabei und versuche, auf der gravel road durch Schlurfen den nötigen Lärm zu machen um eventuell anwesenden Bären meine Anwesenheit anzukündigen, gleichzeitig aber leise genug zu sein, die Elche nicht zu verscheuchen. Das kommt auch mir im Nachhinein schwachsinnig vor. Elche sind scheu und vor allem Weibchen mit Jungen lassen sich nicht lange blicken, meiden freie Flächen und halten sich am liebsten im tiefen Wald auf. Keine besonders guten Bedingungen für ein Wiedersehen mit Foto.

Von der Straße aus erkenne ich durch den Wald eine kleine Lichtung. Beim Betreten sehe ich etwas unterhalb meiner Position und nur zehn Meter entfernt die Elchkuh. Die Tasche vom Fotoapparat ist mit zwei Reißverschlüssen verschlossen, die ich, so langsam es geht, runterziehe. Das erste Foto mache ich noch scheinbar unbemerkt. Der Bildstabilisator leistet Schwerstarbeit während meine Hände vor Nervosität zittern. Bei jedem Auslösen gibt die Kamera ein leises, aber für die Kuh hörbares Auslösegeräusch von sich. Sie hebt den Kopf und schaut mich an. Wir stehen uns gegenüber, kaum zehn Meter voneinander entfernt. Sie kaut und guckt mich mit ihren großen braunen Augen an. Dann geht sie ganz ruhig in den Wald aus dem ich gekommen bin. Sie hat ein Kalb und scheinbar Spuren von Kämpfen am Körper. Ich bleibe noch eine ganze Weile und warte, dass sie vielleicht zurückkommt. Ich horche angestrengt in den Wald aber es ist nichts zu hören.
Erstaunlich, wie achthundert Kilo auf Hufen nicht das geringste Geräusch machen, während ich bei einem Zehntel des Gewichts und dem Versuch zu schleichen über eine Meile hörbar bin. Ich finde sie noch mal ein gutes Stück die Straße abwärts wieder aber ein Auto verscheucht sie bevor ich mich anschleichen konnte. Auf dem Weg zurück zur Lodge schalte ich das Auslösegeräusch stumm.

Fitzcarraldo
Sterling, Alaska, Juni 2009

Die beste Dusche der Welt ist nicht die sauberste oder die mit dem schönsten Ausblick, sondern die, die Du am nötigsten hast. Ich stand gerade unter eben jener und wusch mir die letzten sechs Tage ab. Sechs Tage, die wir, wie die locals hier sagen, „out there", waren. Out there mit den Gletschern, den Flüssen, den Wölfen, den Elchen, den Moskitos und den Herausforderungen, die „out there" so lebenswert oder so besonders scheiße machen. Ansichtssache.

Hat jemand Fitzcarrraldo gesehen? Ich nicht ganz, aber es geht um einen Verrückten, der ein Opernhaus im Dschungel von Peru eröffnen will. Und dafür muss, neben dem ganzen Material, auch ein Schiff durch den Dschungel und über einen Berg transportiert werden. Der kongeniale Klaus Kinski spielt hier in seiner sehr eigenen Art den Anführer einer Truppe, die nach und nach von den einheimischen Indianern dezimiert wird. Weiter kann ich über den Film auch nicht berichten, da ich ihn nie bis zu Ende gesehen habe. Aber er hat viel mit unseren letzten Tagen gemeinsam.

Eine Kanutour in Alaska ist in keiner Weise mit einer Kanutour auf Hamburgs Alster zu vergleichen, denn statt drei bis vier Stunden, dauert eine Kanutour in Alaska drei bis vier Tage und es ist auch kein kleiner, netter Ausflug sondern eine physische und psychische Herausforderung. Die Route kann man sich aussuchen und auch die Dauer der Tour. Am Ende sollte man, wenn alles gut läuft eine Brücke über einen Fluss finden und dann von der dortigen Bar aus beim Bootsverleih anrufen, dass sie einen abholen kommen.
Jetzt werden wir aber erst mal 25 Meilen mit einem Pick up über eine üble Schotterpiste an den Einstiegspunkt unserer Tour gebracht.

Sind denn schon mal welche verloren gegangen, meine Frage an unseren wortkargen Fahrer. Nein, einige hätten sich verfahren oder aus physischen Gründen länger gebraucht als erwartet, er würde sich das dann aber schon denken und bisher sind ja auch immer alle irgendwie und irgendwann wieder gekommen. Aha. Wir bekommen eine selbstgemalte Karte des Seensystems, die ein Grundschüler nicht exakter und liebevoller hätte krakeln können. Wir haben einen

Kompass und das sollte reichen. Auf das fünfundzwanzig Dollar Buch mit den Luftaufnahmen der Seen verzichten wir.

Der Fahrer hilft uns, das Kanu vom Dach seines abwrackprämienfähigen Pick-ups zu hieven, dann lässt er uns mit den Worten „have fun and watch out for the mosquitos" zurück. Alles klar, da stehen wir, Kanu, Paddel, Zelt, Schlafsäcke, Isomatten, Essen für einige Tage, und alles Wichtige in einem Drysack, damit es trocken bleibt. Vom Wetter ist das zumindest zu erwarten.

Und da kommen sie auch schon, ein Empfangskomitee Mücken findet sich ein, um unseren Mückenschutz zu überprüfen. Die Mücken scheinen gut durchs Wochenende gekommen zu sein, denn sie zeigen sich so aggressiv und zahlreich wie noch nie.
Erst mal das Kanu zum See tragen und da geht's auch schon los. Nach zehn Metern signalisiert Susan mit hoch rotem Kopf, dass wir das Kanu mal kurz absetzen sollten. Bis zum Wasser sind es nur dreißig Meter aber bevor wir es zu Wasser lassen, müssen wir noch ein weiteres mal Pause machen. Das Kanu mit unserem Zeug wiegt schon ganz ordentlich und die letzten Arm-Curls im Fitnessstudio liegen ein halbes Jahr zurück. Also noch mal kurz nach den Blutsaugern geschlagen und dann ab ins Wasser, da weht ein bisschen Wind und damit lassen sie uns in Ruhe.

Als wir aus dem Schatten der Bäume paddeln sehen wir, was das für eine Perle ist, auf der wir unterwegs sind. Klares Wasser, blauer Himmel, keine Wolke, Sommer und wir gleiten geräuschlos übers Wasser. Es ist aber nur eine kurze Paddelstrecke denn anders als auf der Alster, befahren wir nicht einen sondern neun Seen. Dazwischen liegen Tragepassagen von 150 Metern bis zwei Kilometern. Das bedeutet, dass alles aus dem Kanu raus muss, und bis zum nächsten See getragen werden muss, auch das Kanu. Die Überland-Etappen gehen durch Wald, über Hügel und sind in fester Hand der Mücken, die hier nur darauf warten uns beim Tragen bis aufs Blut zu reizen. Sind unsere Sachen am Ufer, wartet noch das Kanu, nass, dreckig und schwer. Am ersten Tag schaffen wir es kaum, es mehr als 40 Meter am Stück zu tragen. Die Nacht verbringen wir wild romantisch am Ufer, wo der Wind reinpustet und mit dem Lagerfeuer dafür sorgt, dass sich keine Mücke blicken lässt. Zumindest dachten wir das. Tatsächlichen haben die Viecher in unserem Zelt Stellung bezogen.

Zwischen Innen- und Außenzelt hat sich eine Streitmacht bereit gemacht, über uns herzufallen. Sie kommen durch die Belüftungsöffnungen an den Seiten und werden nur durch ein dünnes Mesh daran gehindert, uns sämtliches Blut auszusaugen. Am Morgen vibriert das Zelt. Das nervige Heulen einer einzelnen Mücke ist zu einem wabernden Sirenenteppich geworden, der über unseren Köpfen einen wilden Tanz aufführt. Hunderte Mücken patrouillieren die Dichtigkeit des feinen Netzes. Wie sollen wir hier rauskommen? Der Wind wird sie verscheuchen. Der Wind kommt nicht. Der Mosquito wird auch der „Alaska state bird" genannt. Nicht schön aber zu recht.

Unser Anti-Mückenmittel hängt hundert Meter entfernt in einem Baum in unserem Bären-Beutel, der neben allen Nahrungsmitteln und Hygieneartikeln auch unseren Abfall fasst. Bären mögen alle möglichen Duftstoffe, ob Deo, Zahnpasta, Mückenspray oder Essen. Alles muss in einem Beutel an einem Baum hängen weit weg vom Zelt. Bären können klettern und auch einen Baum zu Fall bringen aber man tut sein Bestes. Unser Zeug jedenfalls hat heute Nacht kein Bär gefressen aber wenn die Mücken mich schon zum Frühstück bei lebendigem Leibe fressen, werde ich grantig.

Es sind diese Momente, in denen ich Alaska für seine Einsamkeit liebe und so beobachtet uns niemand, als wir rufend und wild um uns schlagend aus dem Zelt krabbeln. Gefrühstückt, also einen Müsliriegel gegessen, haben wir auf dem Wasser ohne Mücken.
Danach paddeln wir zurück, bauen wir das Zelt ab und dann droht die erste 800 Meter Tragepassage. Um die Erfahrungen des Vortages reicher, versuche ich zunächst, das Kanu alleine zu tragen, was auch einige hundert Meter gelingt, dann muss ich mich aber geschlagen geben, das Kanu drückt tief in die Schulter und hinterlässt fiese blaue Flecken. Also tragen wir wieder zusammen und dengeln uns das Kanu an die Schienbeine. Nur damit wir uns nicht falsch verstehen, die Wege, die wir kraxeln, sind nicht geteert oder ähnliches, die Trails würden sich auch ganz gut in einem Hindernislauf machen: wurzelgespickt, steinig und sumpfig und schön rutschig. Dazu kommen Stufen und der Spaß als „hinten-am-Kanu-Tragender", nicht wirklich sehen zu können, wohin man tritt.

Die Überlandpassagen dauern bis zu einer Stunde und als wäre die Plackerei noch nicht genug, sind da ja immer noch die Mücken, die zwar nicht stechen, aber nichts unversucht lassen und gerne Mund, Nase, Augen und Ohren probieren. Wir beide ziehen eine dunkle Wolke der Biester nach uns. Sobald wir den nächsten See erreichen, können wir uns beim Paddeln entspannen, es sei denn der Wind treibt uns ab oder kommt, wie eigentlich immer, von vorne.

Die Seen sind sehr unterschiedlich groß und reichen vom größeren Teich bis zum Ufer, das wir nicht erkennen können. Ein Guide, der eine Gruppe aus Louisiana in die entgegengesetzte Richtung begleitet, rät uns nah am Ufer zu bleiben und lieber nicht quer über den See zu fahren, die Wellen könnten das Kanu zum Kentern bringen. Okay, das sagt einer, der sich gerade daran macht, einen friedlich da liegenden See mit Schwimmweste in einem Kajak zu überqueren. Wir haben unsere Schwimmwesten als zusätzlichen Ballast dabei. Für uns sind die Seen das geringere Problem. Wenn wir uns treiben lassen ist es absolut still auf den Seen. Hin und wieder springt ein Fisch oder begleitet uns ein Haubentaucher. Hier ist alles friedlich, die Paddel ziehen eine Tropfenspur nach sich, die im Sonnenlicht glitzernd zu einer Spur aus Ringen auf dem Wasser wird.

Auf den Seen bekommt man nicht die geringste Ahnung von dem Krieg der in den Wäldern ausgetragen wird. Ein energisches und im Imperativ gehaltenes „eins, zwei, DREI!", hallt durch den Wald und wir reißen das Kanu an, zu zweit, mit verbesserter Tragetechnik und der Wut der Verzweiflung gegen die heulende Übermacht wuchten wir das Kanu über die Tragepassagen.

Wir treiben uns gegenseitig vorwärts, den nächsten See immer vor Augen, auf dem wir uns an den Paddeln verausgaben, aber das Kanu und Gepäck wenigstens nicht tragen müssen.

Man ist das hier schön, denke ich noch, bevor es auf die letzte und schlimmste Überlandpassage geht. Längst tragen wir das Kanu mit einem Mal weiter als 200 Meter aber die Moskitos haben ihr Aufgebot auf dieser letzten Strecke noch einmal verstärkt.

Mittlerweile ist es Abend, wir haben den ganzen Tag gepaddelt und Sachen geschleppt. Es kommt mir so vor, als hätten wir gerade unseren Umzug noch mal gemacht, nur, dass wir unsere Sachen durch Wald und über Stock und Stein tragen und anstelle eines Umzugswagens ein Kanu benutzen.

Wir sollten noch ein, zwei Stunden paddeln, dann unser Lager aufschlagen und die geschundenen Knochen ausruhen. Doch

Ernüchterung und Ungläubigkeit machen sich breit, als ich, zunächst mit unserem Zeug, am Moose River angeschnauft komme, auf dem wir bis zur Brücke paddeln sollen. Kurz ein paar Mücken wegschlagen, ungläubig die Augen reiben, das Mückenmittel brennt in den Augen. Das soll der Moose River sein?

Ein Bach, kaum breiter als zwei Meter und nicht tiefer als ein halber, rinnt hier entlang und statt der erhofften Erlösung von den Mücken, wird es hier noch mal richtig schlimm. Das hier sind ihre Brutstätten. Der „Fluss" hat kaum Strömung, das Ufer ist schilfig, moorig, windgeschützt und es ist warm - perfekt für Moskitos.
Mit Paddeln hat das hier auch nicht viel zu tun, immer wieder sind umgefallene Bäume oder deren Reste in der engen Fahrrinne, ein ständiges Ausweichen, Ducken, Umschiffen, Anstoßen und Manövrieren raubt uns die letzte Energie. Wobei, etwas Energie habe ich noch und mit der erschlage ich hin und wieder aber mit der höchsten Genugtuung einige Mücken. Ich weiß, dass es außer Flecken auf der Hose nichts bringt aber ihnen beim Sterben zu zusehen verschafft mir in diesen Stunden eine gewisse Genugtuung.
Ich male mir aus, beim anstehenden Einkauf, ein Mücken-Angriffsspray zu kaufen. Statt die Mücken zu vertreiben kann man damit gezielt Ungeziefer und Mücken den Garaus machen. Dazu haben sie neben der neonfarben Verpackung auch so flashige Namen wie "first wave" oder „strike back." Seit acht Uhr heute Abend wird zurück geschossen. Aber stattdessen: klatsch, wieder eine weniger, als würde es einen Unterschied machen.
Sie versuchen es überall, Gesicht, Haare, Kleidung, nichts bleibt unversucht und meine Hose ist mittlerweile ein Friedhof, der einer mittleren Kleinstadt gut zu Gesicht stünde.

An diesem Abend funktionieren wir nur noch. Wortlos paddeln wir den mäandernden Fluss entlang, spüren unsere Schultern, Rücken, Arme. Das warmgemachte Dosen-Chili essen wir im Stehen und aus dem Topf vor dem Zelt. Mit jedem Mal Zelt-betreten, käme ein Schwall Mücken mit hinein. Wir schnappen unser Zeug, traben noch einmal ums Lager, um den Schwarm abzuhängen und springen ins Zelt. Reißverschluss zu, Mücken im Zelt killen, Sachen auspacken, schlafen. Noch mal kurz wachwerden, das Mückenmittel ist noch in unserem Zelt. Scheiß drauf, ich geh da heute nicht noch mal raus um es in den Bärenbeutel zu packen.

Der nächste Morgen bringt blauen Himmel und neue Mücken. Das Zelt bauen wir in Rekordgeschwindigkeit ab. Regen würde mich nicht zu so einer Eile antreiben, wie der Schwarm Mücken vorm Gesicht. Auf dem Wasser, das, durch einige Zuflüsse, auch etwas mehr Fluss geworden ist, sehen wir einen Biber. Er schwimmt einige Male auf und ab, bevor er mit einem Schwanzschlag auf die Wasseroberfläche verschwindet. Weißkopfseeadler kreisen am Himmel entlang. Lange keine Mücke mehr gekillt, denke ich noch, als Susan es ausspricht. Kann es sein, dass die Mücken verschwunden sind? Und ja, nach etlichen Stunden paddeln sind wir sie los. Der Fluss schlängelt sich durch die Landschaft, die sich von sumpfig zu baumbewachsener-Flussebene gewandelt hat. Mein Po tut weh und meine Arme und Schultern machen wieder nachdrücklich auf sich aufmerksam.

Und dann kommt sie in Sicht, unsere Brücke. Der letzte Kilometer zieht sich endlos, ich schaue nicht mehr auf, in der Hoffnung, wenn ich es doch täte, die Brücke überraschender Weise dichter zu sehen als vermutet. Die Überraschung bleibt aus. Doch irgendwann kommen wir an, glücklich, es geschafft zu haben.

Das „Moosequito" ist eine amerikanische Bilderbuch-Bar. Alles, was man in Filmen gesehen hat und erwartet, gibt es hier. Billard, Darts, Country Music, Metallschilder, Neonbeleuchtung, Musicbox, Popcorn-Maschine, Banner der lokalen Football- und Hockey-Teams, nur geraucht werden darf nicht. Wir sind viel zu kurz hier. Ich habe das Gefühl, hier noch viel entdecken zu können, Details wie das Miller-Schild, das Dich, wenn Du heute Geburtstag hast, auf ein Bier auf Kosten des Hauses einlädt. Wir stoßen auf unseren Sieg über die Mücken, die geschaffte Tour und unsere gemeinsame Stärke an, free refill. Dann kommt auch schon der wortkarge Fahrer, lädt unsere Sachen auf und fährt uns zurück.
War also alles anstrengend, schrecklich und zermürbend? Nun, ja, aber es war noch viel mehr. Es gab die schönen Momente, die Ausblicke, den Spaß und das Abenteuer, das Gefühl gemeinsam und nicht bloß zusammen etwas geschafft zu haben. Die Momente der absoluten Stille auf den Seen und die Schönheit der Natur.

Beim Kanuverleih können wir noch duschen und ich weiß schon bevor ich die beste Dusche der Welt betrete: Der Schmutz wird gehen, der Stolz bleiben.

You don't know how it feels
Kluane National Park, Yukon, Kanada, Juni 2009

Alaska ist groß, also wirklich groß, in etwa fünf Mal so groß wie Deutschland und trotzdem fahren wir ohne Straßenkarte. Wer einmal eine Karte von Alaska in den Händen hielt, ziemlich egal welchen Maßstabs, wird schon alle wichtigen Straßen gesehen haben. Es gibt nur wenige, die meisten davon im Süden und es gibt eine Ringstraße nach Norden, nach Fairbanks, das ziemlich genau in der Mitte von Alaska liegt. Nördlicher ist nur noch eine Straße parallel zur Pipeline.

Wenn wir hier durch einige der Orte kommen, die nur die Landkarte kennt, sind wir manchmal erschrocken und fragen uns, welche Berechtigung hat dieser Ort? Hope war nur ein Beispiel, viele andere sollten folgen. Ein Ortsschild kündet von dem Kommenden und dann ist man auch schon wieder durch. War es das schon? Ob da noch was kommt oder sind wir gerade durch ein Zeitsprungportal gefahren? Außer einer windschiefen Tankstelle, einigen Bretterbuden und einem grocery store sind die Orte oftmals nichts als ein paar am Straßenrand stehende Briefkästen mit Namen derer, die sie vielleicht einmal die Woche leeren. Wenn wir in diesen Orten hielten, meinten wir oftmals, das Quietschen eines Windrades zu hören oder einen über die Straße wehenden Dornbusch zu sehen. Wenigstens eine unserer stereotypen Vorstellungen zu diesen Orten müsste jeden Moment wahr werden aber auch das blieb aus.

Aber nicht alle dieser Orte sind bloß Punkte auf der Landkarte oder Striche in der dahinziehenden Landschaft geblieben. Einige Orte gewannen Konturen, Farbe, haben Geschichten und Menschen, die sie erzählen.
„Chicken" heißt so, weil sich die Bewohner bei einer Versammlung nicht darauf einigen konnten, wie ihr Ort, der eigentlich „Ptarmigan" hieß, geschrieben wird.
Nun darf man sich keine große Versammlung vorstellen auf der ewig lange herum-diskutiert wird und sich neunmalkluge Einzelne aufspielen. Vermutlich würden alle permanenten Bewohner von Chicken in den Raum passen, in dem Du das hier gerade liest. Es sind nämlich bloß acht. Im Sommer können es bis zu 130 werden.

In Chicken gab es mal Gold und das ist auch der einzige Grund, warum es die Zivilisation hierher verschlagen hat. Mit einer Dredge, einer riesigen Maschine, die einem grotesken Alptraum entsprungen sein könnte, wurde hier der Boden nach Gold umgepflügt.
Heute leben der Ort und seine Bewohner vom Tourismus und von der Post mit eigenem Stempel. In dem einzigen Restaurant, das neben der einzigen Bar, nicht aber neben dem einzigen Souvenirshop liegt, spreche ich den jungen Kerl hinter der Bar an. Ich will seine Geschichte hören, muss wissen, was jemand in unserem Alter hier macht und warum. Als wir reinkamen, sang er gerade Tom Petty „You don't know how it feels".

Er ist nicht von hier, natürlich, sondern aus Fairbanks. Er ist nur im Sommer hier, wie so viele. Er will möglichst viel Geld sparen und dann mit einem 30 Jahre alten BMW-Motorrad durch die USA fahren. Das erzählt er mir, nachdem ich ihm erzählt habe, was uns hertreibt, was wir machen und nachdem seine Chefin weg ist. Ihm gefällt das Einfache hier draußen, dass er viel machen kann, ohne sich um viel kümmern zu müssen. Und es sind nette Menschen hier, es ist sein dritter Sommer in Chicken und das Gute sei, dass er alles Geld sparen könne, schließlich gibt es nichts zum Ausgeben. Im Restaurant isst er umsonst, er wohnt umsonst bei der Besitzerin, die die Bar nebenan und einen der zwei Souvenirshops betreibt. Überhaupt hat sie Chicken berühmt gemacht und ein „downtown" geschaffen, wo früher nur Häuser waren. Auf sie geht die Vermarktung mit den Hühnern zurück, erklärt der eingerahmte Artikel aus einer Frauenzeitschrift, der an der Wand hängt und den ich lese, während er zwischen Herdplatte und Tresen umherhüpft um den anderen beiden Gästen etwas zu Essen zu bereiten.
„We're jammin'" singt Bob Marley während wir über Motorräder, Reisen und Geschwindigkeitsbegrenzungen sprechen. Ich erzähle ihm, dass es eine Coverversion dieses Liedes gibt: „We're Germans ....football play we better than you", das gefällt ihm so gut, dass er es beim nächsten Mal – Bob läuft jetzt auf heavy rotation – in den Refrain einbaut.

Die Begegnung erscheint mir typisch, die Leute in diesen Orten sind Fremden gegenüber sehr offen, bringen diese doch noch immer ein bisschen was von der Welt da draußen mit, eine Geschichte oder ein Lied, das man trotz Internetanschluss, der uns hereingelockt hat, nur im analogen Leben erleben kann. Und auch wenn das Leben hier bloß mit 56k und nicht DSL-Geschwindigkeit vorbeirast, die Menschen sind glücklich, die Begegnungen inspirierend und machen nachdenklich. Die Menschen sind freiwillig hier und nicht weil es das Schicksal schlecht mit Ihnen gemeint hat, wie man auf den ersten Blick, bei 55 Meilen pro Stunde und aus dem verdreckten Autofenster blickend, meinen könnte.

Wir treiben bald schon wieder weiter, außer zwei Kaffee und einem Brownie haben wir aus Chicken mitgenommen, dass Menschen auf die unterschiedlichsten Weisen glücklich sind. Den Einen kann die Welt nicht groß genug sein und den Anderen bedeutet der kleinste Ort die Welt. Ich habe noch lange darüber nachgedacht, während wir den „Top of the world Highway" gefahren sind. Eine Straße, gebaut für Reisende wie uns um nachzudenken. Ich kann gut nachdenken, wenn ich Auto fahre und diese Straße wurde dafür gebaut, ungeteert, je nach Jahreszeit mehr schlecht als recht oder gar nicht befahrbar.

Wir passieren die Kanadische Grenze in die Provinz Yukon. 1,5 mal so groß wie Deutschland aber nur 31.000 (nein, keine Null vergessen) Einwohner. Yukon also, das Chicken der Welt? Wenn es so wäre, es wäre mir sehr recht.

„You dont't know how it feels" und er hat recht, wir haben keine Ahnung wie es sich anfühlt, wenn man hier lebt, wir treiben hier nur vorbei, wundern uns, fragen uns, was wäre aus uns geworden, wer und wie wären wir - und ihr?

Stand by me
Healy, Alaska, Juli 2009

„Stand by me" ist ein Film über vier Jungs, die sich aufmachen, einen toten Jungen zu suchen. Gerüchte, der Junge habe beim Beerenpflücken einen Zug nicht bemerkt und läge nun irgendwo nahe der Gleise und der Gedanke von Ruhm für diejenigen, die ihn finden, treibt die vier vorwärts.
Auf ihrer dreitägigen Reise zu der Stelle wo sie den Leichnam vermuten, rückt der tote Junge immer weiter in den Hintergrund. Vielmehr geht es um Freundschaft, Erwachsenwerden und eine Reise. Zu Fuß, im Sommer, gemeinsam durch Montana – ein Abenteuer. Als sie nach drei beschwerlichen Tagen ihr Ziel erreichen, hat sich vieles verändert, sie haben sich verändert. Sie haben viel erlebt, haben sich gestritten, gefürchtet, gelacht, gemeinsam Abenteuer bestanden.
„Der Junge, den sie fanden, schlief nicht, der Junge war nicht krank, der Junge war tot. Ray Brower war ein Junge in ihrem Alter, als der Zug ihn erfasste und aus dem Leben katapultierte. Der Zug traf ihn mit solcher Wucht, dass es ihn aus den Schuhen gerissen hatte."

Mit gleicher Wucht trifft mich der Magic Bus.
Es ist der Bus in dem Christopher McCandless gestorben ist, nachdem er 112 Tage allein in der Wildnis Alaskas gelebt hat. Christopher McCandless war ein Junge in unserem Alter als er im August 1992 starb.
Zwei Jahre vorher hatte er sein College mit Auszeichnung abgeschlossen, als er beschloss, sein Leben, wie er es bisher gelebt hatte, aufzugeben. Seit diesem Zeitpunkt hat er nie wieder ein Wort mit seinen Eltern gesprochen. Er verachtete seinen Vater weil er seine Mutter betrog und seine Mutter weil sie es ertrug.
Er enthielt ihnen sein Leben vor, sorgte dafür, dass sie nichts von ihm erfahren und ihn nicht finden konnten. Er änderte seinen Namen in Alexander Supertramp und reiste zwei Jahre durch die USA. Das Geld von seinem Stipendium verschenkte er an die Wohlfahrt.
Als sein Auto, mit dem er durch das ganze Land gefahren war, bei einer Überschwemmung verloren ging, machte er sich zu Fuß auf, was ihm sogar noch besser gefiel.

Die Umstände unter denen Chris sein Leben verlor sind nicht zweifelsfrei nachvollziehbar. Klar ist nur, wenige Tage nach seinem

Tod wurde er von drei Jägern gefunden. Er war nicht der Erste der in Alaskas Wildnis umgekommen war und nach ihm sind weitere gestorben. Sein Tod war nur eine Randnotiz in einer Zeitung aus Anchorage. Doch die Rückmeldungen und anschließende Kontroverse zu dem Artikel veranlassten seinen Autor Jon Krakauer zu weiteren Nachforschungen. Krakauer war bei einer Bergbesteigungen in Alaska dem Tod nur knapp entkommen, was ihn nicht hinderte neue, waghalsigere Abenteuer zu planen. Bei seinen Nachforschungen stieß Krakauer auf Menschen, die Chris auf seiner Reise getroffen hatte und entdeckte Parallelen zu seiner eigenen Jugend.

In der teilweise kurzen Zeit, die sie Chris gekannt haben, waren viele zutiefst von ihm und seiner Entschlossenheit beeindruckt. Er war wohl ein eher zurückhaltender Mensch aber was er anpackte zog er mit vehementer Konsequenz durch und trat bis zuletzt dafür ein.
Mit immer weitreichenderen Nachforschungen ergab sich, zusammen mit den wenigen Briefen die Chris schrieb und einem Tagebuch, das bei ihm gefunden wurde, ein posthumes Puzzle.
Eine Version dieses unvollständigen Puzzles kann in dem Buch „In die Wildnis" von Jon Krakauer nachgelesen werden. Der gleichnamige Film von Sean Penn ist einer der besten die ich gesehen habe.

Das Tragische an Chris Tod ist, dass er sich alleine in der Wildnis wähnte, dabei war er nur knapp 40 Meilen vom nächsten Ort entfernt. Er war ohne Karte oder Kompass aufgebrochen, hatte neben einem Sack Reis nichts Essbares mitgenommen und seine Kleidung war der Jahreszeit nur schlecht angepasst.
Er hatte sich vorgenommen, sich selbst zu versorgen, eins zu werden mit der Natur. Alaska war das Highlight seiner zweijährigen Reise, sein Ziel. Was darüber hinaus geschehen sollte, hatte er scheinbar noch nicht geplant oder mit niemandem geteilt. Er angelte, jagte mit einem Kleinkalibergewehr und sammelte Pflanzen, die er mit einem Pflanzenbuch zu bestimmen wusste. Wahrscheinlich ist ihm hierbei ein verhängnisvoller Fehler unterlaufen. Stark unterernährt hat er zwei, sich äußerst ähnlich sehende Wurzeln, verwechselt. Die eine ist essbar, die andere führt in den meisten Fällen zum Tod, nachdem Lähmungserscheinungen und innere Krämpfe ein Hilfeholen verhindern. Chris überlebte die Wurzel, war aber anschließend zu schwach für den Rückweg in die Zivilisation. So ist er wahrscheinlich in

dem Bus verhungert, nachdem er 112 Tage allein in der Wildnis gelebt hatte.
Die einen unterstellen ihm Todessehnsucht, die anderen sehen in ihm einen Pilger auf einer Mission. Ich denke nicht, dass er sterben wollte aber offensichtlich konnte er nicht übers Wasser laufen und so halte ich ihn auch nicht für den Messias. Seine Art zu leben finde ich äußerst bemerkenswert, möchte sie aber nicht adaptieren und trotzdem stehen wir hier.
Stampede Road, die Straße, die Chris nur einmal gegangen ist. Von hier aus sind es noch 38 Meilen bis zum Bus und hinter uns nähert sich langsam ein weißer Buick Royale mit gesprungener Frontscheibe. Und warum das wichtig ist, dafür muss ich vier Tage zurückspringen.

Aus Anchorage kommend, haben wir uns an der Stampede Road, die hier noch geteert direkt vom Highway abgeht, absetzen lassen. Vom schönen Wetter morgens in Anchorage war nichts geblieben. Es regnete und es war ziemlich kalt, sodass wir zu einer überdachten Veranda gegangen sind, von dem Haus auf der Ecke, das uns verlassen erschien. Es war die Sonntagschule von Healy. Wir wollen nicht gleich losgehen, sondern uns erst mal in dem Café, ca. eine Meile den Highway runter, aufwärmen. Während wir in den Rucksäcken unsere warmen Sachen und die Regenjacken raussuchen, taucht ein schmächtiger Mann auf.
„Need a shower?"
Nee, wir sind noch frisch geduscht aus Anchorage und so wie es aussieht, brauchen wir zum Duschen nur in den Regen zu gehen.
Es folgt das übliche woher und wohin und als er erfährt, dass wir die Stampede Road runter wollen sagt er uns, dass es da nichts gäbe, bei dem Bus. Da sei nur der Bus.
Klar, wissen wir, aber es geht auch um den Weg dahin und zu schauen ob wir es schaffen können, aber erstmal wollen wir zu dem Café.
„Need a ride?"
Na klar, und da sitzen wir auch schon bei ihm im Wagen und er fährt uns das Stück zu dem Cafe, dass sich als wesentlich weiter als eine Meile entpuppt.

Als ich ihm erzähle, dass wir auf Weltreise sind und der Bus eine für mich sehr wichtige Etappe ist, sagt er auf einmal völlig unvermittelt „I'm Butch Kilian", und reicht mir die Hand.

Ich muss etwas irritiert geschaut haben, da mir sein Name nicht auf Anhieb sämtliche Erklärungen unnötig erscheinen ließ. Butch ist jedoch uneitel genug hinzuzufügen, dass er derjenige ist, der vor 17 Jahren „the dead kid", wie er sagt, gefunden hat.

Er ist Jäger, jagte dort früher Elche und war ab und zu in der Gegend. Heute wohnt er woanders, er hilft seiner Schwester, die die Sonntagsschule leitet und Pfarrerin ist, die Schule zu renovieren.
Er hat damals die McCandless Familie und Jon Krakauer zu dem Bus geführt. Jon Krakauer hat ihm eine signierte und gewidmete Ausgabe des Buches geschickt, das er noch nie gelesen hat. Warum nicht? Er wüsste auch nicht recht, hat sich nicht so ergeben.
Er sagt uns, er habe noch nie einem Fremden erzählt, wer er ist. Da er aber in dem Buch „Into the wild" namentlich genannt wird, haben ihn Leute ausfindig gemacht, ihm Geld geboten, dass er sie zum Bus bringt. Er saß mal in Anchorage zusammen mit seiner Frau in einem Café, in dem ein junges Mädchen das Buch gelesen habe. Dichter ist die Geschichte, im wahrsten Sinne des Wortes, nicht mehr an ihn herangetreten.

Wir sind längst am Café angekommen und er meint, das Wetter würde wohl noch ein paar Tage so bleiben, eine schlechte Zeit um aufzubrechen, die 40 Meilen zu dem Bus zu laufen. Wie wäre es, wenn wir erst einmal in den Denali National Park führen, da können wir auf den Campingplätzen sicher campen und duschen. Bei Regen im Visitor Center die Zeit verbringen und uns an die Umgebung gewöhnen. Außerdem ist Denali NP ja nur zehn Meilen entfernt, soll ich euch fahren?
Kurz überlegt, klingt nach einem Plan, macht Sinn, machen wir.
Wir reden noch viel über dies und das und was er erzählt, klingt nicht ausgedacht, nach Hochstapelei oder wichtigtuerisch, er war da und genauso erzählt er es auch.

Susan und ich sprechen noch lange über die Zufälligkeit dieser Begegnung. Er setzt und am Parkeingang ab, ich darf noch ein Foto mit ihm machen und dann fährt er los, in seinem weißen Buick Royale mit der gesprungenen Frontscheibe.

Nenn es Schicksal, glückliche Fügung, Vorherbestimmung, Zufall, Karma, gottgewollt, oder Murphys Law aber genau dieser Buick hält nun, vier Tage später, neben uns, als wir die Stampede Road schon gut zwei Meilen gegangen sind. Butch und seine Frau sind unterwegs zu seiner Schwester, die die Straße ein Stück rauf wohnt. Ob er uns nochmal mitnehmen dürfte, er könnte uns bis zum Ende der befahrbaren Strecke bringen? Klar, und da auch Chris bis zu dieser Stelle mitgenommen wurde, finden wir es legitim, die ersten Meilen im Auto gefahren zu werden. Butch und seine Frau arbeiten in einer kirchlichen Organisation, waren schon überall auf diesem Planeten und sind sehr an unserer Reise interessiert. Viel zu schnell ist die Fahrt mit den beiden vorbei, wir haben uns sehr wohl mit ihnen gefühlt. Zum Abschied gibt er uns neben einigen Tipps, wo wir die Flüsse überqueren sollen, noch seine Wasserflasche mit Kohlefilter. Wir sollen sie bei unserer Rückkehr einfach auf die Veranda stellen, dann wisse er, dass wir sicher zurück sind. Es wird anders kommen. Dann fahren sie. Wenn immer ich an gute Menschen denke, denke ich an die beiden.

Da stehen wir nun, am Ende des befahrbaren und am Beginn des spannenden Teils der Stampede Road. In den besseren Passagen ist es ein schlechter Feldweg, in den Schlimmen ist es nichts weiter als eine überschwemmte Matschpiste und oft genug verliert sich der Weg, ist gar nicht mehr zu erkennen und erst nach langen Umwegen wieder zu finden und leidlich begehbar.
Anfangs geht es noch recht gut voran, wir überspringen mit Energie und Spaß einige Bäche, balancieren über improvisierte Brücken und bauen mit Steinen eigene. Susan ärgert sich über die ersten nassen Füße und fragt sich, ob der Schlamm ihren Wanderstiefeln schadet. Der Weg verliert sich zum ersten Mal nach circa drei Stunden und wir fragen uns, ob wir dieses Sumpfgebiet nicht irgendwie umgehen sollten. Können wir aber nicht. Aus der Ferne wirkt es wie hohes Gras, das es auch ist, nur ist zwischen den Soden der Schlamm knietief. Es ist ein Moor und wir balancieren mit unseren Rucksäcken über mehr oder weniger feste Grasinseln darüber hinweg. Einige Soden geben nach, wir rutschen ab, versinken im Schlamm. Die Brühe flutet die Stiefel und wenn der Schlamm trocknet wird er uns die Füße wund reiben.

Natürlich sind auch hier die heimlichen Herrscher des Landes, unsere Freunde die Moskitos, wieder äußerst aktiv. Es wird ein Kampf und in dieser Gegend können wir unser Zelt nicht aufstellen, zu nass, zu uneben und zu viele Viecher. Wir müssen weiter, eigentlich wollen wir es bis zu dem ersten großen Fluss schaffen und ihn dann morgen in Angriff nehmen aber die Rucksäcke werden immer schwerer und nach einem weiteren überquerten Bach, bei dem Susan sich wieder nasse Füße holt, schlagen wir unser Zelt auf. Das Lagerfeuer brennt und die Auswahl an Fertiggerichten fällt auf asiatisch, hatten wir noch gar nicht, 280 Kalorien pro Person müssen reichen.

Die untergehende Sonne präsentiert die Tundra in ihrer schönsten Form und wieder einmal bewahrheitet sich, was schon viele über dieses Land gesagt haben. Hier musst Du Dir alles erkämpfen.

Nachts werde ich wach. Mein aufblasbares Kopfkissen verliert Luft und mein Hals hat sich in einer ungesunden Haltung verspannt.

Außerdem ist irgendetwas da draußen. Ich lausche angestrengt in die Nacht. Der Bach gurgelt, der Wind streicht über das Gras und ich bin mir sicher dazwischen noch etwas zu hören. Das Bärenspray liegt auf Susans Seite aber hilft es? Kein Zweifel, wir sind in Bärengebiet, unter anderem deswegen sind wir hergekommen.

Wir haben das Dreieck aus Zeltplatz, Kochstelle und Lagerplatz für Nahrungsmittel und alles was riecht eingehalten. Dazwischen liegen jeweils fünfzig Meter. Reicht das? Die Ranger sagen ja, eine Garantie gibt es nicht. Anderseits finden Bären zu dieser Jahreszeit genug zu fressen, der Winterschlaf liegt hinter Ihnen, die Lachse beginnen die Flüsse hinauf zu ziehen, Nahrung ist genug da. Anderseits sind Bären neugierig.

War da wieder was? Nachts, hier draußen und mit diesen Gedanken im Kopf, führt meine Wahrnehmung ein sehr phantasievolles Stück auf. Leider bin ich einer der Protagonisten aber nicht der mutigste. Die vermeintliche Sicherheit des Zeltes und der Sicherheitsgedanke eines Vierjährigen, was ich nicht sehe, ist nicht da, lässt mich weiter angestrengt lauschen. Atem anhalten, ganz ruhig liegenbleiben. Nichts.

Dies sind nicht die ersten Nächte alleine draußen in der Wildnis. Wir haben das schon öfter getan, haben Wölfe heulen gehört und waren auch vorher schon in Bären Gebiet. Wir wissen wie wir uns verhalten müssen und halten uns daran. Auf eine nächtliche Begegnung mit einer krallen-bewährten 800 Kilo Kampfmaschine kann ich gut verzichten.

Da war was! Da geht was durch den Bach. Ich meine, neben den Geräuschen des Wassers, hören zu können, wie ein Tier durch den

Bach watet. Aber kein Bär. Ein Huftier. Ich habe überhaupt keine Ahnung ob man das unterscheiden kann aber ich bin mir sicher. Die Erschöpfung lässt mich auch ohne Kopfkissen irgendwann wieder einschlafen.

In den frühen Morgenstunden überqueren wir den ersten Fluss. Der Savage River ist weit weniger „savage" als sein Name befürchten lässt, dafür kalt, Gletscherwasser eben.

Sorgen bereitet uns der Teklanika River. Er ist ein ausgewachsener Fluss, der je nach Jahreszeit, Regenmenge und Temperatur sehr unterschiedlich viel Wasser führt. Einige mussten sich bereits eingestehen, dass eine Überquerung nicht möglich ist, so auch Chris.

Im Winter kann man den Fluss beinahe trockenen Fußes durchwaten. Im Sommer, wenn die Schneeschmelze einsetzt, verwandelt er sich zu einem zeitweise unüberquerbaren, reißenden Fluss. Chris war kein guter Schwimmer und nach einem ersten, vergeblichen Versuch, den Fluss auf dem Rückweg zu überqueren, hat er vor der Strömung zu großen Respekt um es ein weiteres Mal zu riskieren. In seiner geschwächten Verfassung wäre der Versuch, den kalten Fluss zu durchschwimmen, vermutlich mit dem Tod durch Ertrinken geendet.

Ich wage einen ersten Versuch und erreiche das andere Ufer. Das Wasser geht mir knapp bis zur Hüfte, die Strömung ist sehr stark aber ich schätze, dass ich es auch mit Rucksack schaffen kann, Susan nicht. Ich ahne noch nicht, dass ich den Teklanika heute noch fünf weitere Male überqueren muss. Nachdem ich meinen und Susans Rucksack über den Fluss gebracht habe, sollte mir Susan beim letzten Mal eigentlich gefolgt sein, doch als ich von der anderen Flussseite herüberblicke, steht sie noch ziemlich am Anfang. Ich brülle gegen das Rauschen des Flusses an, dass ich sie holen komme und wir das zusammen machen. Ich stehe noch auf der anderen Flussseite als Susan den Halt verliert, bei einem Schritt rutscht sie ab und der Fluss reißt sie mit, wirbelt sie herum. Auf den rutschigen Steinen findet sie keinen Halt, das kalte Wasser lässt sie erschrocken aufschreien und die mit den Schnürbändern um ihren Hals gehangenen Wanderschuhe drohen sich um ihren Hals zu ziehen. Ich kann genauso wenig wie Susan etwas machen. Nach 20 Metern wird sie in flacheres Wasser gespült, findet halt und kann aufstehen. Geschockt zieht sie nicht gleich die nassen Sachen aus. Erst als ich den Fluss überquert habe und ihr meine Fließjacke gebe, zieht sie eiskalten Sachen aus.

Und was jetzt?
Ist das das Ende?
Sind wir geschlagen?
Müssen wir umkehren?
Sind wir zwei Tage gewandert und müssen hier umkehren?
Unsere Sachen sind auf der anderen Flussseite, wir können hier ohne Hose und in nassen Shirts nicht bleiben, auch wenn Adrenalin und ein auf vollen Touren pumpender Kreislauf uns im Moment nicht frieren lassen, wir brauchen trockene Sachen.
Unsere Wanderschuhe sind geflutet, Butch's Trinkflasche ist weggeschwemmt und wir müssen eine Entscheidung treffen. Es hier beenden, ich hole unsere Sachen und wir gehen zurück, oder wir kämpfen, nehmen unseren Mut zusammen und versuchen einen zweiten Anlauf.

Ich bin besessen davon, den Bus zu sehen. Ich würde Susan hier das Zelt aufbauen und alleine mit einigen Müsliriegeln weitergehen. Ich muss zu dem Bus. Doch Susan ist nicht minder entschlossen, fasst sich ein Herz und wir machen einen gemeinsamen Anlauf. Susan klammert sich an mir fest und ich gehe mit einem Stock als Stütze vor. Ich spüre wie ihre klammen Finger sich in meine Hüfte krallen, jetzt bloß nicht daneben treten oder zögern. Nach zehn Minuten sind wir gemeinsam am anderen Ufer, kramen trockene Sachen aus den Rucksäcken und machen Feuer. Ich sage es Susan nicht, sondern gestehe es erst mit diesen Zeilen aber öfter hätte ich an diesem Tag den Fluss auch nicht überqueren können.

Wir essen noch etwas Warmes, trocknen so gut es geht die nassen Sachen und machen uns auf den Weg. Bisher haben wir heute nur zwei Meilen geschafft und das ist zu wenig, wollten wir heute noch beim Bus ankommen. Kaum sind wir losgegangen, verliert sich der Trail wieder. Nach und nach wird er schmaler, wächst zu und dann ist es kein Weg mehr. Eine andere Möglichkeit verliert sich auf die gleiche Weise. Einen letzten Versuch haben wir noch, wir folgen einem Trail, überqueren einen Biberdamm doch dann ist der Weg über einen Meter tief mit Wasser geflutet, ein Kanal, aber kein Weg, auf dem wir mit zwanzig Kilo auf dem Rücken weiterkommen könnten. Biber haben hier eine Seenlandschaft geschaffen, Wiesen in Sümpfe verwandelt und den Mücken damit den idealen Lebensraum geschaffen.

Wir folgen Spuren im Gras, den Wassergräben entlang, bis auch sie sich verlaufen, sie werden undeutlicher, weniger Leute scheinen sie gegangen zu sein, bis am Ende unklar ist, ob hier nicht nur ein Elch durchgekommen ist und dann ist die Spur ganz weg. Hier kommen wir nicht weiter. Die Seen, der Sumpf, das alles ist nicht zu durchqueren, schon gar nicht mit Rucksäcken. Unsere Karte hilft uns hier auch nicht weiter. Butch sagte uns schon, dass sich die Landschaft dauernd ändert und der Trail sich mit ihr aber das hier kann und darf einfach nicht sein. Ich habe Videos gesehen, in denen einige mit ihren Quads zu dem Bus gekommen sind, die wären hier auch niemals durchgekommen.
Scheiße, sollten wir den Fluss überquert haben um jetzt den Weg nicht wiederzufinden?
Leichte Panik macht sich breit, zumal die Zeit uns davon läuft, wir haben nicht mehr für allzu viele Tage zu essen, die Rucksäcke können wir auch nicht mehr lange tragen und wie lange wollen wir hier eigentlich noch sinnlos im Kreis laufen? Scheiße nochmal!

Nach zweieinhalb Stunden beschließen wir, die Rucksäcke abzusetzen und ohne Gepäck nach einem Weg zu suchen. Und tatsächlich, auf einer Sandbank am Teklanika finden wir eine Auffahrt, die von Quads genutzt worden sein könnte und wir finden auch unseren Trail wieder. Erleichtert holen wir die Packs und marschieren los. Etwas über zehn Meilen sollen es noch sein, durchs Gelände, über Bäche und mit den Moskitos. Die Biester sind immer dann zur Stelle wenn wir kurz Pause machen. Sie sind so aggressiv und penetrant wie seit der Kanutour nicht mehr und umschwirren unsere Gesichter, lassen keine Möglichkeit aus zu prüfen, ob wir auch wirklich überall Mückenschutz aufgetragen haben. Auch wenn sie nicht stechen, rauben sie uns in dieser Situation den letzten Nerv.

Die Tundra ist so langweilig, es gibt nicht mal Orientierungspunkte. Der Trail ist links und rechts mannshoch mit Büschen und Sträuchern bewachsen, dass man nicht mal auf einem Hügel einen Ausblick genießen kann aber gleich müssten wir eigentlich am Bus sein, wir sind schon sehr lange unterwegs. Die Rucksäcke werden schwerer, wir können sie pro Tag nur eine bestimmte Anzahl Stunden tragen und durch die lange Suche nach dem Trail konnten wir diese Zeit nicht in Meilen umsetzen. Hinter der nächsten Biegung sehe ich aber eine Lichtung und da müsste es sein. Nein, stattdessen schnüren mir die

Schulterriemen tiefer in die Schulter, tut mein Nacken vom vorgebeugten Laufen mehr weh, habe ich mehr Durst. Es sollte doch mit dem Teufel zugehen, wenn die nächste Lichtung nicht...nein.

Hinter mir bimmelt Susan, die unsere Bären-Glocke am Rucksack trägt, die Bären weg. Ich kann mir eine Wanderung ohne dieses Dauerbimmeln mittlerweile gar nicht mehr vorstellen. Susan hat wieder diesen Punkt überschritten, den sie das letzte und während wir uns kennen, ersten Mal, auf der Kanutour hinter sich gelassen hat. Ab diesem Punkt funktioniert sie einfach nur noch. Sie trottet gebeugt von der Last ihres Rucksacks dahin, überquert ohne Meckern und Murren den hundertsten Bach heute, buckelt die Steigungen rauf und das mit der Sturheit eines Panzers. Ihr Rucksack ist leichter als meiner aber nicht leicht, vor allem nicht nach so vielen Stunden. Sprechen tun wir ab diesem Punkt kaum noch. Wir machen eine letzte Pause, setzten ein letztes Mal die Rucksäcke ab und lassen uns ein letztes Mal von den Mücken stechen, bevor wir dann endlich den Bus sehen.

Aber nein, auch die nächste Biegung birgt dasselbe Bild. Bewachsener Trail, wieder ein Bach, den wir überqueren müssen, wieder kalte, nasse Füße aber kein Bus. Ich habe im Vorfeld von der Idee gehört, dass der Bus weggeschafft werden sollte. Die Locals empfanden das Interesse an dem Bus für unangebracht und wollten ihn wegschaffen lassen.... Die werden doch nicht etwa...der Gedanke muss mich aber nicht weiter beschäftigen, weil nach der jetzt kommenden Kurve...nein. Es ist mittlerweile spät, bestimmt 22.00 Uhr und wir haben die Rucksäcke seit mehr oder weniger zwölf Stunden auf. Alles tut weh, da hilft auch der schöne Beinahe- Sonnenuntergang über der Tundra nichts. Um Tageslicht brauchen wir uns keine Sorgen zu machen, hier im Norden wird es kein bisschen dunkel. Wir könnten weiterlaufen, schlagen dann aber doch das Camp auf, wir sind völlig am Ende, auch wenn der Bus um die nächste Kurve steht.

Tut er aber nicht, wie der nächste Morgen zeigt. Wir sind nur mit einem Tagesrucksack unterwegs, lassen das Zelt und alles andere zurück, nehmen nur zu trinken, Frühstück (einen Müsliriegel) und das Tagebuch und die Leuchtstäbe mit, die wir am Bus lassen wollen.
Wir müssen nochmal weiter laufen als gedacht und nochmal drei Bäche überqueren. Das hat bei den ersten Bächen auch noch Spaß gemacht, da haben wir noch einen Weg drum rum gesucht und

trockene Füße behalten. Jetzt gehen wir einfach durch, die Füße sind so oder so kalt und nass aber das ist egal, denn um die nächste Kurve steht der Bus. Nein, es waren dann doch noch mehr Kurven aber dann war er da.

Chris wusste nichts von dem Bus in der Wildnis und so ist klar, warum er ihm den Namen „magic bus" gab. Der Bus steht einfach da, mitten in der Wildnis. Ursprünglich standen hier drei Busse, eine Minengesellschaft hatte sie der Stadt Fairbanks abgekauft, wo sie als Linienbusse unterwegs waren. Man hat Motor und Getriebe entfernt und sie per Hubschrauber hierher gebracht, wo sie Minenarbeitern als Unterkunft dienen sollten. Darum haben sie neben einem Bett und Tisch auch einen Ofen. Als die Arbeit in den Minen aufgegeben wurde, hat man aus Kostengründen nur zwei Busse zurückgeholt und den letzten einfach stehen lassen.

Es ist eigenartig, wenn man ahnt, was einen erwartet und man dann von dem Moment der Begegnung überwältigt wird. So geht es uns gerade. Wir sitzen wort- und sprachlos vor dem Bus und staunen. Staunen, dass wir hier sind, dass wir es geschafft haben, dass wir beide diesen Moment teilen können, dass der Bus tatsächlich da ist, staunen über die Ausstrahlung und die Wirkung dieses Ortes auf uns und darüber, dass der Himmel blauer nicht sein könnte.

Nach einer Weile schauen wir uns um, besteigen den Bus, betrachten die vielen Namen an der Decke derer, die vor uns hier waren. Die Zitate, die Sprüche und die Tafel, die Chris Eltern hier hinterlassen haben. Es ist alles hier, eine Ausgabe von dem Buch, die original Bibel, Karten der Umgebung, die Nachrufe seiner Schwester, seiner Eltern, seiner Freunde, Tagebücher von anderen, mit Wünschen für alle anderen Reisenden, Erfahrungen von dem Weg hierher, Zitate aus Büchern, Liedern und unzählige Einträge derer, die hier waren und jeder auf seine Weise beschreibt was ihm nahegeht und was dieser Ort für seinen Verfasser bedeutet.

Einer beschreibt, dass der Teklanika ihn gefangen hätte, ihn hierher zurück gezwungen hätte und er sich nun aus den Vorräten bedienen würde, verspricht aber mit neuem Nahrungsmittel zurück zu kehren. Andere sind ebenfalls im „Tek" gestürzt und haben Teile ihrer Ausrüstung verloren, sind stolz hier zu sein und es geschafft zu haben. Ein Eintrag, und ich gebe seinem Verfasser recht, befindet, dass es gut sei, dass der Weg so lang, beschwerlich und nicht für jeden zu machen sei. Ich könnte es nicht ertragen, diesen Ort, diesen bewegenden Moment, mit anderen zu teilen.

In einem Regal stehen Nahrungsmittel, Mütze, Handschuhe, Hose und Schuhe, Gaskartuschen für Kocher, Benzin, ein Seil und viele weitere nützliche Dinge, die man haben sollte, wenn man hier draußen unterwegs ist. Chris hatte sie nicht.

Wir lassen unser Tagebuch und einen Leuchtstab hier, machen einen ersten Eintrag in das Buch und Fotos.

Auf dem Weg zurück sprechen wir nicht viel, einsetzender Regen verscheucht die Moskitos, zumindest kurz. Jeder hängt seinen eigenen Gedanken nach. Das Echo dieses Ortes hallt noch lange in unseren Gedanken nach, auch wenn der Ruf, der uns hergelockte längst verklungen ist. Nach anstrengenden Stunden erreichen wir gegen Abend den „Tek", essen Nudeln mit Käsesoße. Neben einem Müsliriegel heute das Einzige was wir essen, wie schon in den Tagen zuvor. Aufziehende dunkle Wolken und die Erschöpfung der vergangenen Tage lassen uns das Zelt aufbauen. Den Fluss überqueren wir morgen früh, wenn das Wasser hoffentlich etwas niedriger ist, was bei Flüssen morgens der Fall sein sollte.

Doch heute Morgen stimmt etwas nicht. Es hatte in der Nacht nicht geregnet, zumindest nicht bei uns, und das merke ich jetzt. Ich stehe bis zur Hüfte und nicht mehr nur knapp bis zur Hüfte im Wasser des Tek. Konnte ich beim ersten Mal noch die Steine am Boden des Flusses erkennen, sehe ich jetzt nur noch trübe Wassermassen unter mir durchrauschen. Der Regen ist in den Bergen niedergegangen, deren Bäche den Teklanika speisen und der Regen muss heftig gewesen sein. Hinzu kommt, dass das gute Wetter der letzten Tage Schneereste und Gletscher weiter hat abschmelzen lassen. Der Tek fährt seine Klauen aus, gurgelnd und rauschend wollen sie mich zu sich reißen. Ich schaffe es mit Rucksack ans andere Ufer, unter den wachsamen Augen von Maritta und Kevin, zweier Österreicher, die den Fluss in anderer Richtung überqueren wollen. Sie haben am Abend als sie angekommen sind eine Wasserstandmarkierung an den Fluss gemalt, der Fluss hat sie deutlich überstiegen.

Als ich Susan holen komme, sage ich ihr davon nichts, sondern behaupte das Gegenteil. Susan klammert sich wieder an meiner Hüfte fest und wir beginnen mit der Überquerung. Von dieser Seite aus

müssen wir gleich im Hauptstrom beginnen. Ich spüre Susans Fingernägel in der Hüfte, doch auf einmal lösen sie sich. Ich fahre ruckartig herum, erwische mit der linken Hand Susans Handgelenk, aus der Drehbewegung schleudere ich den Stock, der mir als Stütze gedient hatte, weg und versuche sie zu halten. Die Steine auf den ich stehe sind aber zu rutschig, ich habe das Gefühl ganz langsam abzurutschen, aber ich denke es ging sehr schnell. In der Mitte des Flusses werden wir beide abwärts gezogen und herumgewirbelt. Ich bekomme einen harten Schlag aufs Handgelenk und stoße heftig mit dem Knie an einen Stein aber meine linke Hand quetscht weiterhin Susans Handgelenk. Ich lass Dich nicht los.
Später wird sie sagen, sie hätte es verstanden, wenn ich sie losgelassen hätte. Nur einer, ich, hätte dafür kein Verständnis gehabt.

Nach 20 Metern werden wir ans Ufer gespült, Marita und Kevin helfen uns aufzustehen. Das eben Gesehene lässt die Motivation der beiden, den Fluss zu überqueren, nicht gerade steigen, sie schaffen es aber und wir machen uns auf den langen Weg zurück.

Die letzten Meilen ziehen sich endlos und wir kommen kaum noch voran. Die Schultern schmerzen, die Hüften nicht ganz so schlimm, unsere Füße bringen uns um und wir haben uns seit heute Morgen nur einen Müsliriegel geteilt. Völlig entkräftet kommen wir am Trail-Anfang an. Kochen mit unserem letzten Wasser Kartoffelpüree und sind einfach nur froh wieder in der Zivilisation angekommen zu sein. Wobei hier nichts ist, kein Haus, gar nichts. Bis zum Highway sind es noch über zehn Meilen, die sich mit etwas im Magen aber schon viel besser angehen. Wir kommen gegen 22:00 Uhr bei Butch unten am Highway an. Die letzten drei, vier Meilen hat uns eine junge Familie im Auto mitgenommen. Butch freut sich, uns zu sehen. Das Geld für die Trinkflasche will er nicht annehmen, dafür dürfen wir im Garten der Sonntagsschule zelten und im Keller duschen.

Als wir das Zelt aufgebaut haben, geduscht sind und in die Schlafsäcke kriechen, sind wir beide über sechzig Meilen, knapp 100 Kilometer, mit vollbepackten Rucksäcken durchs Gelände, durch Sümpfe, über Trails und durch Flüsse gewandert. Haben in dreieinhalb Tagen geschafft, was wir kaum für möglich gehalten haben. Über dreißig fiese, rote Flecken zeigen an Susans Beinen, wo die Moskitos durch die Hose gekommen sind, blaue Flecken und Schrammen am ganzen

Körper, schmerzende Schultern, Striemen vom Hüftgurt. Mein Knie ist blau und geschwollen, am Schienbein sieht es nach einem Bremsenstich so aus als wollte mir ein zweites Knie wachsen, das Handgelenk schmerzt noch und ich kann mich aufgrund von Schmerzen im Fuß nur humpelnd bewegen.

Es war mit Abstand das Anstrengendste, was Susan und ich in unserem Leben getan haben. Als wir abends Healy erreichen, ist es der Stolz, der uns etwas schneller und etwas aufrechter gehen lässt. Auch wenn es uns nie jemand ansehen wird, tragen wir diesen Orden. Es ist der Stolz, der alles Andere bisher Erreichte in den Schatten stellt.

Chris ließ seine Eltern einen sehr hohen Preis dafür zahlen, zu verstehen, was ihn und seine Vorstellung zu leben, ausmachten. Doch sie haben verstanden und zusammen mit der Tafel, die sie im Bus anbrachten, geht die Aufforderung an alle Reisenden sich unverzüglich bei ihren Lieben zu melden. Wir werden das tun.

Die Stampede Road ist am Bus nicht zu Ende, sie führt noch ein gutes Stück weiter. Für uns war sie ein Abschnitt in unserem Leben, für Chris war sie der Abschnitt seines Lebens.
Chris selber beschrieb sein Leben in den letzten Zügen als glücklich, doch kam auch er am Ende zu dem Schluss, dass nur geteiltes Glück wahres Glück ist.

Ich teile dieses Glück mit Susan.

Suche geschenkten Gaul, biete Katze im Sack
Von Healy nach Skagway, Alaksa, Juli 2009

Trampen in Alaska? Nee, das würde ich nicht empfehlen, das geht vielleicht in Südamerika aber hier? Das könnt ihr wohl vergessen, niemand teilt sein Auto freiwillig mit zwei ungeduschten Backpackern. In seiner klimatisierten Komfortzone bleibt man lieber alleine. Die Aussage überrascht mich nicht, ich habe auch noch nie einen Anhalter mitgenommen, sind immer so komische Geschichten die man da hört von jemandem, der einen kennt und dem ist da mal was passiert mit einem Anhalter. Kann auch sein, dass ich das mit einem Film verwechsle. Aber trotzdem stehen wir an einem Junimorgen am Highway 3 und halten unsere Daumen kühlend in den strahlend blauen Alaska-Himmel.
Den ersten Ride haben wir auf der Stampede road bekommen und das in einem Zustand, in dem ich mich selber nicht im Traum mitgenommen hätte. Auf dem Rückweg vom „magic bus", als wir völlig verdreckt und von vier ungewaschenen Tagen auf dem Trail gezeichnet, am Ende unserer Kräfte, auf dem Zahnfleisch kriechend, die Straße runter-vegetieren, hält eine junge Familie mit zweijähriger Tochter auf dem Rücksitz und nimmt uns um 22.00 Uhr die letzten drei, vier Meilen mit. Sie würden nie Anhalter mitnehmen und eigentlich schon mal gar nicht, wenn sie ihre Tochter dabei haben aber heute ist wohl mal eine Ausnahme. Diese Geschichte werden wir noch häufig hören. Niemand nimmt Anhalter mit aber alle machen eine Ausnahme. Die nächsten, die uns mitnehmen, von einer Tankstelle aus, zurück zu der Kirche, wo wir campen, sind zwei Jungs, etwas jünger als wir. Ihrem Auto fehlt zwar der Auspuff aber nicht der Wille uns mitnehmen.
Heute Morgen allerdings wollen wir nach Fairbanks. Von Healy nach Fairbanks sind es 120 Meilen, eine große Bitte, die ausspricht, wer hier den Daumen raushält. Unerträgliche zehn Minuten müssen wir in der Hitze des Vormittags warten, bis ein Paar in einem riesigen GMC Denali anhält. Die Autos, die halten, bringen nicht nur seinen Fahrer dorthin, wo er geplant hatte hinzufahren, sondern uns oftmals auf neue Ideen und Orte, an die wir sonst niemals gelangt wären. Menschen, die Anhalter mitnehmen, teilen nicht bloß ihr Auto für die Dauer einer Fahrt. In der Intimität der eigenen vier Räder erfahren wir mehr über sie und ihr Leben, als mancher Psychiater von seinen Patienten auf der Liege. Und so war neben der Erleichterung, dass

überhaupt jemand gehalten hat, immer auch eine Überraschung hinter der heruntergelassenen Scheibe zu erwarten.
Ron und seine Frau Dee arbeiten im Denali National Park und wollen nach Fairbanks, klar können wir den ganzen Weg mitkommen. In ihrem Full-size Truck sitzen wir irgendwie verloren aber angenehm klimatisiert auf riesigen Ledersesseln in der zweiten Reihe, rauschen durch die Landschaft und sprechen über unmögliche Touristen im Denali, Musik, unsere Reise, die Arbeit der beiden, Alaska und die Bedeutung von David Hasselhoff für Deutschland. Dazu spielen sie Rock-Klassiker, wir verstehen uns prächtig und halten gegen Mittag an der unglaublichsten Spelunke in ganz Alaska: Skinny Dicks's half way inn. Vom Kiez sind wir einige schräge Typen und Lokalitäten gewohnt, diese Bar allerdings würde auch auf der Reeperbahn noch einen Akzent setzen. Die Decke und Wände sind gepflastert mit Dollarscheinen, auf denen man aufschreibt, was immer man mag, Hauptsache sexistisch. Alles in diesem Laden ist eine sexuelle Anspielung oder schon weit darüber hinaus. Die Salz- und Pfefferstreuer sind kleine Penisse, die Feuerzeuge auch und man kann alles kaufen. Eine Bar mit angeschlossenem (Sex-)Shop. Von der Schürze mit riesigem Schwengel über Dildos und Schlüsselanhänger bis hin zu Pins mit rammelnden Bären. Den, und eine Runde Bier, will Ron uns unbedingt ausgeben. Der Pin findet seinen Weg an meinen Rucksack, die Bar einen Platz in unserem Herzen. So ungemütlich und rau sie von außen wirkt, so nett ist es von innen, ein bisschen wie dieses Land. Und dann sind wir auch schon in Fairbanks, genau vorm Visitor Center, perfekt. Ron und Dee fahren weiter, wir bleiben über Facebook in Kontakt.
Zwei Tage später stehen wir wieder am Highway, diesmal soll es nach Süden gehen. Nach fünf Minuten hält Roberto, auf dem Weg nach Anchorage und natürlich kann er uns die 160 Meilen nach Cantwell mitnehmen. Er, und ich glaube auch sein Chrysler Laser, sind illegal in Alaska. Er kommt aus Mexiko und ist vor einem Jahr aufgeflogen. Jetzt sucht er einen Anwalt, der gegen seine Abschiebung angeht, seine Chancen stehen schlecht. Kein Grund für schlechte Laune, er freut sich über die Gesellschaft auf der Fahrt.
Nach einer halben Stunde in Cantwell aber nur drei Autos, hält ein Opa in einem Pick-up. Er will uns nach Paxson, den ganzen Denali Highway runter, mitnehmen. Susan zwängt sich zu ihm und seinem Hund in die Fahrerkabine, ich nehme auf der Ladefläche platz und sehe zu, dass ich meinen Kopf unten halte, vor allem, wenn, was zwar

selten ist, dann aber unangenehm, ein Wagen entgegenkommt und wie wir eine hundert Meter Staubwolke nach sich zieht. Wir bekommen Softdrinks aus der Kühltasche und nach vierzig Meilen ist an einem Campground Schluss. Er will jetzt lieber angeln und wir scheinen „in the middle of nowhere" gestrandet. Egal, wir gehen auf den Campground und fragen den Host aus Texas ob morgen jemand nach Paxson fährt. Wir verstehen nur nein, obwohl er viel mehr sagt, aber sein Akzent ist einfach zu hart. Dann gibt er uns unvermittelt eine Flasche Wasser.

Am nächsten Morgen fährt dann doch jemand Richtung Paxson, er nämlich. Zwar nicht den ganzen Weg aber immerhin weitere vierzig Meilen. Wir sitzen neben ihm in im Truck, hören laute, christliche Musik und seinem Texas-Kauderwelsch zu. Streuen wahllos Floskeln und Zuhör-Bekundungen ein, gegen seinen Akzent kommt unser linguistisches Zentrum nicht an.

Unsere Fahrt endet an einer Lodge. Leider können wir von der sicherlich schönen Umgebung kaum etwas sehen. Feuer rund um Denali verrauchen die Sicht, die Landschaft verliert sich im grau-blau des Dunstes. Hier stehen wir nun weiterhin am Denali Highway, die Sonne brennt und es kommt einfach kein Auto vorbei. Es ist Montag, die meisten Reisenden waren am langen Wochenende über den Unabhängigkeitstag hier aber jetzt ist tote Hose. Wir stehen sieben Stunden an der Straße. Die Sonne brennt erbarmungslos auf uns nieder und jedes vorbeifahrende Auto zieht eine Staubfahne hinter sich her, dass wir uns in Deckung bringen müssen. Die etwas umsichtigeren Fahrer fahren langsamer, wenn sie uns sehen, was natürlich auch die Hoffnung schürt, sie würden anhalten aber außer einem Winken haben die meisten nichts für uns übrig.

Aber das passiert auch nicht allzu häufig. An diesem Tag fahren dreizehn Autos in unsere Richtung. Abends gehe ich zur Lodge um Wasser zu holen. Ich lerne Jennifer kennen und sie bietet an, uns zum MacLaren River zu fahren. Da sei noch eine Lodge und unsere Chance, mitgenommen zu werden etwas größer. Immerhin, weitere 25 Meilen. Nicht, dass Jen in die Richtung müsste, sie fährt uns hin und fährt dann einfach wieder zurück. Einfach nur um zu helfen und ohne, dass wir gefragt hätten. Jen kann deutsch. Eine schwedische Freundin hat ihr vor zehn Jahren „Verliebte Jungs", von der „Münchener Freiheit" auf Kassette aufgenommen, die sie mittlerweile aber verloren hat. Sie kann sich nicht mehr an den Titel erinnern, singt aber die erst Strophe mit einem sehr süßen Akzent. Wir schicken ihr das Lied als wir nächstes Mal Zugang zum Internet haben.

Am nächsten Morgen sprechen wir Susan an, eine Husky-Trainerin und Lodge-Besitzerin am MacLaren River. Sie nimmt uns auf der geschlossenen Ladefläche ihres Toyota Pick-ups mit nach Paxson. Endlich wieder geteerte Straßen. Nach eineinhalb Stunden halten zwei Israelis, Vater und Sohn, leben in Süd-Kalifornien, hören klassische Musik und „machen Alaska" in acht Tagen, wie sie sagen. Alle Hotels sind vorgebucht und die wirklich spannenden Strecken fahren sie nicht, weil ihr Autovermieter es ihnen verboten hat. Mehr bekommen wir auf den 75 Meilen, die sie uns mitnehmen, aus den beiden nicht heraus. Kurz vor Glennallen, ist Schluss für heute. Wir stehen noch drei Stunden am Highway aber niemand hält für uns.

Todd ist am nächsten Morgen der Erste, der hält. Die 175 Meilen nach Tok kann er uns nicht mitnehmen aber die Hälfte des Weges ist auch sein Weg. Wir sprechen über unsere Wanderung zum „magic bus" und Reisen im Allgemeinen. Er ist eine travelling nurse, wie er sich selber beschreibt und hat einige Tage frei, bevor er sich wieder als Krankenschwester im OP-Truck um Karies und gebrochene Knochen kümmert. Am Morgen hat er einen red salmon gefangen. Der Lachs ist so frisch, dass Todd ihn nicht mal kühlt. Zusammen mit Zwiebeln, Paprika und gebackenen Bananen brutzelt er später auf unserem Brenner, unnötig zu erwähnen, dass es der beste Lachs ist, den ich jemals gegessen habe. Todd fährt danach weiter und ich kann nach drei Stunden am Straßenrand stehend, berichten, dass die Riffel, die in den Asphalt gefräst sind, immer 36 Stück sind um dann für zwei Meter aussetzen. Das soll die Fahrer aufwecken, wenn sie von der Straße drohen abzukommen.

Die Riffel habe ich gezählt, mehrfach, den Rest mir gedacht und der Fahrer des riesigen Ford F-150 Pick-ups bestätigt das. Wir wissen seinen Namen nicht, aber er ist Leiter eines Straßenarbeiter-Teams, die in Tok eine Brücke und fast den gesamten Highway reparieren. Wir essen selbst-geschossene aber fremd-verarbeitete Teriyaki-Elch-Sticks und erfahren viel über die Straßen in Alaska. Ein durchschnittlicher Highway muss nach fünf bis sieben Jahren wegen Frost, Erdbeben und Erdrutschen erneuert werden. Sie schaffen zwei Meilen gravel road am Tag zu bauen und sogar vier Meilen ice road. Die Waldwege, die hier manchmal vom Highway abzweigen, gehen teilweise bis zu einhundert Meilen ins Landesinnere und werden zum Jagen, Wandern oder Quadfahren benutzt. Gemacht werden sie indem man mit einem

Quad einfach durch den Wald ballert. Das wiederholt man drei, vier Mal und schon hat man eine Schneise. Sehr amerikanisch. Satt steigen wir aus seinem Truck, er hat und bis zu einem Campground in Tok gefahren, wo uns die Besitzerin mit großen Augen anschaut. Ihr wollt aus Tok weiter trampen? Ihr seid hier verloren, niemand wird euch mitnehmen und dann auch noch über die kanadische Grenze? Vergesst es, ihr müsst verrückt sein, die Zeit an der Straße könnt ihr euch sparen. Werden wir ja sehen, denn wir haben noch ein Ass im Ärmel, einen Trumpf, den wir bisher noch nicht ausgespielt haben. Der nächste Tag aber sollte zeigen, dass wir beide, die Campground-Besitzerin und wir, uns geirrt haben.
Unser Trumpf ist ein Pappschild, auf dem wir geschrieben haben: From Germany to Canada. Wir denken, dadurch, dass die Leute schon beim Vorbeifahren ein bisschen mehr von uns wissen, werden sie vielleicht eher halten und spätestens seit den Simpsons weiß ja jeder: „Wer deutsch spricht, kann kein schlechter Mensch sein."
Nach einer Stunde hält tatsächlich jemand, da hat sich die Campground-Besitzerin geirrt, aber wer da hält, da haben wir uns geirrt. Wohnmobilfahrer halten nämlich nicht. Sie sind die egoistischsten Reisenden überhaupt. Nicht nur, dass diese rollenden 4-Zimmer-Wohnungen Unmengen Benzin verfeuern und sie, nur um es klimatisiert zu haben, auf Campingplätzen ihre Motoren laufen lassen, nein, sie kommen auch nicht auf die Idee, ihren verschwenderischen Platz und Luxus zu teilen. Anders Sigi und Inge aus der Nähe von Bonn. Fünf Wochen per Wohnmobil in Alaska unterwegs, schon überall auf der Welt gewesen. Klar nehmen sie uns mit nach Dawson, 180 Meilen und über die kanadische Grenze. Es ist irre laut im Wohnmobil aber trotzdem quatschen wir die ganze Fahrt, darüber was an Amerika komisch, lustig und bemerkenswert ist, über Reisen und darüber, dass man als Teenager anders verreist als später im Leben. Nebenbei läuft das volle Verwöhn-programm. Cracker, Lakritz, frisches Obst mit Quark und Haferflocken, gekühlte Getränke, einfach alles, was das Leben aus dem Wohnmobil, dem aus dem Rucksack vorziehbar macht, wird aufgefahren. Mit elterlicher Fürsorge werden wir verwöhnt und sind am Abend wunderbar entspannt in Dawson. Die kanadische Grenzbeamte war sehr hartnäckig, kam ihr unsere Rolle, per Anhalter und auf unbestimmte Zeit unterwegs, doch sehr merkwürdig vor. Am Ende aber dürfen wir einreisen und bekommen einen sehr schönen Stempel in den Pass gedrückt. Ein

Goldschürfer kniet mit einer Schüssel in der Hand an einem Bach und sucht sein Glück.

Am nächsten Morgen steht auf unserem Schild eine große Bitte. From Germany to Whitehorse. Das bedeutet 600 Kilometer ohne Bezahlung und als Fahrer weiß man ja auch nie, wen man sich da einlädt. Mathew ist das egal. Wir müssen zwar knapp zwei Stunden auf ihn warten aber er fährt mit uns in über acht Stunden nach Whitehorse. Der Tank seines Ford Ranger leert sich komplett während wir zu Neil Young, The Strokes und irish folk punk Richtung Süden fahren. Immer noch feinster Sonnenschein. Matthew ist ein Kanadier wie aus dem Bilderbuch: kräftige Statur, wildes Haar, voller Bart, freundlich und äußerst hilfsbereit. Er ist Feuerwehrmann und wenn man sich die Gegend anschaut, hat er viel zu tun. Die Waldbrände treten jedes Jahr auf und sobald sie Menschen bedrohen, müssen er und seine Kollegen aus British Columbia ran. Yukon selbst hat nicht genügend Feuerwehrmänner um der Lage im Sommer Herr zu werden. Er war gestern feiern und nach einigen Stunden, der Kaffee, den seine Freundin aus dem Diner uns noch gemacht hat ist längst geleert, meint er, er würde sich gern mal ausruhen. Weil ich doch aus Deutschland bin, wäre ich doch bestimmt ein guter Fahrer und könnte ja mal ein paar Stunden übernehmen. Abends sind wir in Whitehorse.

Von Whitehorse brauchen wir drei Mitfahrgelegenheiten um nach Carcross zu kommen. Bis zur Kreuzung hören wir in einem Kia Metallica, dann werden wir von einer Mutter und ihrer Tochter, auf dem Weg zu einer Wanderung mitgenommen aber ansonsten ignoriert und nach Carcross gelangen wir, als ein Wagen uns erst stehen lässt, es sich dann aber anders überlegt und noch mal umdreht. Von Carcross nach Skagway sind es noch einhundert Kilometer und wir müssen wieder die Grenze überqueren, diesmal von Kanada zurück nach Alaska. Kein Problem für Renee und Josh. Sie tanzt und singt in einem Disney Musical, das ab Herbst in Japan startet und er ist Guide für Kayak-Touren durch die Fjorde der Umgebung. Gut gelaunt bringen die beiden uns problemlos über die Grenze, wir sollen uns melden wenn wir Lust und Zeit haben und das werden wir.

Am Ende dieser siebentägigen Tour sind wir knapp 1.600 Kilometer per Anhalter gefahren, haben in fünfzehn Fahrzeugen unterschiedlich lange gesessen, gekauert, gefleezt, wurden bestens unterhalten und eingeladen, haben viele nette und interessante Leute kennengelernt. Und wir haben verstanden, was das Besondere am Trampen ist, es sind die Menschen denen man begegnet und ihre Geschichten.

Auf der Suche nach Glück
Skagway, Alaska, Juli 2009

1896 hallte ein weithin gehörter Ruf durch die Gassen in der ganzen Welt. Der Ruf des Goldes. Gold war im Yukon, im Norden Kanadas, gefunden worden. Dort wo der Yukon und Klondike River zusammenfließen und wo in wenigen Monaten die Stadt Dawson entstehen sollte. Hühnereigroße Nuggets lägen dort in den Flüssen, so berichteten es die Zeitungen und mobilisierten Zehntausende aus der ganzen Welt, ihr Glück zu finden.
Sie alle kamen über Skagway, den ersten im Frühling eisfreien Hafen im Norden. Wer es bis hierher geschafft hatte, konnte sich glücklich schätzen, denn auch die Schiffgesellschaften witterten ihr großes Geschäft und fuhren mit allem Schwimmfähigen Richtung Norden. Nicht wenige verloren ihr Leben, weil ihr Seelenfänger mit Maus und Mann im ersten Sturm gesunken war.
Die Stampeder, wie die Goldsucher genannt wurden, wählten Skagway als Ausgangspunkt ihrer Reise, weil es hier einen Pass über die nicht ganz so hohen Rocky Mountains gab. Der Chilkoot Trail war gefunden und benannt von den Tlingit, dem hier lebenden Indianerstamm. Ein 53 Kilometer langer Pfad durch die Berge, auf dem die Goldsucher ihre gesamte Ausrüstung tragen mussten. Nach dem Chilkoot, so der Plan, sollte die Ausrüstung per Schiff den Yukon River hinab transportiert werden, doch zuerst musste der Pass überwunden werden und der hat es in sich. Die wenigsten werden gewusst haben, was auf sie zukommt und auch wir werden uns auf dem Trail das ein und andere Mal wundern.

Wir wollen heute bis zum sheep camp gehen, 21 Kilometer bis zum Fuße des Passes und das Höhenprofil sagt außer einem Steilstück zu Beginn des Trails keine nennenswerten Anstiege voraus. Nach dem ersten, tatsächlich steilen Anstieg betreten wir einen Wald. Einen richtigen Wald, wie er als Vorlage für einen verwunschenen Märchenwald herhalten könnte und in keiner Weise mit dem Wald der Tundra zu vergleichen, den wir die letzten Wochen erlebt haben. Die Bäume sind kräftig, dreißig und mehr Meter hoch, Laub- und Nadelbäume gemischt und einfach schön. Außer hin und wieder einem Bach und einigen Vögeln ist nichts zu hören. Von harzig, bis Tannennadel-süß riecht dieser Wald in seiner vom Boden aufsteigenden Wärme. Der Boden ist bedeckt von Moos und Farnen, wir steigen über riesige Stufen im Stein, klettern über Findlinge und folgen dem, mit Wurzeln und spitzen Steinen gespickten, Trail tiefer in den Wald hinein. Neben uns gurgelt ein Fluss, der sich von Gletschern grün gefärbt durch das Land und neben uns her schlängelt. Oft biegen wir etwas vom Fluss ab und steigen auf eine zwanzig oder dreißig Meter hohe Anhöhe, um auf der anderen Seite sogleich wieder hinab zu steigen.

Wir haben uns vom dem Höhenprofil täuschen lassen. Aus der angenommenen lockeren Wanderung wird langsam ein Kraftakt. Die meisten der mit uns Wandernden, gehen in zwei Tagen zum sheep camp und sind nicht so schwer bepackt wie wir. Sie sind mit dem Auto angereist und haben alles Überflüssige dort gelassen. Wir stapfen weiter und als die Rucksäcke langsam schwerer werden, wissen wir, dass wir nicht die ersten sind, denen es so geht. Der Chilkoot ist nicht nur eine wunderschöne und herausfordernde Wanderung, sondern auch das längste Museum der Welt. So wie uns jetzt die Packs schwer werden, ging es den Stampedern auch, nur dass sie getan haben, wovon wir nur träumen. Einfach alles hinschmeißen und liegen lassen. Was nicht mehr getragen werden konnte wurde einfach am Wegesrand zurückgelassen. Mal verrottet eine Schaufel, ein Eimer, ein Ofen oder Herd, viel ist es aber nicht mehr, was davon noch übrig geblieben ist.

Wir erreichen Canyon city, das Camp wo die meisten heute die Nacht verbringen werden. Eine Stunde hinter dem Camp wünschte ich, wir hätten das auch. Das ständige Auf und Ab ist extrem anstrengend aber wir müssen weiter, denn der Tag an dem wir den Pass überqueren ist vorgeschrieben, da nur 50 Personen pro Tag den Pass überqueren dürfen. Hinter mir hat es wieder unhörbar „Klick" gemacht. Susan hat auf Panzer-Modus gewechselt und marschiert stur dahin. An das Gewicht der Rucksäcke haben sich unsere Rücken mittlerweile halbwegs gewöhnt, es sind unsere Füße, die uns umbringen. Als wir nach endlosen Kilometern das Sheep camp erreichen, hat der Ranger schon mit dem safety talk begonnen und ich fühle mich peinlich an meine Schulzeit erinnert. Wir kommen zu spät, alle Augen auf uns, grinsen, hinsetzen, zuhören. Das Wichtigste kriegen wir aber heute zum dritten Mal gesagt: wir sollen morgen um spätestens sechs aus dem Camp sein. Und das hat einen guten Grund wie wir morgen verstehen werden.

Wir essen eine doppelte Portion Nudeln mit Instant-Käsepulversoße, zwar haben wir das Salz vergessen aber die dreißig Meter zum bärensicheren Essenscontainer will sich keiner von uns zumuten. Außerdem geht es auch nicht um den Genuss sondern darum Energie nachzutanken. Wir kriechen unter Stöhnen und Ächzen gegen acht Uhr ins Zelt, alles tut weh. Um vier Uhr wecken uns die Zeltnachbarn mit Abbaugeräuschen. Wir genießen noch eine halbe Stunde die Wärme unserer Schlafsäcke, tauschen noch etwas Gewicht von Susans in meinen Rucksack, ein Apfel und ein halber Müsliriegel ersetzen das Frühstück und sind um 5.30 Uhr auf dem Trail Richtung Gipfel. Heute kommt es drauf an, heute müssen wir kämpfen.

Der strahlend blaue Himmel ist Segen und Fluch zugleich. Wir steigen durch ein Tal, dessen Hänge mit PKW-großen Findlingen gesäumt sind. Unter Ihnen sollen sich noch Eisfelder befinden und die schmelzen. Das tun sie erst recht, wenn am frühen Vormittag die Sonne auf die Hangseite zu scheinen beginnt. Die Schmelzwasserbäche, die uns von den Hängen entgegen schießen, lassen das Erzählte nicht wie ein Gerücht aussehen. Das Abschmelzen des Eises könnte eine Lawine oder Erdrutsch auslösen, daher dürfen wir in diesen Gebieten keine Pause einlegen, sondern sollen sie zügig durchqueren. Das mit dem zügig ist mit dem Rucksack auf den Schultern natürlich relativ aber ich wundere mich, wie viel Energie der menschliche Körper über Nacht zurückgewinnen kann. Meiner fühlt sich an wie neu.

Gegen 10.30 Uhr und nachdem wir etliche Schneefelder überquert haben, sind wir an den Golden Stairs. So heißt die mit 55 Prozent emporsteigende 1100 Meter hohe Bergwand, die wir überwinden müssen. Im Winter gegen Ende des 19. Jh. wurden in die schneebedeckte Wand Stufen gehauen, sodass sie leichter zu erklimmen war, daher der Name. Wie eine Kette aus Menschen waren die Stampeder hier aufgereiht um einer nach dem anderen ihre Ausrüstung den Pass hinauf zu schaffen. Hier bin ich in meinem Element. Ich zurre den Rucksack noch etwas dichter an meinen Körper und beginne mit dem Aufstieg durch das Geröllfeld. Lange Beine, geschickte Füße und jahrelanges Mountainbike-Training lassen mich hier, trotz zwanzig Kilo auf dem Rücken, hochfliegen. Klettern kann ich gut und ich habe hier auf dem schlimmsten Stück des Trails großen Spaß. Nach eineinhalb Stunden Klettern freuen aber auch wir uns, über den Anblick der kanadischen Flagge. Auch wenn wir keine

Kanadier sind, selten habe ich mich über den Anblick einer Flagge so gefreut.

Das dürfte nicht allen Stampedern so gegangen sein, denn der Pass markiert gleichzeitig die Grenze zu Kanada. 1897 hat die kanadische Polizei hier einen Grenzposten eingerichtet, nachdem „search and rescue Aktionen" im Hinterland zu zeit- und kostenintensiv geworden waren. Die wenigsten Stampeder wussten wohin sie unterwegs waren oder was sie erwarten würde und so sind sie blind vor Gier und schlecht vorbereitet aufgebrochen. Im Hinterland des Yukon waren sie auf sich gestellt schnell verloren, weshalb die Kanadier eine Liste mit Gegenständen aufstellten, die für den Grenzübertritt benötigt wurden. Dazu zählten 500 Pfund Mehl, 100 Pfund Zucker sowie diverse andere Lebens- und Gebrauchsmittel wie 500 Kerzen. Um die komplette Ausrüstung über die 53 Kilometer von Dyea nach Bennett zu transportieren, mussten an die 3.000 Kilometer Strecke zurückgelegt werden.

Jeder Stampeder musste über eine Tonne Ausrüstung über den Pass schleppen. Einige benötigten dafür, je nach äußeren Bedingungen und zusätzlicher Ausrüstung, bis zu einem Jahr. Wer Geld hatte, hatte ein Maultier, Pferd oder ließ seine Ausrüstung mit der Ende 1897 fertiggestellten, dampfbetriebenen Seilbahn den Pass überqueren. Wer den Pass mit seiner gesamten Ausrüstung erreicht hatte, dem drohte eine weitere Überraschung. Die Kanadier erhoben Zölle auf die in Amerika gekaufte Ausrüstung und untermalten ihre Forderung mit dem ersten, auf kanadischem Boden aufgebauten Maschinengewehr, einer maxim gun. Auch wenn es wegen der Zölle öfter mal laut geworden ist auf dem Pass, kam das Geschütz nie zum Einsatz. Wer den Zoll nicht aufbringen konnte, verdingte sich als Gepäckträger für andere Stampeder. Zwanzig bis dreißig Kilo kann ein Mann maximal auf einmal über den Pass schaffen, was bedeutet, dass sie alleine für die Mindestanforderungen vierzig Mal den Trail laufen und den Pass überqueren mussten. Für uns bietet sich der Pass bei strahlendem Sonnenschein für eine Pause an. Eine Rangerin sagte uns, dass die kanadische Seite des Trails noch schöner sein soll als die alaskanische, klar, sie war ja auch Kanadierin.

Wie recht sie hatte, erleben wir, als wir den Pass über Schneefelder auf kanadischer Seite hinabsteigen. Eine atemberaubende Landschaft breitet sich vor uns im gleißenden Sonnenschein aus. Es sind noch sechs anspruchsvolle Kilometer bis zu unserem Camp und es hätte gerne schneller am Horizont auftauchen können, doch der Anblick der Landschaft lenkt von den Schmerzen in den Füßen ab. Das Camp heißt Happy camp und der Name erschließt sich nach der Überquerung des Passes von selbst.

Auf dem Trail ist jeder für sich, keiner macht hieraus einen Wettkampf und so sind es die ganz persönlichen Erfolge, die hier zählen, wenn eine Familie mit kleinen Kindern das Camp unter Beifall der bereits Angekommenen erreicht und gegen Abend die beiden ältesten „Passbezwinger" als letzte und unter Aufbringung aller Kraftreserven ankommen. Wir treffen Steffi und Romina aus Deutschland, mit denen wir in den Camps quatschen und uns die Tour teilen, da sie in den gleichen Camps wie wir übernachten. Susan infiziert sie mit dem Ohrwurm, der uns auf dem Trail begleitet und fortan singen wir gemeinsam die Beatsteaks, Hey Du. „Denn Du bist schön, auch wenn Du weinst..." und das wird auf das Wetter am nächsten Tag zutreffen.
Als gegen Acht die Sonne hinter den Bergen verschwindet, wird es zusammen mit dem Wind schnell kalt. Am nächsten Morgen zeigt sich, wie der Pass auch sein kann. Wolkenverhangen, kalt und feucht. Gestern erzählte mir einer, der den Pass letztes Jahr schon überquert hat, dass er um die gleiche Zeit vier Tage Dauerregen und im Happy camp minus Grade hatte. Da freue ich mich umso mehr, als sich gegen Mittag die Sonne zurück ins Tal lacht und für angenehme Wandertemperaturen sorgt. Statt der ursprünglichen Planung, heute sieben Kilometer zu gehen, gehen wir zwölf Kilometer, ein Camp weiter. Einfach weil wir noch können, der Tag so schön ist und wir am Nachmittag den Bare Loon Lake noch im Sonnenschein erreichen. Zuckerwattewolken über den Bergen sagen schon eine Änderung des Wetters voraus aber erst mal springen wir in den See, der zwar kalt aber wegen mangelnder Duschgelegenheiten äußerst angenehm ist.
Die Wetteränderung kommt über Nacht in Form von Dauerregen. Am Morgen lässt der zwar nach aber gemütlich ist es nicht mehr. Die letzten Kilometer zum Zug, der uns zurück nach Skagway bringen wird, marschieren wir wieder mit Romina und Steffi. Als wir den Zug hören und die Gleise bald darauf sehen können, macht sich Freude breit. Wir haben es geschafft. Wir steigen in den historischen Zug, der so unfassbar penibel restauriert wurde, dass er besser aussieht als würde er gerade aus der Fabrik gerollt kommen. Als Backpacker werden wir ganz hinten in einen eigenen Waggon verfrachtet, damit die

Kreuzfahrttouristen, die schon mit dem Zug hierher gefahren sind, nicht von unserem fertigen Anblick belästigt werden, geschweige denn von dem Backpacker-Aroma, das uns umweht.

Allen Stampedern, denen heute und denen vor 110 Jahren ist eines gemeinsam. Sie alle sind auf der Suche nach Glück. Die einen finden es am Gipfel und am Ende des Trails, für die anderen ging die beschwerliche Reise und die Suche noch lange weiter. Reich geworden sind die Wenigsten, denn als sie ankamen, waren die meisten Claims bereits abgesteckt. Wer es geschafft hatte und tatsächlich Gold gefunden hatte, wurde oftmals betrogen, bestohlen, bedroht oder ermordet. Reich geworden sind die Bar- und Bordellbesitzer und vor allem die Eisenbahngesellschaft, die ab 1899 von Skagway nach Whitehorse fuhr und den Chilkoot Trail von einem auf den anderen Tag in Vergessenheit geraten ließ.

Kanada ist doof
Wells Gray Nat. Park, British Columbia, Kanada, August 2009

Kanada ist doof. Meine Eltern und ihre komischen Reisen. Können wir nicht wie normale Menschen nach Spanien oder Italien fahren? Mein Bruder ist die Pest am Arsch und geht mir heute mal wieder besonders auf die Nerven und überhaupt, was machen wir hier eigentlich?

Ich laufe seit Stunden an einem Fluss entlang, nur um dann irgendwann mal dort anzukommen, wo er einen kleinen „Hopser" macht, anstatt wie alle anderen Flüsse auch, die Treppe zu nehmen. Toll. Wasserfälle habe ich schon viele gesehen und warum bitteschön, müssen wir zu diesem hier so lange hinlaufen? Und warum sind hier schon wieder so viele Mücken? Das hat doch alles keinen Sinn. Und dann dieser Penner vor mir, wir können überhaupt nicht miteinander verwandt sein, mein Bruder müsste doch zumindest ein bisschen Ähnlichkeit mit mir haben. Der Idiot vor mir aber ist überhaupt nicht wie ich und wir sind auch nie einer Meinung.

Aber heute sollte etwas Unglaubliches geschehen, wir werden, gefühlt zum ersten Mal in unser beider Leben, einer Meinung sein. Zwar wird es noch viele Jahre brauchen, bis wir ein gutes Verhältnis zueinander entwickelt haben werden, aber gleich werden wir den Grundstein dazu legen.

So und das war die letzte Mücke, die mich heute gestochen hat. Ich kehre um. Ist doch bescheuert, sich hier zerstechen zu lassen nur wegen einem Fluss, der hier ein bisschen „Tamm-Tamm" macht. „Ich kehre um", rufe ich meinen Eltern zu, „das bringt hier doch nichts." Ich bin ein dreizehn Jahre alter pubertierender Teenager als ich diesen nicht besonders klugen Entschluss fasse, noch circa 15 Minuten vom Ziel der Wanderung entfernt, und kehre mit meinem Bruder zusammen um.

Manchmal braucht es eine lange Zeit, einen Irrtum einzugestehen, in meinem Fall circa 15 Jahre aber hier bin ich nun wieder im Wells Gray National Park und mache einen zweiten Anlauf auf den Fluss, der hier ein bisschen „Tamm-Tamm" macht. Die Verwandtschaft zu meinem Bruder habe ich mittlerweile anerkannt, teilen wir doch denselben

Humor und noch einige andere Dinge. Nun will ich das hier mit dem Wasserfall klären.

Der Weg dorthin ist nur ein paar Kilometer weit und heute würde ich das Stück mit aufgesetztem Rucksack und auf dem linken Bein hinkend mit einem Grinsen auf dem Gesicht hinter mich bringen. Es ist aber noch weit angenehmer, wir haben die Rucksäcke im Auto gelassen und schlendern nur mit einer Flasche Wasser und dem Fotoapparat dorthin. Leider haben meine Eltern keine Markierung an der Stelle hinterlassen, an der ich damals umgekehrt bin. Ich versuche irgendwo den Punkt zu erkennen, an dem mir als Teenager der Kragen geplatzt ist, stelle aber nach 45 Minuten fest, dass wir den Wasserfall bereits erreicht haben. Wie dünnhäutig war ich denn? Ist aber egal, denn meine Eltern haben nicht übertrieben, als sie den Wasserfall als einen, wenn nicht den schönsten, beschrieben haben. Und es macht einen himmelweiten Unterschied den Wasserfall nur auf Bildern zu sehen oder selber direkt an der Abbruchkante zu stehen. Das Getöse der Wassermassen und das dumpfe Aufschlagen in der Tiefe kann ich nicht nur hören, von dort wo ich sitze, kann ich es spüren. Das Wasser schlägt mit einer solchen Wucht auf, dass die Gischt sich in der ganzen Schlucht verteilt und sie angenehm kühlt.

Wir sind alleine an diesem Ort. Auf der anderen Seite, auf der Plattform, die man sogar mit dem Auto erreichen kann und die für dämliche Teenager und Pauschaltouristen reserviert zu sein scheint, schieben sich eine Handvoll Touristen um den besten Fotospot am Geländer entlang. Auf unserer Seite gibt es kein Geländer, nichts was das Erlebnis zwischen uns und dem Wasserfall stören könnte. Nicht einmal die Mücken lassen sich an diesem Nachmittag in zu großer Anzahl blicken und im Gegensatz zu den Alaska-Mücken, lassen sich kanadische noch durch Mückenabwehrmittel beeindrucken. Vor unseren Füßen geht es hundertdreißig Meter senkrecht in die Tiefe, aus der ein, zeitweise sogar zwei Regenbögen entspringen. Wir bleiben nicht allzu lange, denken wir, aber der Zeit-Code auf den Fotos wird hinterher zeigen, dass es eine Stunde war aber so kam es uns überhaupt nicht vor.

Am liebsten genießen wir diese Orte, indem wir einfach nur schweigend dasitzen, unseren Gedanken nachhängen. Wie viel Wasser stürzt hier wohl pro Minute runter? Wenn ich jetzt nicht hinsähe, würde das Wasser trotzdem fließen? Wenn der Wasserfall im

Winter gefriert, geht das dann ganz schnell oder ist es ein schleichender Prozess, den man mit bloßem Auge und nur an einem Tag gar nicht sehen könnte? Wir werfen ein Zwei-Cent-Stück in den Abgrund, wünschen uns einen geheimen Wunsch und mit dem letzten Funkeln, bevor die Münze aus meinem Sichtfeld verschwindet, weiß ich, dass ich wunschlos bin.

Lieber Marc, ich habe die Helmcken Falls für uns beide besucht, wir brauchen uns also nicht mehr nachsagen zu lassen, dass wir uns vor irgendetwas gedrückt hätten. Aber wenn Du es irgendwann mal einrichten kannst, dann komm noch mal hierher zurück, es ist ein wahrlich beeindruckendes Moment in dem die Wassermassen hier abstürzen.

Die Seen der anderen
Field, Yoho National Park, Kanada, August 2009

Canada Parks ist ein Nationalpark-Konglomerat, das sich zwischen British Columbia und Alberta aus sechs Nationalparks zusammensetzt und insgesamt der Größe Mecklenburg Vorpommerns entspricht. Die Parks sind einzigartig in ihrer landschaftlichen und tierischen Vielfalt. Sie sind gut organisiert und haben neben etlichen Campingplätzen mit Jasper und Banff auch zwei große Dörfer mit allen Annehmlichkeiten, die man sich als Tourist wünschen kann. Souvenirshops, Restaurants und 50 Jahre alte „historische" Gebäude quillen schlimmer über als die Plauze manches, hier durch die Fell- und Schmuckläden lustwandelnden, Pauschaltouristen. Alle sind furchtbar aufgeregt und „amazed" ob der „cuteness" der Orte und alles ist fürchterlich „lovely" und natürlich „very unique". Schnell noch ein Shirt gekauft oder einen Glasteller mit einem röhrendem Hirsch, how exciting.

Und es gibt hier unsagbar viele Souvenirshops, die es mit den Worten Kunst, antik und historisch nicht so genau nehmen. Was es in diesen Läden gibt ist allerdings sehenswert und beweist mir, dass ich keinen Souvenirshop leiten könnte, weil mein Sinn für Stil und Angemessenheit sich einfach nicht mit dem Warenangebot decken mag. Ich kann mir keinen Platz in keinem Haus vorstellen, wo man diese glasgewordenen Perversitäten, die hier feilgeboten werden, verstauben lassen könnte. Hinzu kommt, dass man sie wenn Besuch kommt auch noch verstecken müsste, will man nicht als Geschmacksautist dastehen. Doch sie werden gekauft und das zu Preisen, dass mir der Mund trocken wird.

Seinen Höhepunkt findet das Treiben rund um einen See, der den Hauptgrund für viele Touristen darstellt, in diese Gegend zu kommen. Lake Louise ist ein wunderbarer See mitten in den Rocky Mountains und er ist türkis. Er liegt inmitten einer so pompösen Gebirgslandschaft, dass Disney persönlich ihn nicht hätte kitschiger inszenieren können. Um ihn zu erreichen muss man nichts weiter tun, als den, an dieser Stelle vierspurigen Highway, über ein Straßeninfrastrukturnetz zu verlassen, das mancher Kleinstadt gut zu Gesicht stünde und auf einen der vielen Parkplätze einen Stellplatz zu finden. Das ist nicht immer ganz leicht, denn der Ansturm ist enorm. Busladungsweise werden Touristen ausgespuckt, die aus allen Teilen der Welt hierher kommen um einen verzauberten See zu sehen. Die Magie geht zwar irgendwo zwischen internationalem Stimmengewirr, Digitalkamera-Fokussier-Piepsen und Auslösergeräusch verloren aber das ist egal, es hindert niemanden diesen Ort zu besuchen, uns auch nicht. Die 50$ Stundenmiete hat keinen der vielen Kanukapitäne auf dem See davon abgehalten, dieses einmalige Fleckchen Wasser zu befahren und das Snack- und Souvenirangebot mit T-Shirts, Caps und kalten Getränken hält niemanden an diesem Tag davon ab, die Magie dieses Zaubersees zu spüren. Niemand nimmt Notiz von den tausenden Touristen, die sich alle in gleicher Pose vor dem See fotografieren lassen, den Asiaten, die für diese Prozedur, durch ständiges Neuarrangieren der zu fotografierenden Gruppe Stunden brauchen oder den zu dicken Kreuzfahrttouristen, die neben ihrem Bauch auch noch versuchen ein bißchen türkisfarbenes Wasser auf das Foto zu vereinen. Niemanden scheint es zu stören, dass sich direkt am Seeufer ein gigantisches und furchtbar deplatziertes Betonbollwerk namens „Hotel Chateau Lake Louise" keinen unpassenderen Namen hätte geben können.

Es gibt noch mehr dieser unwirklich gefärbten Seen in der Gegend aber Lake Louise darf sich zurecht die Königin dieser farbenfrohen Oasen nennen. Abzulesen ist das an den Kanupreisen, die sich auf den anderen Seen mit bis zu 30$ pro Stunde relativieren und am Touristenaufkommen. Der Moraine- oder Emerald Lake sind auch voll und die Hotels ebenso ausgebucht wie die Preise gesalzen aber der Lake Louise setzt dem Ganzen die Krone auf und glaub mir, ich finde das super.

Denn es gibt noch eine Perle in den Rocky Mountains, einen weiteren See, nur kann man ihn nicht bequem per Auto oder Pauschaltouristen-Reisebus erreichen. Lake O'Hara liegt im Yoho National Park, einem der kleineren Parks.
Pro Tag dürfen nur 40 Personen dieses Juwel besuchen, dürfen in einen Schulbus gequetscht, elf Kilometer über eine Schotterpiste rappeln, um dann auf einem einfachen Campground ohne Dusche abzusteigen. Natürlich ist der Andrang gewaltig, die Limitierung ist gleichzeitig die beste Werbung. Das und die Erzählungen einiger die den See bereits besucht haben, lockten uns. Nun ist es nicht so, dass man einfach mal hinfährt und sich einen schönen Tag am See macht. Die Plätze in dem Bus sind bis Ende September und damit bis Ende der

schneefreien Zeit ausgebucht. Für die Wochenenden sind die Plätze im Bus, die man drei Monate vorher reservieren kann, binnen weniger Tage ausverkauft.

Es ist Samstag als wir beschließen uns für morgen, Sonntag, die Wanderung um den Lake O'Hara vorzunehmen. Wir schneien im Visitor Center vorbei und bekommen die, aufgrund unserer Naivität, mitleidig und mit einem Kopfschütteln begleitete Antwort, dass der Bus natürlich bis Ende September ausgebucht sei. No Chance. Es gibt eine stand-by-Liste, falls jemand seine Reservierung zurück gäbe aber eher würde die Hölle zufrieren. Mehr als Fragen kann man nicht und fragen ist umsonst. Das wir dann trotzdem 70 Dollar bezahlen müssen, liegt daran, dass die Rangerin andeutet, was wir zu fragen uns nie getraut hätten. Wir könnten morgen mit dem Bus mitfahren, wenn wir eine Nacht auf dem Campground buchen. Wir können die Letzte, der aus irgendeinem unerfindlichen Grund an diesem Morgen scheinbar auf uns wartenden und unmittelbar vorher zurückgegebenen Campsite, haben. Wir schauen uns kurz in die Augen, murmeln etwas von: „Woher kommt dieses Glück?", und schlagen zu.

Lake O'Hara ist so klein, dass man ihn in einer dreiviertel Stunde umrundet hat und er genießt zu recht die Bezeichnung eine der, wenn nicht sogar die schönste, Wanderung in Kanada zu sein. Das erschließt sich aber nicht, wenn man den See, der auf 2.000 Metern Höhe gelegen ist, an seinen Ufern umrundet. Um die Anziehungskraft und den Zauber dieses Sees spüren zu können, muss man ihn 500 Meter höher, auf dem „alpine-circuit" umrunden. Von hier bietet sich eine Aussicht, die so einmalig ist, dass man nicht teilen mag.

Müssen wir auch nicht, die paar Leute die mit uns hier sein dürfen, verteilen sich gut auf das Gebiet und die Umrundung des Sees ist nur eine unter vielen Wanderungen. Der Blick auf den See von oben und zwischen diesen gewaltigen Bergen ist ehrfurchtgebietend. Die Berge nehmen den See schützend in ihre Mitte und erscheinen kalt, abweisend und unbezwingbar, wie der See einladend. Der Kontrast dieser Oase zwischen den schroffen Wänden der Berge, mit ihren Gletscherresten und den Sedimentschichten, die sich farblich gestaffelt über Jahrtausende aus dem ehemaligen Ozeanboden gebildet haben, ist auch bei dem nicht ganz optimalen Fotowetter ein beeindruckender Anblick. Wir kraxeln knapp sechs Stunden um den See, machen unzählige Fotos und staunen. Von jeder Seite sieht der See noch mal anders, noch mal besonderer aus. Hier gibt es keinen Kanuverleih und wenn, dann sollte er 500$ pro Stunde verlangen.

Ich gönne den Touristen von ganzem Herzen Lake Louise, ihr könnt ihn haben, diese perfekt gepflegte Anlage mit den bundesgartenschaugleichen Ufern, den Souvenirläden und den anderen Besuchern eurer Sorte. Ihr könnt den Maligne Lake unter euch aufteilen, den Emerald Lake und seine tiefblauen Wasser trinken oder in kleinen Fläschchen als Heilwasser verkaufen, Moraine Lake und das perfekte Wetter über all diesen perfekten Seen könnt ihr gerne für euch haben. Ich will nur diesen einen. Lasst mir Lake O'Hara. Kommt nicht hierher, macht eure Fotos woanders, arrangiert eure Gruppenbilder vor einem anderen Panorama und lasst mich alleine auf diesem kalten Gipfel die Aussicht genießen. Kommt mir beim Aufstieg nicht verschwitzt entgegen, versteht nicht warum mir das Wetter auf dieser Wanderung egal war, zertrampelt nicht die Trails, wundert euch nicht warum es hier kein Softeis, entkoffeinierten Espresso to go und Andenken aus Glas gibt.
Dieser See ist nicht für euch.
Das ist mein See.

Stadt der bösen Hexen
Seattle, Washington, USA, August 2009

Es waren einmal zwei böse Frauen, die beide in der gleichen Stadt lebten aber nichts voneinander wussten. Die einzige Verbindung waren zwei unschuldige Reisegesellen, die auf sie hereingefallen waren. Die eine Frau, ich glaube mich recht zu erinnern, dass sie Trulla Fett hieß, war sehr fett, das Gehen machte ihr große Probleme und das Sitzen machte dem Stuhl unter ihr große Probleme aber das war ihr egal, denn sie war böse. So hockte sie den ganzen langen Tag hinter ihrem Tresen und wartete, wie eine fette Spinne in ihrem Netz, auf Beute.

Die zwei lustigen Reisegesellen waren von weither und ohne Argwohn angereist, hatten sie doch in den Ländern, die sie bereisten, bisher nur gute Erfahrungen gemacht. Fröhlich bezahlten sie einen Internet special price mit hart verdienten Silbertalern und hinterlegten ihre magische Zauberkarte zur Sicherheit. Nichtsahnend, dass die böse Trulla Fett ihnen heimlich den Betrag auch noch von ihrer Zauberkarte abbuchen würde. Die Übernachtung in dem Haus von Trulla Fett war nicht besonders gut und vor allem das reichhaltig erhoffte Frühstück blieb aus, weil Trulla Fett jeden Morgen alles verspeiste, was eigentlich für die Gäste gedacht war. Zwei Tage später reisten die beiden weiter, ohne zu wissen, dass sie betrogen und in eine Falle getappt waren.

Erst einige Tagesreisen später stellte Susan erstaunt fest, dass Trulla Fett sie hinterhältig bestohlen hatte und aus ihrem virtuellen Geldsäckchen einige Taler fehlten. Sie sandte einen virtuellen Boten mit Nachricht zu Trulla Fett und erwartete baldige Antwort doch die blieb aus. Die Tage zogen ins Land doch der Bote kehrte niemals zurück. Wahrscheinlich hat Trulla Fett ihn mit Haut und Haaren verspeist, denn er ward nie mehr gesehen. Eine höhere Instanz musste angerufen werden und so trug Susan ihre Geschichte dem König von Trulla Fett vor. Trulla Fett war nämlich nicht die Eigentümerin des Hauses, das sie vermietete. Der König von Trulla Fett nahm sich der Geschichte an und versprach eine Lösung sobald der Mond vierzehnmal unter und wieder aufgegangen war. Die Monde kamen und gingen doch auch der virtuelle Bote vom König kehrte niemals zurück. Vermutlich hatte Trulla Fett auch ihn verspeist und war mittlerweile noch fetter und völlig außer Kontrolle geraten. Der König meldete sich bald wieder, kannte aber auch keine Lösung und von den gestohlenen Silbertalern fehlte weiterhin jede Spur. Doch es gab Hoffnung. Der gemietete Karren, der beiden Reisenden musste nach einigen Wochen unweit der Behausung der Trulla Fett zurückgegeben werden. Der Plan sah vor, die Höhle der Trulla Fett mit gezückten Schwertern und drohenden Fäusten zu betreten, die Taler zurück zu fordern oder das Gebäude bis auf die Grundmauern niederzubrennen.

Mutig machte Susan sich auf, die Höhle von Trulla Fett zu betreten. Mit gezücktem Rhetorik-Schwert und wehendem Banner stürmte sie auf Trulla Fett zu, hielt ihr die Klinge an die Kehle und forderte die Taler ein. Trulla Fett sah sich überrascht, keines der bisherigen Opfer kehrte jemals zurück, dann auch noch so aufbrausend und im Recht. Von der Heftigkeit des Angriffs überrascht, musste Trulla Fett den Betrug eingestehen. Schnell schob sie die Schuld noch auf eine angeblich nicht mehr in der Behausung arbeitende Komplizin, ich meine natürlich Kollegin, dann rückte sie aber die Taler raus und Susan verließ mit erhobenem Haupt und wehendem Haar die Höhle der Trulla Fett, die hinter ihr einstürzte und in dem Lavastrom des sich unter der Höhle befindlichen Vulkans versank.

Doch das Abenteuer in Seattle war noch nicht bestanden, musste doch der eine Karren gegen einen anderen getauscht werden. Aufgrund der gestohlenen Taler und in Zeiten wo in der Heimat der beiden Reisenden eine schlimme Krise tobte, entschieden sie sich, abermals den billigsten Karren zu mieten, den der Karrenvermieter im Angebot hatte.

Diesmal war es an Tim sich zu beweisen und gutgelaunt betrat er die Hütte des Karrenvermieters, doch seine Arglosigkeit schwand. Fiese Alte, die böse Frau vom Karrenverleih verängstigte Touristen mit Schauergeschichten von platzenden Reifen, springenden Fensterscheiben und den Versicherungen, die man dagegen bei ihr abschließen konnte. Unter ihrer Verkleidung war sie nämlich in Wirklichkeit ein Hai, ein Versicherungshai. Nur wenige konnten das erkennen. Tim durchschaute das falsche Spiel und bemerkte das Blitzen in Fiese Alte's leblosen Augen. Sie hatte das Formular mit Zusatzversicherungen schon halb ausgefüllt und wollte sich eine gehörige Portion extra Taler einstecken, indem sie Geschichten erfand, in denen Wagenräder von selber explodieren, Scheiben durch Wind zerbarsten und Karren einfach in der Mitte durchbrachen. Tim kannte die Geschichten und strafte sie lügen, bestellte heiter alle Zusatzversicherungen ab und entzürnte Fiese Alte damit umso mehr, bekam sie doch einen Anteil am zusätzlichem Geschäft. Der Wagenverleiher ist kein Freund der lustigen Reisegesellen, sondern ein Schlitzohr.

Als Fiese Alte merkte, dass alles Augenrollen und Einreden auf den gutgelaunten Wandersmann keinen Eindruck machte, änderte sie ihre Strategie und wurde fies. Sie drohte, zu dem Preis nur einen besonders schlechten Wagen herausgeben zu können, einen, bei dem das Gepäck der Wandersleute gar nicht mitkäme und mit dem sie niemals über die hohen und gefährlichen Berge kämen. Ihr Weg sei doch so weit, da müssten sie schon einen besseren, teureren Wagen nehmen, sonst würden sie das große und gefährliche Land, das vor ihnen lag, nie erreichen können. Tim war aber ein Karrenkenner und lies sich nicht vom rechten Weg abbringen. Gut gelaunt grinste er Fiese Alte ins Gesicht und freute sich auf den unmöglichen Wagen, der ihm dann auch sogleich vorgefahren wurde.

Fiese Alte tobte in ihrer Höhle, mit so viel Ignoranz und Überheblichkeit war ihr schon lange keiner mehr begegnet. Der unmögliche Wagen entpuppte sich als heiterer Geselle. Er war von Sklaven der Schmiede KIA im fernen Korea gefertigt und hörte auf den Namen RIO. Mit asthmatischem Stimmchen röchelt er uns durch die Berge aber dafür ist der Durst der vorgespannten Pferde gering denn RIO ist recht leicht und die Pferde klein. Ein Wagenrennen werden wir mit RIO nicht gewinnen aber er bringt uns überall hin, ist lustig bunt und fast neu. Wenn wir ihn richtig erziehen, wird aus ihm irgendwann vielleicht mal ein richtiger Streitwagen.

Sechs Tage Weihnachten
Wyoming und Montana, USA, September 2009

Amerikas beste Idee war nicht Coca-Cola, der Marshall Plan oder die Corvette, obwohl Letztere ziemlich dicht dran ist. Amerikas beste Idee war der Yellowstone National Park, der erste National Park der Welt. Ein Gebiet so einmalig, dass die Idee, es für die Nachwelt zu schützen, zwingend ist. Hier treffen die pazifische und amerikanische Kontinentalplatte zusammen und sorgen für ein einmaliges, erdgeschichtlich junges Land. Yellowstone ist ein einziger großer Vulkan; der Boden ist durchzogen von Magmakammern und Tunneln, die sich an immer neuen Stellen einen Weg nach oben suchen und ausbrechen. Die meisten in kleiner Dimension aber die Magmakammer unter Yellowstone gehört zu den größten auf diesem Planeten und das macht dieses Gebiet ebenso interessant, wie labil und wunderschön. Sollte es in diesem Gebiet jemals wieder zu einer größeren Eruption kommen, dann würden der Ausbruch und die Explosion von Mount St. Helens 1980 den Betroffenen vorkommen wie Kindergeburtstag.

Schon beim Betreten des Parks fragen wir uns, wie viel Schönheit, Einmaligkeit und Eindrücke wir überhaupt noch vertragen und verarbeiten können. Farben, Formen und Fauna treffen in einer Vielfältigkeit auf unsere Sinne, dass wir nicht wissen wo wir zuerst hinschauen sollen. Ein Reiseführer empfiehlt, für Yellowstone ca. drei Tage einzuplanen. Unschaffbar, nicht für uns. Wir haben gerade erst die Schwelle zum Park überschritten und sind vor Sprachlosigkeit beeindruckt. Wir setzen uns und machen erst mal eine Pause. Wir beschließen, morgen nichts Neues anzusehen, nochmal aus dem Park rauszufahren, durch den Ort zu bummeln und die Seele baumeln zu lassen.

An unserem freien Tag nimmt auch die Sonne eine Auszeit, lässt es regnen und wir gehen in einem Fluss baden. Der „boiling river" ist ein Fluss, der einen Zufluss heißen Wassers aus einer unterirdischen Quelle bekommt. Beide Ströme zusammen ergeben feinstes Badewasser, wie man es in einer Therme nicht angenehmer hinbekommen würde. Wir bleiben zwei Stunden im Flussbett liegen, lassen uns von oben nass regnen, von unten mit Thermalwasser umspülen und laden unsere Neugier auf. Der Park läuft nicht weg. Die Möglichkeit, den Park mit offenen Augen und vor Staunen offenen

Mündern zu erkunden, wollen wir nicht vergeben. Wir haben uns vorgenommen, das Staunen nicht zu verlernen und darum werden wir jetzt erst mal ganz langsam machen.

Der Grund für die meisten Reisenden hierherzukommen, ist der Geysir „Old Faithful". Ein, wie der Name schon vermuten lässt, zuverlässiger Bursche, denn er bricht alle neunzig Minuten aus. Ein wahrlich beeindruckendes Ereignis wenn der Geysir mit seiner bis zu dreißig Meter hohen Fontäne losbricht, doch leider verblasst die Hauptattraktion aufgrund ihrer Darbietung für uns. Wie beim „Lake Louise" führt ein mehrspuriger Highway die Touristenmassen auf einen der vielen Parkplätze. Von dort sind es nur noch ein paar wenige Schritte zur Lodge, zum Restaurant, zum Visitor Center, zum Hotel, zur Tankstelle, zu den Toiletten, zum Souvenirladen und…ach ja, der Geysir ist natürlich auch dort. Leichte Unruhe macht sich breit, als der Zuverlässige nicht wie angekündigt um 14:13 Uhr ausbricht, sondern sich verspätet. „In Deutschland hätte es das nicht gegeben" raunen sich unsere Sitznachbarn zu. Aber dann bricht er aus und wie gesagt, beeindruckend aber uns fehlt etwas.

Und wir wissen auch was, denn das hatten wir heute Morgen schon beim „Lone Star Geysir". Der hat nicht nur den „flashigeren" Namen, hier stimmt auch der Rest. Man geht einige Meilen durch einen Wald und gelangt auf eine Lichtung, auf der ein aus Mineralien geformter Zylinder steht, aus dem der Geysir ausbrechen soll. Es ist einer von vielen im Park, ein Schild am Straßenrand weist zu einem kleinen Parkplatz. Man kann nicht direkt hinfahren, ein Grund umzukehren für viele, ein Grund nachzusehen für uns.
Der Ausbruch ist kleiner als bei Old Faithful aber viel unmittelbarer. Wir können das heiße Wasser spüren, außer uns sind noch zehn weitere Besucher hier. Niemand quatscht dazwischen und niemand applaudiert. Niemand wird sich ein T-Shirt hiervon machen und trotzdem wird es niemand vergessen.

Einen Tag später stehen wir stehen im Stau, in einem National Park, man stelle es sich vor. Irgendwo vorne dampft es über der Straße. Noch etwas schläfrig ob der durchzitterten Nacht und mit abgestelltem Motor, denn Deutsche machen das so, stehen wir da auf einer Landstraße, als plötzlich ein Riesenauge im Rückspiegel vorbei zieht, gefolgt von einem mächtigen Schädel. Bisons treten aus dem

Dickicht und überqueren vor, hinter und neben uns die Straße. Eine Herde mit einigen hundert Tieren. Ihr Atem dampft im kühlen Vormittagsgegenlicht und irgendwie scheinen einige Tiere aus der Gruppe nervös. Könnte es sein, dass Paarungszeit ist? Die Bisons begleiten uns den ganzen Tag. Auf einer Wanderung ins Backcountry stapft hinter uns einer aus dem Wald und auf den Straßen legen sie den Verkehr lahm. Wir beobachten sie beim Suhlen, beim Flussdurchqueren und maßregeln nicht ganz ernsthaft ihr Verhalten im Straßenverkehr.

Und auch wenn man mit Tieren und Geologie nichts anfangen kann, hat der Park noch ein Ass im Ärmel. Es gibt hier Wasserfälle, Bergketten, Sonnenuntergänge und Panoramen, die man sich als Künstler erst einmal trauen müsste zu malen.

Das Problem mit Yellowstone ist, dass sich seine Einmaligkeit mit dem Auto ansteuern und äußerst bequem erleben lässt. Wir haben hier Orte und Phänomene beobachtet, die uns schwer beeindruckt haben aber dann hat irgendwas gefehlt. Die Belohnung, die ein solcher Ort sein kann, wenn man ihn sich erkämpft, wenn man alles gegeben hat. Es gibt so viele Highlights im Yellowstone und es ist reines Luxusproblem, über das ich mich beschwere, aber Yellowstone ist vor allem auch anstrengend.

Ich habe das Gefühl, jede einzelne Station länger genießen und würdigen zu müssen, als ich es tue. Tatsächlich stehle ich mich nach fünf Minuten davon und habe das Gefühl, der Schönheit nicht gerecht zu werden. Ich ertappe mich bei dem Gedanken, gerne dankbarer sein zu wollen, all das sehen zu dürfen, beeindruckter sein zu wollen aber ich kann nicht, ich bin es nicht.

Yellowstone ist wie Weihnachten für kleine Kinder. Sie geraten aufgrund der Vielzahl an Geschenken in Stress, wollen nur schnell alles auspacken und dann weiter zum Nächsten. Für uns war nun sechs Tage lang Weihnachten, wir haben uns Zeit genommen und gelassen, Pausen gemacht, Momente auf uns wirken lassen, sind verweilt und dem Park doch nicht gerecht geworden. Ich wünschte - und ich weiß, das ist ein sehr egoistischer Wunsch - der Park und seine Attraktionen wären nicht so leicht zugänglich. Ich wünschte, Yellowstone wäre etwas mehr wie Alaska, wenngleich Yellowstone wunderschön ist, vielleicht etwas zu schön.

Lassen Sie uns durch, wir sind Arzt
Richfield, Utah, USA, September 2009

Jeder weiß, wie einfach es ist, Waffen in USA zu kaufen und als ich in Alaska Benzin für unseren Kocher kaufe und interessiert an den Langwaffen stehenbleibe, bietet mir der Ladenbesitzer auch prompt an, sie mal zu halten. Auf mein lässiges „no, thanks" sagt er, sie seien auch nicht geladen, was mich aus irgendeinem Grund nicht überrascht, aber auch nicht minder besorgt macht. Er sagt, die schwarze da, und zeigt auf eine übel aussehende Pumpgun, wäre doch was für mich, sei aber eher was für draußen. So so, mit dem Gewehr sähe wohl selbst ich, der sonst eher harmlos durchs Leben zieht, einigermaßen bedrohlich aus. Ich habe noch nie eine Waffe in der Hand gehalten, mein Messer soll mal als Werkzeug durchgehen und auch diesmal würde nicht mein erstes Mal werden, denn ich habe noch die Worte meines Musterungs-Offiziers in den Ohren „Wer nicht weiß, ob er auf Freund oder Feind schießt, sollte vielleicht besser nicht schießen".

In diesem Land jedenfalls kann man einfacher Waffen als Kontaktlinsen kaufen. Wer jetzt nämlich glaubt, man marschiere einfach so in ein Optiker-Fachgeschäft und kaufe eine Packung, der irrt. Für eine Packung Kontaktlinsen braucht man nämlich ein ärztliches Attest. Klar kann man das kaufen, kostet aber neunzig Dollar und würde ein ungeplantes Loch in die Reisekasse reißen. Eine Probepackung Kontaktlinsen kann man zwar so bekommen, wenn man allerdings eine Vorratspackung benötigt, führt kein Weg um den teuren Arzt oder eine Verschreibung aus Deutschland herum.

Wie war das eben? Ein Rezept aus der Heimat geht auch? Die Angestellte bei Wal Mart sagt das und ich meine, ein Zwinkern in Ihren Augen erkannt zu haben.
Okay, in diesem Fall verleihe ich mir selbst einen Doktortitel, eröffne meine Augenarztpraxis an einer ausgedachten Adresse in Deutschland, schreibe fix ein paar wichtig aussehende und vor allem deutsche Sachen auf, verleihe mir eine Mitgliedschaft in der Deutschen Ärztekammer, notiere Susans Dioptrienwerte und stemple das Ganze mit einem im Internet gefundenen Stempel von einer Apotheke in Stuttgart. Sogar ein Wasserzeichen dieser „Gesundheits-

Schlange", die sich um einen Stab wickelt, findet seinen Weg auf unser „Rezept".

Als krönenden Abschluss noch meine krakelige und einem Doktor-Gekritzel durchaus ebenbürtige, eingescannte Unterschrift und fertig ist das Rezept von Doktor Doktor Med. Wohlfeil.

Dann bitte ich Susan noch, sich obenrum freizumachen, damit ich meinen Abschlussbefund schreiben kann und dann ab zu Wal Mart. Und wie vermutet, reichen offizielles Aussehen, ein Stempel und ein Doktortitel im Namen aus, um das in der Bücherei ausgedruckte Stück Papier wie ein Rezept aus Deutschland aussehen zu lassen. Einige Tage später können wir eine Vorratspackung Kontaktlinsen aus einer anderen Filiale auf unserer Route abholen und Susan kann jetzt wieder richtig scharf (aus)sehen.

Ein ernstes Wort: Wir wissen, dass es illegal ist, Rezepte zu fälschen und sich Doktortitel selbst zu verleihen anstatt sie zu kaufen. Aber wie bei allen Verbrechen, so ist auch hier ein gesundes Augenmaß für die Be- und Verurteilung nötig und da uns selbiges, aufgrund zur Neige gehender Kontaktlinsenvorräte abhanden gekommen war, bitten wir für dieses Verbrechen, das in Deutschland gar nicht nötig gewesen wäre, um Nachsicht.

Zelten im Zentrum des Zyklon
Utah, Canyonlands National Park, September 2009

Zelten ist fantastisch. Wir zelten an Orten, die kein Fünf-Sterne-Hotel der Welt zu bieten hat. Wir zelten direkt an Steilküsten, auf Bergen, in Tälern, in Canyons, an der Küste, an Seen, an Bächen und Flüssen, auf Gras, Sand und Stein, im Wald und überhaupt überall, wo keine Hotels sein können und man auch mit einem Wohnmobil nicht hinkäme. Beim Aufwachen, werde ich von der Sonne geküsst, ich gehe mit einem direktem Blick auf die spektakulärsten Sonnenuntergänge der Welt ins Bett und wenn wir das Rainfly, das auch gerne aufgrund von temporären Sprachaussetzern und Verlusten der Muttersprache „das Orange" genannt wird, weglassen, kann ich nachts direkt in die Milchstraße gucken und sehe Sternbilder direkt von meiner Isomatte aus. Kurzum, Zelten ist die beste Möglichkeit auf dieser Reise zu schlafen und die Einzige, die wir uns vorstellen können.
Also alles gut in Lummerland? Nein, nicht ganz. Ein Zelt ist eben nur ein Zelt und kein Haus. Die Isolierleistung unserer vier Wände ist eher bescheiden und die Innentemperatur richtet sich ganz stark nach der Außentemperatur. Hinzu kommt, dass die Zeltwände... Moment, wie war das gerade, Zeltwände? Das muss doch wohl ein Witz sein. Zeltwand ist ein Oxymoron und doch irgendeiner Marketing-Feder entsprungen. Wie soll das denn bitteschön eine Wand sein?

Eine interessante Sache ist mir vor kurzem bewusst geworden. Das allererste Zelt, an das ich mich erinnern kann, ist das, das mein Bruder und ich als Kinder im Sommer im Garten zuhause aufgebaut haben und das noch nicht durch ein Exoskelett sondern durch zwei Zeltstangen mitten im Zelt gestützt wurde. Dieses Zelt hatte die unangenehme Eigenschaft Feuchtigkeit von außen nach innen zu leiten, wenn man die Zeltwände berührte. Das ist heute immer noch Stand der Technik. Mittlerweile sind über zwanzig Jahre vergangen, das Internet wurde erfunden, Hybridautos und mobil Telefone aber die Zeltindustrie liegt immer noch auf der faulen Haut und tut nichts gegen diesen Missstand?

Die „Wände" in unserem Zelt sind also permeabel und auch wenn sich die Regentage auf unserer Reise bisher auf nur vier belaufen, das Feuchte kommt auch durch die „Wände" wenn man nahe einem See zeltet. Ein See ist hübsch anzusehen aber eben auch sehr kalt und feucht. Keine gute Kombination, will man Susan am nächsten Morgen gutgelaunt erleben. Wer jetzt meint, man könnte doch mit dem Benzinkocher ein bisschen im Zelt heizen, der hält Ramstein wohl auch nur für eine Band und kein geschichtliches Ereignis mit viel Feuer.

Aber das ist nicht das Einzige. Das ewige Auf- und Abbauen will ich hier nicht weiter thematisieren, das haben wir vorher gewusst aber der Dreck? Wo kommt der denn her? In unserem Zelt sieht es nach einer Woche Behausung aus, wie bei dieser Musterfamilie unter dem Sofa. Klar ziehen wir die Schuhe aus bevor wir das Zelt betreten und Essen tun wir auch nicht im Zelt. Mal abgesehen von den Bretzeln, die ich mit Vorliebe zu meinem Sonnenuntergang im Zelt genieße und ja ich krümele schlimm damit aber das ist noch längst nicht alles. Aus den Hosen kommt ein Dreck mit ins Zelt, das muss man gesehen haben, dazu das, was sich zwischen den Zehen sammelt und was man beim Sandalentragen vom Wegesrand einsammelt. Sagenhaft was da zusammen kommt. Aber wie kommt es wieder raus? Man leiht sich auf Campingplätzen von Wohnmobilfahrern Handfeger und Schaufel oder Akkustaubsauger und wischt fleißig durchs Zelt, okay aber was wenn man längere Zeit keinen Campingplatz ansteuert? Hier kommt die Lösung: Wir haben einen Malerpinsel dabei, der, zusammen mit einem Stück Papier, Handfeger und Schaufel ersetzt. Wenn Du wissen möchtest wie viel Spaß es macht damit sauber zu machen, kannst Du ja Deine Küche das nächste Mal mit einer Zahnbürste säubern, so viel Spaß in etwa. Nun sind wir nicht übertrieben sauber unterwegs und lassen das Saubermachen auch gerne mal ein, zwei Wochen aus aber dann sind da immer noch das Sandmann-Komplott.

Der Sandmann segnet uns mit reichlich Schlaf, der sich mehr oder weniger nach der Sonne richtet und somit zwischen sechs und acht Stunden täglich ausmacht. Schön, aber muss der Sandmann mich deswegen mit einer so extra großen Portion Schlaf in den Augen bedenken? Und warum sehen wir beim Aufstehen aus wie Axel Schulz nach seinem Comeback-Versuch? Ich fühle mich gut morgens aber der Blick in den Spiegel lässt mich mit meinen verklebten und geschwollenen Augen erschreckt zurückweichen, bis ich beschließe, den Fremden im Spiegel trotzdem zu rasieren. Die Kühle am Morgen hat dann ihr Gutes, innerhalb einer halben Stunde sehe ich wieder normal aus. Aber dann gibt es da noch etwas. Sturm. Ich sitze nämlich gerade um drei Uhr morgens in unserem Auto und schreibe das hier.

Nicht weil ich von so einer Wahnsinnsdrogenparty aus der Wüste komme und aufgrund bunter Amphetamine nicht schlafen kann, nein ich kann nicht schlafen weil Wind ist.

Das Zelt ist mit acht Heringen gegen wegblasen, verrutschen und umkippen gesichert, macht aber so einen Lärm, dass an Schlaf mal gar nicht zu denken ist. Das Rainfly hämmert unentwegt gegen das Unterzelt und die Zeltstangen. Unter jeder Windböe ächzt das Gestänge und das Reiben der Haltehaken vom Unterzelt an den Zeltstangen macht mich kirre. Wir können nicht einfach ein Fenster schließen und dann die Ruhe genießen. Wir bekommen die Elemente aus erster Hand mit. Regen auf dem Zelt hört sich nach Romantik an und hindert mich auch nicht am schlafen aber Sturm geht gar nicht. Das Quietschen und Ächzen unseres Zeltes befindet sich auf der Tonlage von Zahnarztbohrer und Kleinkind-Gequängel an der Supermarktkasse im Feierabend. Fantastisch, trotzdem, ich liebe Zelten, morgen wird das Wetter bestimmt besser.

Wurde es nicht, tatsächlich haben wir letzte Nacht noch schlechter geschlafen als die Nacht davor. Angst ist kein guter Schlafbringer. Angst davor, von einem Blitz getroffen zu werden erst recht nicht. Wir zelten auf einer Mesa, eines jener Plateaus, die hier die Gegend prägen und sehr hervorstehend sind. Der Ausblick ist super und wir können das schlechte Wetter lange beobachten, bis es über uns hineinbricht. Unser Zelt ist zwar nicht der höchste Punkt auf dem Plateau aber neben einem kleinen Hügel und einigen Büschen ist hier auch nicht viel, worin ein Blitz einschlagen könnte. Ich habe zwar nur rudimentäre Kenntnisse in Sachen Blitzableitung, dennoch reichen sie aus, zu wissen, dass unser Zelt als Faradayscher Käfig wenig taugt. Und so beschließen wir um halb fünf morgens, als Blitze im zwanzig-Sekundentakt und ohne Verzögerung des Donners zucken, in unser Auto zu flüchten. Egal wie schlampig die unterbezahlten koreanischen Arbeiter gearbeitet haben mögen, in Sachen Blitzableitung ist der Kia dem Zelt um Lichtjahre voraus. Und so schauen wir durch die beschlagenen Scheiben auf das vor uns ausgebreitete Tal, in dem das Gewitter wettert und wütende Blitze zucken. Der Regen prasselt noch als wir nach einer Stunde wieder ins Zelt ziehen. Im Zelt ist es trocken, es steht trotz Sturm optimal und hält schon seit über hundert Tagen mit uns mit. Es ist ein tolles Zelt, leicht und trotzdem stark, klein genug für den Rucksack und das Wichtigste, immer trocken. Zelten ist eben doch das Größte, mal gucken wie die nächste Nacht wird.

Marlboro Country
Canyonlands National Park, Utah, USA, September 2009

Also für mich sieht „Island in the sky" gar nicht aus wie eine Insel, eher wie eine Abbruchkante zwischen realer und Miniaturwelt. Eigentlich wissen wir über den „Murphy Trail" auch gar nichts, „elf Meilen lang und anstrengend" sind die einzigen Beschreibungen, die wir haben und, dass es der Lieblings-Trail des Park Rangers ist, den wir gefragt haben. Während ich noch darüber nachsinne, ob die Wanderwahl gut oder schlecht ist, erreichen wir die Abbruchkante, an der sich die reale von der Miniaturwelt trennt. Und was das für ein Canyon ist, der unter uns sein weites Maul aufreißt. Vierhundert Meter unter uns liegt das Land, das kluge Werbestrategen als Sinnbild für Freiheit geschaffen haben. Der Hersteller der amerikanischen Zigarettenfirma mit der man sich die Lunge mit dem Geschmack von Freiheit, Pferdemist und Cowboy-Schweiß teert, hat es Marlboro Country genannt, ich nenne es wunderschön. Die aufgehende Sonne zieht den Schattenvorhang von dem Plateau und flutet durch das unter uns liegende Tal.

Der Trail führt uns wie eine Murmelbahn, steil und im Zickzack-Kurs hinab ins Tal bis wir am Boden einzelne Gras- und Strauchbüschel ausmachen können, die neben den rot, gelb, lila-blau und braunen Steinen dem Tal seine Farbe verleihen. Hier unten ist es still, so still, dass neben dem eigenen Atmen, aufgrund von 2.000 Höhenmetern etwas hastig und dem Puls an der Schläfe, aus gleichem Grund etwas schneller, nichts zu hören ist. Keine Grille, kein Insekt, kein Verkehr, kein anderer Mensch, nur wir und kein Wind. Was auch der Grund dafür ist, dass es hier wegen fehlendem Schatten, na sagen wir mal, warm ist. Das Tal ist atemberaubend schön und das Einzige was fehlt, ist eine Herde Wildpferde um die Raucherromantik-Oase perfekt zu machen.

Drei Tage später bringe ich die Pferde ins Tal, nicht auf Hufen, sondern auf Rädern und unter dem Befehl meines rechten Fußes. Wir sind ins nahe Moab gefahren und haben uns einen Offroader gemietet. Hier gibt es einige der besten Offroad-Strecken der Region und das wollen wir uns nicht entgehen lassen. Hunderte Kilometer feinster 4X4-Parcours mit allem was das Allrad-Herz begehrt, liegen vor uns wie in einem Sandkasten für große Jungs – Tim Heaven.

Wir haben uns die Mutter aller Offroader gemietet, einen Jeep Wrangler. Keinen weichgespülten Bordstein-Offroader, keinen Lifestyle SUV sondern einen knallharten Geländewagen. Er ist ein direkter Nachfolger des Willi's Jeep, der, wenn man dem Hersteller trauen darf, zuerst Nazi-Deutschland im Alleingang besiegt hat und dann auch einige Jahre später, dem Vietcong gezeigt hat, was den „american way of drive" ausmacht. Unser Wrangler jedenfalls ist der Chuck Norris unter den Geländewagen. Genauso unrasiert, grobschlächtig und gnadenlos. Dieses Auto ist der „Roundhouse-Kick" in die Fresse von Mutter Natur. Zartes Grün wird von den Grobstollenreifen einfach platt-gewalzt, der 8-Zylinder lässt sich kaum unter 20 Litern bewegen und der Gesamtauftritt dieses Autos ist umweltpolitisch im etwa so korrekt, wie ein lauter Furz in einer Kirche.

Es wäre unfair, mich über die schlechten Fahreigenschaften unseres Wranglers zu mokieren. Mit Chuck Norris geht man ja auch nicht in ein feines Restaurant und erwartet, dass er weiß, mit welcher Gabel man welche Vorspeise ist. Nein, Chuck Norris nimmt man in ein terroristisch besetztes Land, wo man viel kaputt machen kann. Und genau das machen wir mit unserem Wrangler. Wir verlassen die geteerten Straßen und prügeln ihn wie auf einer Rallye-Etappe über üble Buckelpisten. Beim Zuschalten des Allradantriebs gibt es ein herrlich mechanisches Geräusch als die Zahnräder einrasten und ab jetzt alle vier Räder antreiben werden. Ab jetzt wird gekraxelt und das kann der Jeep beeindruckend gut. Keine Steigung zu steil, keine Piste zu rau und kein Stein zu groß. Wir haben Riesenspaß und im Satelienradio läuft „Where the streets have no name" von U2.

Ich bin kein Geländewagenfan, ich kann den Spritschluckern mit ihrem schlechten Fahrverhalten nichts abgewinnen aber heute und hier war ich ihr größter Fan und kann all diejenigen, die ihren Jeep hin und wieder ins Gelände mitnehmen besser verstehen. Alle anderen, die nur onroad fahren, werde ich weiterhin auslachen.

Winnetous Erben
Monument Valley, Arizona, USA, September 2009

Ich weiß, dass Winnetou nie in Arizona war, da in Griechenland und Kroatien gedreht wurde und er war auch kein Navajo sondern Apache und meistens hatte er Ärger mit den Komantschen oder weißen Eisenbahn-Mogulen aber für mich hat Winnetou zusammen mit Old Shatterhand immer hier, im „Monument Valley" für Ehre und Gerechtigkeit gekämpft.

Das war noch zu einer Zeit, als mir zwei Männer allein in der Wüste noch nicht komisch vorkamen aber damals war „Brokeback Mountain" auch noch nicht gedreht und das Cowboy-Idyll noch in Ordnung. Die Schurken trugen schwarz, die Indianer waren edel und die Bleichgesichter haben versucht, sie übers Ohr zu hauen. Insgesamt haben die Bleichgesichter bei den Rothäuten wohl einen ganz guten Schnitt gemacht, denn wenn man sich die heutige Situation der edlen Krieger mit den gestählten Oberkörpern anschaut, dann hat ihr Leben den Glanz der alten Tage abgenutzt. Feuerwasser, Eisenbahn und Glücksspielkonzession haben den Kriegern von damals wenig Gutes eingebracht.

Wenn der edle Held meiner Kindheit aber wüsste, was seine Erben gerade mit seiner Ehre tun, er würde im Grabe rotieren. Das „Monument Valley" liegt im Reservat der Navajo Ureinwohner von Amerika. Hier haben „Uncle Sam" und „Barack Obama" wenig zu melden. Die hier Lebenden managen ihren eigenen Kleinstaat. Dazu gehören eigene Verkehrsschilder und überhaupt wird zu keiner Gelegenheit ausgelassen, zu betonen, dass man eine eigne Nation ist und natürlich stolz. Und das ist auch super, nur wenn aus lauter Perspektivlosigkeit irgendwann angefangen wird, das kulturelle Erbe zu verschleudern und sich selbst der Lächerlichkeit preiszugeben, dann frage ich mich, wo er hin ist, der Stolz von Winnetou und seinen Stammesgenossen.

Es mögen viele Wege nach Rom führen aber im „Monument Valley" führt jeder Weg zu einem Schmuck- und Trödelhändler. Und das ist noch die nette Bezeichnung. Billiger Plunder wird hier als Original Indianerschmuck feilgeboten. Die plumpe Nummer konnten einige Cowboys vor 200 Jahren vielleicht umgekehrt machen, aber heute weiß wohl jeder, egal ob rot oder weiß, dass man mit ein paar Perlen aus Plastik keinen Juwelier beeindrucken kann.

An Tapeziertischen gibt es Perlenketten, Armreifen und Traumfänger, wobei die Verkäuferinnen aussehen, als hätten sie selbst längst keinen Traun mehr. Bei einem anderen Stopp kann man sich auf ein Pferd setzen lassen und dann für eine Hand voll Dollar vor dem Valley fotografieren lassen. Wie originell. Aber das dreckige Dutzend ist noch längst nicht voll. Neben Perlen, kitschigen Bildern, Ketten, Ringen und Klamotten made in China, entsteht nahe des Parkeingangs gerade ein Hotelkomplex, der so geschmacklos in die Natur gerotzt wurde, wie man es in den schlimmsten Touristenecken von Südspanien nicht erwarten würde. Alles hier ist billig, außer das was man kaufen soll, da wird richtig hingelangt.

Ach ja, die Monumente gibt es natürlich und sie sehen gegen den blauen Himmel einfach toll aus. Und die untergehende Sonne holt noch mal das Beste aus den steinernen Monolithen heraus. Trotzdem hätten wir uns gewünscht, es wäre etwas weniger Disneyland in die Gemüter der Ureinwohner eingesickert, denn wer sein Erbe verscherbelt, ist noch lange kein guter Geschäftsmann.

Ich bin die Maus, die Farben sammelt
Arches, Canyonlands, Capitol Reef, Zion NP, Utah, USA, Oktober 2009

Ich kann mich an viele Geschichten aus meiner Kindheit noch gut erinnern. Da mir keine klassischen Märchen vorgelesen wurden, gab es bei uns zuhause andere Geschichten und eine der tollsten war die von der Maus, die Farben sammelt. Die Maus heißt Frederick, das musste ich googeln aber an die Geschichte erinnere ich mich und die geht ungefähr so:

Als der Herbst anbricht, machte sich die ganze Mäusefamilie daran, Vorräte für den sich ankündigenden Winter zu sammeln. Alle sammeln eifrig Nüsse, Speck, Käse und andere Vorräte. Jeder schuftet, nur Frederick nicht, der sitzt auf einem Stein, hält die Nase in die Sonne und hängt tiefversunken seinen Gedanken nach.
Die anderen Mäuse wollen wissen was Frederick denn so Wichtiges mache, dass er nicht mithilft Vorräte anzulegen. „Ich sammle Farben" sagt Frederick, noch etwas jünger als der Rest seiner Familie und oft etwas abseits der Anderen. „Von Farben wird man nicht satt - lass den Unsinn und hilf deinen Geschwistern Vorräte anzulegen", sagte Fredericks Vater. Der erste Schnee war gefallen und Eile war geboten, schließlich sollten die Vorräte den ganzen Winter halten. Frederick half mit, hielt doch aber immer wieder inne und blickte in die Sonne, die ihre letzten wärmenden Strahlen sandte.

Sein Vater trieb ihn weiter, er solle arbeiten und die Zeit nicht vergeuden, sonst würde nie eine gute Maus aus ihm werden. „Wir Mäuse sind fleißig und sammeln Vorräte, damit wir den Winter überstehen. Farben brauchen wir nicht, die kann man nicht essen."

Der Winter kam und es war eine tolle Zeit. Es gab Schokolade, Käse, Brot und Speck, es fehlte ihnen an nichts und sie ließen es sich gut gehen im Vertrauen darauf, genügend Vorräte angelegt zu haben. Doch dieses Jahr blieb der Winter länger als die Jahre zuvor. Bald war die letzte Nuss gegessen, Speck war schon lange keiner mehr da und mit dem Ausbleiben der Nahrung kam die Kälte in die Höhle der Mäusefamilie. Die Mäuse rückten dichter zusammen doch es blieb kalt.

„Das ist alles Deine Schuld", wurde Frederick von seinen Geschwistern angezischt. „Hättest Du nicht gefaulenzt, müssten wir jetzt nicht hungern". Doch Frederick war nicht kalt und Hunger hatte er auch keinen.
„Wisst ihr noch wie der Sommer schmeckt?", fragte Frederick. „Könnt ihr euch die Erinnerung an den letzten Sommer wachrufen, wie die Sonnenstrahlen euren Augen kitzelten als die Sonne das Land erwärmte und wir draußen in einem Meer von Blumen spielen konnten? Erinnert ihr euch an die langen Abende und die Farbe der untergehenden Sonne hinter dem Hügel, als sie den ganze Himmel glutrot färbte?"

Die Mäuse versuchten sich zu erinnern und während Frederick ihnen von den Farben, Gerüchen und der Wärme des Sommers vorschwärmte, meinten sie, sie würden die Sonne auf ihrem kleinen Pelz spüren. Mit jedem Wort wurde Ihnen wärmer, konnten sie bei geschlossenen Augen die Farben sehen von denen Frederick erzählte, meinten das Summen der Bienen, das Zwitschern der Vögel zu hören und das frische Gras unter ihren Pfoten zu spüren. Sie waren so in Bann gezogen, dass sie ihren Hunger und die Kälte um sich herum vergaßen und nur noch seinen Worten lauschten.
Fredericks Erzählungen endeten und ein erster Sonnenstrahl brach durch die Schneedecke in die Höhle der Mäusefamilie. Es wurde Frühling und ein neuer Sommer begann, den die Mäuse mit völlig anderen Augen sahen.

Ähnlich sehe ich gerade. Ich sitze vor einem freistehenden Bogen aus Stein, zwanzig Meter hoch und das allein wäre schon erstaunlich genug. Das, was die untergehende Sonne aber gerade mit diesem Panorama anstellt, ist unfassbar. Der Bogen fängt an zu leuchten. Er strahlt in einem tiefen dunkelrot in den blauen Himmel. Dieser Bogen kann etwas ganz Besonderes und was es ist, dazu reichen Worte nicht aus und als die Sonne noch tiefer steht, reichen auch Bilder nicht mehr aus zu beschreiben, was es ist.
Ich versuche, mir die Farben zu merken, die Landschaft einzuprägen und das Gefühl zu konservieren, während wir auf den Steinen sitzen und dreißig Mal das gleiche Foto schießen. Ich versuche, all das in mir aufzunehmen, genau wie die Maus sitze ich mit geschlossenen Augen hier und versuche, mir die Erinnerung so lebendig wie möglich einzuprägen. Ich werde an kühleren und fahleren Tagen an das Jetzt

und die hier verbrachten Stunden zurückdenken und werde die Sonnenstrahlen spüren, den warmen Stein unter mir und werde das wunderbare Gefühl, das uns auf dieser Reise umgibt, wachrufen können.

Wir sitzen andächtig wie in einer Kirche vor dieser Kulisse, die ein eindrucksvoller Platz für ein Gotteshaus wäre. Nur ist es viel besser als in einer Kirche, die mir fremd und bedrohlich vorkommen und niemals behaglich und warm wie hier. Und während jeder still in sein Gebet vertieft seine Wünsche gen Sonnenuntergang schickt, darf man essen und trinken. Wir teilen uns ein Sandwich und auch wenn die Flasche Wein nur ein Wunsch bleibt, ziehe ich diesen Ort als Gotteshaus jeder Kirche und jedem Tempel vor.

Nichts stört dieses Bild, auch nicht der dicke Hobbyfotograf, der sich gerade dem Bogen nähert, er wird mit den Rufen: „You're ruining my picture" von den anderen Anwesenden zurück auf seinen Platz gewiesen. Dann, ganz plötzlich, ist das Schauspiel vorbei. Die Sonne ist hinter einer Wolke verschwunden, der Schein verblasst, lässt einen Bogen aus Stein zurück und eine Anhängerschaft, die noch wartet, bis der Mond aufgegangen ist. Die Steine unter uns strahlen noch die Wärme der Abendsonne aus und es wird eine sternklare Nacht.

Aus dem Arches Nationalpark nehme ich nicht nur den Sonnenuntergang am „Delicate Arch" mit. Die rote Lichterkette von den Rückleuchten der Autos, die vor uns aus dem Park fuhren und die, wie an einer Perlenkette aufgezogen, einer nach dem anderen durch die Nachtlandschaft glitten. Gezogen von dem gelben Mittelstreifen, der in dem tiefen, matten Schwarz des Highways zu einem Leuchtfeuer in der Nacht wird. Vorbei an den hochhausgroßen Monumenten die am Wegesrand stehen und in dem erlöschenden Licht der Sonne mehr in ihrer Präsenz zu spüren, denn zu sehen sind.
Der Wüstenstaat Utah ist die Region auf unserer Reise, die sich am buntesten zeigt. Ich werde hier so viele Farben sammeln, dass es für viele Winter reichen wird.
Aus Capitol Reef nehme ich tief rot gefärbte Steine mit, die im Sonnenlicht zu glühen scheinen wie Kohlen im Feuer. Aus den Canyonlands nehme ich braune und rotbraune Töne mit, die zusammen mit den schroffen Formen der Felsen und den Unwettern, die wir auf unserem Plateau erlebt haben, einen tollen Kontrast

eingehen. Und ich nehme die Farbe des Schlamms mit, wie er auf unserem Jeep trocknete, als wir den Wagen zurückgebracht haben.
Ich werde an die Sonnenuntergänge, die sternklaren Nächte denken. Die Sterne, die hier das Firmament bedecken, und die klar zu sehende Milchstraße. Statt den üblichen 2.000 Sternen, kann man hier bis zu 7.500 Sterne mit bloßem Auge erkennen. Und ganz bestimmt werde ich mich an die Stunden an den Lagerfeuern erinnern. Man muss keine Romantik-Sau sein, um bei einem Lagerfeuer romantisch zu werden aber dabei in den Himmel zu starren, Marshmellows zu rösten, eine Flasche Wein zu leeren und am nächsten Morgen den Sonnenaufgang bestaunen, das hat schon was.

Wenn es kälter wird, werde ich mich an Bryce Canyon erinnern und wie die Hoodoos weiß, gelb und leuchtend orange geglüht haben, als die Sonne aufgegangen ist. Die durch Erosion verursachten Säulen, Bögen und freistehenden Wände erinnern uns an die „Sagrada Famila" in Barcelona, nur, dass die Kirche in Barcelona ewig auf- und nicht wie die Hoodoos, durch die Zeit abgebaut wird.
In Zion werde ich das frische Grün im Tal zwischen den mehreren hundert Meter hohen Felswänden behalten. Auf dem Weg hierher sind wir durch einen frühen Herbst gefahren. Die Birken färbten sich bereits von grün zu gelb und weiter zu orange und weinrot, während sie gegen den schwarzen, getrockneten Lavastrom das Maximale an Kontrast rausholten. Hier im Tal scheint die Jahreszeit auf Frühling zu stehen, anders ist die Frische in den Grüntönen nicht zu erklären. Wir machen eine Superwanderung zum „Angels Landing" und genießen den grandiosen Überblick. Abends zelten wir am Fuße des Watchman, der Utah's Antwort auf den Ayers Rock ist. In der untergehenden Sonne, die Mondsichel im Blick, schlafen wir in unserem orangen Zelt und träumen von den Farben mit denen Utah uns durch den Sommer gebracht hat, denn der ist vorbei.

Seit drei Tagen ist Herbst. Zeit, Vorbereitungen für den Winter zu treffen. Ich freue mich schon drauf, es wird ein guter Winter, wir sind bestens vorbereitet, wir brauchen bloß noch Vorräte.

Stell dir vor es ist kalt und Susan geht hin
Lake Tahoe, Kalifornien, USA, September 2009

Ich habe ein selbst für Mädchen unnatürliches Kälteempfinden. Mir ist so schnell kalt, das ist mit Hormonen und der weiblichen Anatomie allein nicht zu erklären und es gibt wenig was ich mehr hasse als frieren. Wir sind im Spätsommer unterwegs aber mir wird schon kalt, wenn die Sonne nur kurz hinter einer Wolke verschwindet. Und wenn es dunkel wird, wird's richtig schlimm. Es gibt kaum eine Nacht, in der ich nicht Socken, meine langarm- und -beinige Patagonia-Unterwäsche trage und den Wärmekragen und die Kapuze des Schlafsacks so zuziehe, dass ich im Notfall eher mit dem Sack forthüpfen sollte statt zu versuchen, da schnell wieder raus zu kommen.

Sobald es draußen unter 20 Grad hat, schlafe ich dick eingemummelt. Ich kann die Nächte, an denen ich den Schlafsack offen ließ an einer Hand abzählen, so wie Tim die Nächte an einer Hand abzählen kann, an denen er die Kapuze zugezogen hat. Meist liegt er nur in Unterwäsche, den Schlafsack halb geöffnet, neben mir, während ich versuche, mich warm zu zittern. Die Nächte können für mich zur Zerreißprobe werden, besonders, wenn wir – wie jetzt mal wieder – in Höhenlagen unterwegs sind.

Mir ist aber nur zum Einschlafen so entsetzlich kalt, morgens beim Aufwachen ist mir immer kuscheligst warm, manchmal sogar geradezu heiß und ich muss ganz dringend aus der Schlaftüte raus. Abends aber, wenn ich einschlafen will, geht das nicht oder zumindest sehr schlecht. Dazu kommt, dass mir auch an komischen Körperteilen kalt ist. Neben den üblichen Verdächtigen wie Füßen und Händen, kann ich auch allein am Po, an den äußeren Oberschenkeln, den Knien oder an der Nase frieren. Es sind auch sämtliche Kombinationen der genannten Körperteile möglich.

Da liege ich dann also irgendwann eingekuschelt im Schlafsack und versuchte, mich warm zu zittern. Ich hab schon verschiedene Strategien ausprobiert, aber wenig hilft. Ich kann auf dem Rücken liegend, die kalten Hände unter den Po schieben. Soll helfen. Bei mir aber nicht. Ich kühle dann mit den kalten Pfoten auch mein Hinterteil runter. Also die Hände schön neben dem Körper liegen lassen.

Wenn mir kalt ist liege ich oft auf dem Rücken, auch wenn es nicht meine Einschlafposition ist. Denn wenn man auf dem Rücken liegt, bietet man der Kälte weniger Angriffsfläche, als wenn man auf der Seite liegt, bilde ich mir ein. Ich halte meine Hände also an den Hals, denn der ist total heiß und meine Füße rubbeln sich gegenseitig. Irgendwann ist es dann nicht mehr ganz so kalt und ich kann einschlafen. Doof wenn man dann mal raus muss und das Thermometer sechs Grad anzeigt.

Etwas entsetzt war ich, als wir im Yellowstone Nationalpark ein Service-Fahrzeug sahen, das Schnee-Stöcke in den Straßenrand steckte, damit der Schneepflug erkennen kann, wo die Straße langgeht und wie hoch der Schnee liegt. Meine Güte, erwarten die etwa den ersten Schnee? Panik machte sich breit. Ich bin nicht bereit, bei unter 0 Grad zu zelten.

In der nächsten Nacht hatten wir einen schönen Campground am Lewis Lake ausgesucht aber spätestens in dieser Nacht lernte ich, dass so ein See bei klarem Nachthimmel keinen Spaß macht. Gegen drei Uhr nachts wachte ich auf, weil mir ab dem Po abwärts kalt war. Feuchte Kriechkälte zog vom See ins Zelt und ließ die vier Grad noch kälter anfühlen. Den Rest der Nacht schlief ich nicht mehr. Ich wollte mein schweres Schicksal Tim mitteilen aber der zog den Reißverschluss seines Schlafsacks etwas weiter zu, drehte sich um und schlief weiter. In Unterwäsche.

Es heißt „it never rains in California" und bisher stimmt das auch aber was ist mit Schnee? Um den Lake Tahoe ist es Anfang Oktober tagsüber schon recht frostig und die Umgebung hat beinahe etwas Alpines. Tagsüber war es schon "recht kühl" um es mal vorsichtig auszudrücken und nachts sollte es auf Temperaturen um den Gefrierpunkt zurückgehen. Diesmal nahm ich die Sache ernst. Ich lass mir nicht mehr die Nächte verderben.
Das Campfeuer fiel wegen nassem Holz aus und als die Sonne verschwand, aßen wir im Auto weil es draußen bereits fies kalt wurde. Wie sollte die Nacht denn erst werden?

Präventiv zog ich mir etwas mehr an, als wir abends in den Schlafsack krochen. Es heißt ja immer, das Zwiebelprinzip soll gegen Frieren helfen aber niemand sagt einem, wie viele Schichten diese Zwiebel eigentlich haben soll. Zwei Paar Socken, über meiner Unterwäsche meine lange Unterhose und darüber eine Boxer von Tim gegen kalten Po und darüber meine Trekkinghose und fünf Oberteile, einen Schal und eine Mütze. Damit hatte ich alle Klamotten an, die ich besitze, echt wahr.

Ich war also dick eingemummelt im Schlafsack und nach kurzer Zeit wurde mir sehr schön warm und ich schlief ein und bis zum Morgen durch. So wie ich mich am Abend hingelegt hatte, wachte ich am Morgen auch wunderbar ausgeschlafen auf. Das Thermometer behauptete fünf Grad. Es war also gar nicht sooo kalt geworden wie angekündigt.

"Schau mal, auf dem Zelt liegt Schnee", meinte Tim. Nee geht ja nicht, das Thermometer zeigt ja 5°C an. Ich konnte es nicht glauben aber da lag was auf dem Zelt. Und tatsächlich waren über Nacht einige Zentimeter Schnee gefallen. Und wir haben nix davon mitbekommen. Ich hatte so gut geschlafen, wie lange nicht mehr. Es war ein wunderschöner Morgen, die Sonne strahlte zwischen den Wolken und durch die Bäume hindurch und alles war weiß bedeckt.

Trotz der Kälte kann ich mir für unsere Reise keine Alternative zu unserem Zelt vorstellen. Wir sind in der unglaublichsten Natur unterwegs, haben ein Glück mit dem Wetter, dass es für drei reicht und erleben so viel. Und deshalb ist es auch nicht schlimm, dass das Thermometer in der nächsten Nacht auf drei Grad gefallen ist, während ich meinem kondensierenden Atem im Licht der Taschenlampe zugeschaut habe und dann sehr zufrieden und warm eingeschlafen bin.

Susan 1, Las Vegas 0
Las Vegas, Nevada, USA, Oktober 2009

Ich bin so unglaublich cool. Cool wie ein Kühlschrank. Cool wie eine eisgekühlte Bionade an einem heißen Sommertag am Hamburger Hafen. Ich stehe am Roulette-Tisch in einem der zahlreichen Casinos in Las Vegas und setze zum ersten Mal beim Roulette. Der Mindesteinsatz sind fünf Dollar, was ich ganz schön viel finde. Jetzt aber noch mal weiter ziehen und einen Roulette-Tisch suchen, der nur einen Dollar Mindesteinsatz hat, ist ja Kneifen. Mach ich nicht. Also egal. Ich bin cool. Ich setze fünf Einer-Jetons auf das zweite „Zahlen-Drittel". Die Kugel rollt. Um cooler zu wirken, schaue ich nicht in das drehende Karussell, sondern lasse meinen Blick lässig durch das klimaanlagen-verseuchte Etablissement und einen Jeton elegant in der rechten Hand wandern. Da sitzen schlecht gekleidete Amerikanerinnen in zu engen bunten Blusen über zu engen bunten Hosen an zwei einarmigen Banditen gleichzeitig und stopfen einen Quarter nach dem anderen in den ewig hungrigen Automaten. Zu dünne Mädels in High Heels bieten Tabakwaren feil und Männer in schlecht sitzenden Anzügen spielen Black Jack.

Und mitten drin wir. Von Roulette und Black Jack keine Ahnung, die Automaten sind uns zu anonym und zu undurchsichtig und rauchen tun wir immer noch nicht. Wir versuchen unser Glück beim Spiel und wollen cool wirken. Die Croupier-Frau ist von uns extrem gelangweilt. Ich glaube sie sieht uns unser UnVERMÖGEN direkt an.

Als die Kugel sich ihren Platz gesucht hat, kann ich gar nicht so schnell schauen, wie die Croupiöse meine und Tims Jetons zu sich in die Bank rübergezogen hat, denn es kommt nicht das zweite, sondern das dritte Drittel.
„Aha, nee, das finde ich aber doof", denke ich. „So nicht. Ich will ja hier nicht verlieren", ruft eine Stimme in meinem Kopf. „Beim Setzen der Drittel hat man ja nur eine ca. dreißigprozentige Chance was zu gewinnen", spricht eine andere Stimme. „Ah, hast du das auch schon gemerkt, ja? Du bist ja echt ein Schnelldenker!", schaltet sich die andere Gehirnhälfte wieder ein, die gerne mal ein bisschen vorlaut ist. „Dann setz doch auf die Farben, du Granate, da hast du eine fast fünfzigprozentige Chance, gewinnst aber auch nur deinen Einsatz noch

mal". „Ok, ok, wir wollen hier mal ganz kleine Brötchen backen", beruhige ich meinen Kopf.

Ich setze fünf Dollar auf rot und bekomme beim nächsten Durchgang meine eben verlorenen Jetons zurück. „Hehe, da kuckste blöd, du Croupiöse, was?", lacht die freche Gehirnhälfte. „So machen wir das jetzt nur noch!", die andere.

Und ich setze weiter einfach nur auf rot oder schwarz und mal verliere ich und mal gewinne ich. Ab und zu setze ich auch fünf Dollar auf eine Reihe oder ein Drittel aber nie mehr als fünf Dollar pro Durchgang. Und ich habe tatsächlich Glück, meist gewinne ich. Auch das „riskante Geschäft" mit den Dritteln läuft gut. Nach wenigen Minuten habe ich meinen Jetonstapel mehr als verdoppelt. „Ha, das läuft ja gut", frohlockt die eine Gehirnhälfte. „Wir werden reich! reich! reich!", die andere.

Auf einmal will die bisher maulfaule Croupiöse was von mir. Ich unterbreche den Dialog in meinem Kopf. Ich verstehe sie nicht, denke aber, dass sie meine vielen Einer-Jetons in größere umtauschen will, da ihr Einerstapel zur Neige geht, während meiner anwächst. Ich schiebe ihr meinen Haufen rüber. Aber das ist es nicht was sie will. Sie pflaumt irgendwas Unfreundliches, ich solle meinen Einsatz erhöhen aber da mache ich nicht mit. Ich beschließe, dass der nächste mein letzter Einsatz sein wird.

Ich gewinne noch mal und habe meinen Einsatz am Ende verdreifacht. Jetzt schnell weg. An der Kasse die Jetons in Bargeld umgetauscht und raus aus der dunklen Höhle in den warmen Las Vegas Abend. Ich habe das Gefühl verfolgt zu werden, Casinos verlieren ja nicht gern, schon gar nicht fünfzig Dollar an under-dresste Weltreisende. Schnell um die nächste Ecke gebogen, schon viel besser.

Und so ist unser „Versuch" zu zocken schon nach dreißig Minuten vorbei und zwei lachende Reisende, die kein Talent fürs Spielen haben, toben durch die glitzernde Nacht. Im Rausch meines Erfolges gebe ich eine Runde Bier aus, die wir standesgemäß in braunen Papiertüten gereicht bekommen. Und so gehören Tim und ich wohl zu den wenigen, die Las Vegas reicher verlassen, als sie gekommen sind. Susan 1, Las Vegas 0.

Jerry
San Francisco, Kalifornien, USA, Oktober 2009

"If you come to San Francisco you're gonna meet some gentle people"
-San Francisco, Scott McKenzie

Ich spreche ein ziemlich passables Englisch. Ich werde aufgrund meines Akzentes nicht als Deutscher erkannt und das Ratespiel über die Herkunft meines Akzents erstreckt sich über einen beachtlichen Teil der Welt. Von Neuseeland, über England und Schweden bis Südafrika. Aber jetzt, als ich am Telefon spreche, ist alles verflogen. Der lockere Akzent, das flüssige Small-talken, all das ist nicht vorhanden, ich stammele, verdrehe Wörter, bin einfach lausig.
Ich bin so nervös als ich Jan anrufe, es fühlt sich an, als würde ich das erste Mal Susan anrufen, einen neuen Job anfangen oder müsste beichten, dass ich etwas wirklich Dummes getan habe und das alles auf einmal, so nervös bin ich als sie den Hörer abhebt.

Ende Juli, als die Kreuzfahrtschiffe immer mehr Kreuzfahrer in das eigentlich beschauliche Skagway, Alaska ausspucken. Wir fliehen auf die andere Seite des Fjords, nach Haines. Wir haben gerade den Chilkootpass überquert, seit Tagen nichts „richtiges" gegessen und freuen uns über den Sonnenschein. Vor einer Hütte steht ein Schild: „Burger night tonight", auf der Hütte „Elks Lodge". Wir kommen durch eine Bar in einen abgetrennten Bereich, der aussicht wie eine Schulspeisung. Durch eine Durchreiche wird Essen gereicht, auf einem Beistelltisch gibt es Beilagen aus Warmhaltebehältern und die Getränke bekommt man aus der Bar. Nicht wirklich gemütlich mit Risopanstühlen, Plastiktischdecken und dem Charme einer Kantine aus den Siebzigern aber dafür günstig und warm, genau was wir jetzt brauchen. Es gibt Burger mit Käse, ohne Käse, mit doppelt Käse oder statt Hack auch mit Hühnchen. Dazu Pommes und alles was auf einen Burger gehört zum selber Portionieren, fein, fein. Jerry ist unser Kellner, bringt uns die Getränke aus der Bar und unser Essen.

Er ist sehr interessiert an unserer Reise und uns. Er war früher über seinen Job bei der Polizei in Deutschland und hat dort sehr gute Erfahrungen gemacht, jedenfalls haben wir bei ihm durch unsere Herkunft ein Stein im Brett.

„Wenn ihr in San Francisco seid, gebt mir Bescheid, die Schwester meiner Frau wohnt dort, da kann ich euch bestimmt unterbringen". Ja klar, wir small-talken uns durch den Abend und er ist wirklich ein feiner Bursche aber wir wissen ja auch, wie Amerikaner so sind. Oder was wir glauben, wie Amerikaner so sind, denn wir wissen nichts, wie wir feststellen werden. Wir sprechen noch über dies und das, nebenbei muss er arbeiten und nach dem Essen verabschieden wir uns. Wir wollen unsere Getränke in der Bar zahlen, der Barkeeper lehnt ab, hat Jerry schon für uns getan.

Wir behalten Jerry's Telefonnummer mehr als Andenken. Zumal, wer lädt sich zwei völlig Fremde ins Haus, nur weil der Bruder der Schwester die beiden mal für eine Stunde in Alaska getroffen hat und findet, dass sie nett sind? Eben, keiner, zumindest kein Deutscher.
Ende September nähern wir uns San Francisco und weil uns die Preise für Hostels mit 70 Dollar pro Nacht doch übertrieben vorkommen und wir nichts zu verlieren haben, schreiben wir Jerry an. Ich bekomme die Telefonnummer von Rex und Jan, Jerry hat schon mal vorgefühlt, ich soll mich einfach mal bei den beiden melden.

Und da stehe ich, von der zu kurzen Telefonschnur in eine gebückte Haltung gezwungen, und versuche mit Jan zu sprechen. Wie lange wir bleiben wollen, fragt eine warme, herzliche Stimme. Naja, so drei Wochen oder so? Aber natürlich nicht bei euch, aber vielleicht können wir ja die ersten ein, zwei Tage bleiben, nur solange, bis wir Etwas für uns gefunden haben? Na klar, sie will es mit ihrem Mann besprechen und meldet sich dann bei uns.
Jan meldet sich am nächsten Tag per Mail und eine Woche später haben wir in der Dunkelheit das beschriebene Haus gefunden, eine deutsche Fahne hängt draußen und als der Hund anschlägt wissen wir, hier sind wir richtig. Als Rex und Jan die Tür öffnen, lassen sie zwei völlig Fremde in ihr Haus. Außer unserer Homepage, die sie nicht verstehen, wissen sie nichts über uns, haben nur aus Jerrys Erzählungen gehört, dass er uns getroffen hat und dass er uns auf Anfang zwanzig schätzt.
Gastfreundschaft ist nicht das richtige Wort das Jan und Rex uns entgegenbringen. Es ist Gastliebe, mit der sie uns überschütten. Diesen Abend ist die ganze Familie da. Die Tochter Alison, der Sohn Brandon, die beiden Großmütter Rita und Rita und Jared, Alisons Cousin, mit dem sie durch Europa und Deutschland gereist ist. Wir

werden so herzlich und mit so viel Liebe aufgenommen, wir können mal wieder nur staunen über diese angeblich so oberflächlichen Amerikaner. Wir haben nicht mal Zeit die Vorurteile über Bord zu werfen, das haben sie für uns, durch ihre herzliche Art, bereits getan.

Nach einem opulenten Mahl lernen wir bei einer Geburtstagsparty die Nachbarschaft kennen, verabreden uns zu einer Bootsfahrt in der San Francisco Bay, bekommen eine Mitfahrgelegenheit nach Downtown für die nächsten Tage angeboten und sind ganz selbstverständlich mitten drin unter völlig Fremden, die uns gar nicht mehr fremd sind. Jan kündigt uns als Freunde aus Deutschland an, die sie bloß noch nicht kennt. Damit bringt sie für uns alles auf den Punkt, wie die Menschen uns hier gegenübertreten. Offen, und mit einem riesen Vertrauensvorschuss. Fremden öffnet man nicht die Tür, Fremden gibt man erst recht nicht den Schlüssel zu seinem Haus und Fremde schließt man nicht in sein Herz.

Amerikaner sind uns überhaupt nicht mehr fremd. Wir haben sie in dem knappen halben Jahr, das wir in ihrem Land verbracht haben, sehr gut kennengelernt. Sie haben uns zutiefst beeindruckt, haben uns überrascht und tun das immer noch. Sie haben alle Erwartungen übertroffen und uns mit ihrer Gastfreundschaft zutiefst demütig gemacht. Sie lassen uns mit offenen Mündern darüber staunen, was Aufgeschlossenheit und Unvoreingenommenheit ausmacht. Mit einer ungespielten Selbstverständlichkeit hat man uns die Hände gereicht, Probleme und Bedenken weggewischt und unsere Reise so einfach, angenehm und teilweise überhaupt erst möglich gemacht. Ohne diese Menschen hätten wir diesen Teil der Reise nicht so leben gekonnt, wie wir es konnten, hätten nicht die Möglichkeiten gehabt, hätten keine neuen Freunde gefunden, keine Familie und kein zweites Zuhause.

Das Annehmen dieser kleinen und großen Gefallen, der Geschenke, der Gastfreundschaft, das Erleben des ernsthaften Interesses und der entgegengebrachten Liebe waren für uns eine der ganz großen Erfahrungen dieses Abschnitts der Reise. Sie haben in uns viel angestoßen, ausgelöst und bewegt in der Art und Weise wie wir mit Fremden umgehen wollen.
Wegen der Natur möchte ich die USA öfter besuchen, die Menschen in diesem Land aber bringen mich dazu, hier leben zu wollen.

Verschwörungstheorie
San Francisco, Kalifornien, USA, November 2009

Ich bin kein Fan von Verschwörungstheorien, ich glaube den ganzen Quatsch von Regierungen, Geheimorganisationen, Ufoabstürzen und übermächtigen Institutionen nicht. Ich glaube eher an Zufälle denn an Schicksal, die Rolle von Göttern wird in meinem Leben von Menschenverstand ausgefüllt und ich muss lachen wenn ich die Aufkleber „9/11 was an inside job" sehe. Dan Brown mag Millionen Bücher verkaufen, seine Geschichten vom übermächtigen Vatikan und alten Glaubensbrüderschaften üben aber trotzdem keine Faszination auf mich aus. Der Zeppelin, der lautlos über Alameda und der auch die letzten Tage über San Francisco schwebte, hingegen schon.

Ich weihe Dich jetzt in ein Geheimnis ein und das ist eine richtig heiße Sache, oberstes Level, keine Gefangenen, nur Tote, keiner außer Dir, der davon weiß. Und wenn Du nach dem Lesen diese Seite verbrennst, wird diese Information nicht mehr sichtbar sein.
Wie auch immer, der Zeppelin verfolgt uns. Er steht am Himmel, wenn wir morgens das Haus verlassen, mittags in einem Café sitzen und wenn wir abends durch die dunkle Stadt toben, kann ich ihn zwar nicht mehr sehen aber ich glaube seine Präsenz spüren zu können. Die kalifornische Tourismusbehörde hat den Zeppelin gechartert, überwacht uns damit und achtet darauf, dass hier alles etwas zu auffällig rund läuft. Kalifornien ist so pleite, die wollen durch überschwängliche Berichte mehr Touristen in die Region locken und wir sind ein Teil davon. Also nimm Dich in Acht, Du bist das Opfer dieser perfiden Verschwörung.

Woher ich das wissen will? Was wir in San Francisco erlebt haben, ist einfach zu unglaublich um zufällig zu geschehen. Ich meine, denk doch mal nach, man trifft nicht einfach irgendeinen dahergelaufenen Typen in Alaska, der einen dann für vier Wochen bei seiner Familie in der Bay Area unterbringt. Und diese Familie schließt einen auch nicht zufällig ins Herz, behandelt uns wie ihre eigenen Kinder und macht für uns alles möglich. Die Tochter ist nur auf dem College damit wir in ihrem Zimmer schlafen können... Nee nee, ganz doof bin ich ja nicht. Das sind gecastete Schauspieler, die hier so gut harmonieren und uns die perfekte amerikanische Familie vorspielen. Sogar der Hund ist in die Verschwörung involviert. Es ist einer dieser lieben Hunde, die nicht bellen oder nerven, die gut erzogen sind und gerne kuscheln. Chica wurde als Welpe in einer mexikanischen Müllhalde gefunden und lebt seitdem bei unserer Gastfamilie. Ein bisschen zu viel Klischee, um wahr sein zu können, für meinen Geschmack.

Und auch sonst scheint alles etwas zu leicht zu sein. Wir werden morgens von den Nachbarn Andrea und Leighton im Auto nach Downtown San Francisco mitgenommen und abends zum After work-Cocktail auf Firmenkosten eingeladen. Lance, ein anderer Nachbar, nimmt uns in seinem Motorboot mit auf die Bay, natürlich bei strahlendem Sonnenschein und einem Riesen-Picknick an Bord. Mit Bier, Sandwiches, Kartoffelsalat und Chips fahren wir knapp drei Stunden durch die Bay. Wir fahren unter der Bay Bridge zum Pier 39, schauen noch mal die Seelöwen an, prosten den Touristen, die uns bestimmt für coole Locals halten, zu, fahren zum Baseballstadion AT&T Park und dann rüber an den alten Marinehafen, wo ein ausrangierter Flugzeugträger aus dem zweiten Weltkrieg ankert. Natürlich lässt Lance mein neues Motorboot fahren und stört sich nicht im Geringsten daran, als mir eine Welle das Bier aus der Hand schlägt und sich im Boot verteilt.

Während wir fahren und trinken, muss ich an ein Zitat von Rod Steward denken, der einmal gesagt hat: „Amerikanisches Bier und Sex in einem Boot haben viel gemeinsam. Beides ist verdammt nah am Wasser". Das mit dem Bier haben sie nämlich noch nicht rausbekommen. Liebe Tourismusbehörde, ich trinke am liebsten Jever aber das ist hier schwer zu bekommen.

Nee, erzähl mir nichts von Zufällen. Weitere Beweise? Wie wär's hiermit: Jeder weiß, dass ich gerne gegrillte Rippchen esse und was brutzelt Rex letztes Wochenende so ganz zufällig auf dem Grill im Garten? Den größten und leckersten Rippchen-Berg, der mir jemals auf die Gabel gekommen ist.

Und dann das Haus in dem wir wohnen: Eine Villa, über hundert Jahre alt und es sollte mit dem Teufel zugehen, wenn sich nicht irgendein Innenarchitekt und Designer für den Innenausbau verantwortlich zeichnen. Sehr gemütlich und mit viel Liebe fürs Detail ist hier wahrlich ein Zuhause geschaffen worden. Das Haus steht in einer dieser Straßen, in denen rechts und links alte Bäume stehen, deren Laub sich gerade von grün zu gelb und rot färbt. Ein tolles Bild, wenn

die Sonne die Alleen durchflutet und der Wind die Blätter von den Ästen weht und zu Halloween die Kürbisse vor der Tür stehen.
Ganz zufällig bekommt unsere Familie natürlich auch mit das ich Geburtstag habe und organisiert spontan eine kleine Feier mit den Nachbarn, damit wir in meinen Geburtstag reinfeiern können. Am nächsten Tag gehen wir auf meinen Wunsch hin mexikanisch essen und das Restaurant serviert natürlich ein Stück Kuchen zur Feier des Tages. Sehr auffällig, wenn ihr mich fragt.

Als wir in San Francisco vorhaben, ein längeres Stück zu laufen, hält neben uns dieser coole Surfertyp und fragt ob er uns ein Stück mitnehmen soll. Er weiß natürlich bestens in der Stadt Bescheid und übernimmt spontan die Rolle unseres Reiseführers, gibt uns Tipps für Bars, Cafés, Restaurants und Buchläden, wie man sie normalerweise nur von Touristenbüros bekommt, auffällig, auffällig. Im schwulen Viertel Castro kommt uns ein Typ entgegen. „You're a gorgeous couple and if you're not together with her and would like to go out with me tonight than please let me know" ruft er mir zu, während er mich so unverschämt freundlich anlächelt, dass mir außer einem verwunderten Zurückgrinsen nichts besseres einfällt außer: „Sorry, I'm promissed."

Ein paar Tage später klingelt das Telefon, Brian, ein Nachbar zwei Häuser weiter fragt, ob ich nicht Lust hätte mit ihm zusammen in den Marin Hills Mountainbike zu fahren, ist ja schließlich die Geburtsstätte dieses Sports und weil er weiß, dass ich Mountainbike fahre, würde es sich doch anbieten. Er hat ein Bike organisiert, dass mir passen müsste, einen zweiten Helm und Handschuhe. Das Bike hat Klickpedale aber auch dafür hat die Tourismusbehörde vorgesorgt und Brian mit einem extra Paar Klickpedalschuhen ausgerüstet, die wie zufällig Größe 44 sind und das obwohl Brian größere Füße hat als ich. Die Schuhe wurden angeblich schon mal vorher getragen aber, unter uns, die waren praktisch brandneu. Wie fahren morgens früh noch bevor die Wanderer rauskommen mit seinem Pick-up Truck zum Mount Tamalpais und nehmen die neun Meilen Uphill in Angriff.

Nach einer halben Stunde können wir den ersten Ausblick auf die Bay genießen. In der Ferne liegt San Francisco Downtown mit seinen Hochhäusern, deren Spitzen noch im Nebel liegen, wir sehen die Fähren die Bay überqueren und können anhand des monotonen

Rauschens erahnen, dass der Verkehr in der Stadt langsam erwacht. Kaum eine Stunde später sind wir oben, 1.000 Meter über der Bay und der Ausblick ist zum niederknien. Wir können die Türme der Golden Gate Bridge hinter den Hügeln sehen, rechts davon brandet der Pazifik und aus der anderen Ecke der Bay tönen die Nebelhörner. Leider habe ich keine Kamera dabei aber ich bin mir sicher, die Tourismusbehörde kann da mit einigen Bildern aushelfen.
Wir genießen den Ausblick noch einige Zeit, dann verengt sich mein Sichtfeld zu einem Tunnel. Die Landschaft nehme ich nicht mehr wahr. Ich hefte mich an Brians Hinterrad, das vor mir in der Ideallinie den Berg hinab schießt. Einige Auswaschungen laden zum Absprung ein, wir driften durch die Schotterkurven und das Bike unter mir fühlt sich richtig gut an und erinnert mich daran, warum ich diesen Sport über alles liebe und, dass ich unbedingt wieder öfter fahren will.
Völlig aufgeputscht erreichen wir nach zwanzig Minuten in der Strichlandschaft vorbeirasender Bäume, Sträucher und anderer Fahrer wieder den Fuß des Berges. Die Scheibenbremsen stinken sich nach der Abfahrt aus, während wir in einem Café auf Kosten der Tourismusbehörde was trinken gehen. Also Brian bezahlt aber das wird wohl auf Spesen gehen, denke ich.

Nachts können wir von unserem Zimmer aus das Tuten der Züge hören. Dieses Tuten ist überall in den USA zu hören und ist für mich eines der behaglichsten und heimeligsten Geräusche geworden. Ich liebe das monotone Tuten vor jedem Tunnel und Bahnübergang. Mit dem Klang der Eisenbahn im Ohr verbinde ich Geborgenheit, es erinnert mich an frühere Reisen in die USA mit meinen Eltern und hat mich schon damals in den Schlaf gewogen. Und als würde das noch nicht reichen, können wir die Schiffe und Nebelhörner aus dem Hafen ebenfalls hören. Fantastisch, was diese Tourismusbehörde alles über uns weiß.

Wenn sie es jetzt noch hinbekommen, mir ein kaltes Jever zu servieren.... Nein, dafür hat scheinbar die Zeit nicht gereicht oder die haben mich neulich in dem Café, wo ich das hier geschrieben habe und in dem man uns mit Namen kennt, beobachtet und sich gedacht: Verdammt, jetzt ist der uns schon so weit auf die Schliche gekommen, das Bier lassen wir mal lieber weg, sonst fliegen wir auf.
Ja ja, ich weiß wer ihr seid, ich kann euch sehen und ich weiß, dass ihr das hier lest. Ich bin euch ganz dicht auf den Fersen.

These boots are made for walking
Buenos Aires, Argentinien, November 2011

Nach unser ersten Tangostunde kommen wir beide zu dem Schluss, den uns Billy Idol in seinem Lied „Dancin' with myself", nahe legt: „If I had the chance and ask the world to dance, I'd be dancing with myself" und damit genug mit Liedern, zu denen man alles tanzen kann, nur eben nicht Tango. Wir haben ihn gespürt den Tango, die Hitze, die von ihm ausgeht und den Rhythmus, nur eben ganz anders als wir uns das vorgestellt haben.

Wie bei allen neuen Dingen, so schlummerte auch beim Tango die heimliche Hoffnung in mir, endlich mein Naturtalent zu entdecken. Eine Gabe, die es mir ermöglicht, etwas leicht, schnell und intuitiv zu erlernen aber leider wird auch der Tango nicht dazu zählen. Nun liegt uns Deutschen das Tanzen ja nicht gerade im Blut und schon gar nicht so ein heißblütiger, erotischer und impulsiver Tanz, wie er es ist, wenn man Tango tanzt, wie Einheimische ihn hier tatsächlich auf den Straßen tanzen.

Nein, bei mir sieht das eher eckig, unelegant und urkomisch aus, was Susan zum Lachen bringt und weshalb sie „Dancing with tears (Freudentränen) in my eyes" als Titel für diesen Text bevorzugt hätte. Ich schiebe aber alle Schuld von mir. Es liegt an meinen Schuhen. Meine Wanderstiefel sind zum Wandern, Bergsteigen, Flussdurchqueren gemacht aber eben nicht zum anmutigen und filigranen Tanzen. Ich trampele also umher, versuche möglichst selten die zarten Füße meiner verschiedenen Tanzpartnerinnen unter meinen Boots zu zermalmen und habe Riesenspaß. Was mich tanzen lässt, ist die Fähigkeit über mich lachen zu können und der Mut, den ich mir mit einer halben Flasche Rotwein angetrunken habe. Dazu muss man wissen, dass es meine erste Tanzstunde überhaupt ist und Tango vielleicht nicht gerade der klassische Anfängertanz. Versteht mich nicht falsch, ich tanze gerne, nur findet das „Tanzen", das ich bevorzuge auf Konzerten statt, man könnte es auch „wildes Gehoppse" nennen und das liegt mir tatsächlich im Blut. Hier beim Tango kann ich nur bewundernd zuschauen, wie schnell andere Bewegungsabläufe erlernen und wie gut sie dabei aussehen.

Als unser Tanzlehrer vorschlägt, ich solle mich nicht so sehr auf die Schritte und die Bewegungen meines Körpers konzentrieren, sondern alles aus dem Zentrum meines Körpers heraus geschehen lassen, denke ich für einen Moment tatsächlich nicht daran. Ich denke nicht „linker Fuß, rechte Schulter, leichter Druck mit der rechten Hand" sondern werde mir bewusst, dass ich seit 36 Stunden wach und ungeduscht bin, gerade einen Vier- und einen Neun-Stunden-Flug hinter mir habe und nicht nur fertig aussehe, sondern tatsächlich bin und wohl auch so rieche.

Meine argentinische Tanzpartnerin riecht nach Parfum, ist geschminkt und irgendwas an ihren Bewegungen verrät mir, dass das hier nicht ihre erste Tanzstunde ist. Während sie dem Rhythmus folgt, gebe ich mein Bestes sie aus Selbigem zu bringen. Mein Kopf ist mit Übersetzungen des argentinischen Akzents beschäftigt, widerstrebt den gegenläufigen Bewegungen von Schulter und Füßen und will eigentlich alles außer tanzen. Am meisten aber will mein Körper ins Bett und ich auch.

Nach einer Stunde bin ich erlöst, der Kurs ist vorbei, meine Gesichtsmuskeln schmerzen vom Dauergrinsen und nächsten Donnerstag findet der Kurs wieder statt. Ohne uns.
Alles in allem denke ich, werde ich es halten wie bisher: „Wer tanzt ist einfach zu arm zum Trinken" und weil uns hier in Buenos Aires alles sehr günstig vorkommt im Vergleich zu den USA, Wein und Bier aber besonders, werde ich mir auch in Zukunft mehr als der trinkende Gentleman an der Bar, denn als feuriger Tänzer auf der Tanzfläche gefallen.

Bitte gib mir nur ein Wort
Iguazu-Wasserfälle, Argentinien/Brasilien, November 2009

Ah- und Oh-Momente gab es auf dieser Reise schon zuhauf. Von der weiten Tundra Alaskas, dem springenden Buckelwal in Valdez, der schier unfassbaren Größe der Canyonlands oder meinem wahr gewordenen Traum, die Golden Gate Bridge in San Francisco zu sehen, gab es schon so viele Momente, in denen ich vor einem Wunder stand und einfach nur ein „Wow" rausbringen konnte. Dieses lausige Wort. Es ist nicht mal ein richtiges Wort. Nicht meine Muttersprache, nur eine Silbe und es klingt eher nach einem Geräusch, denn nach einem Wort. Dabei hat die deutsche Sprache doch so viele schöne Worte.

Von „wunderschön" – so schön wie ein Wunder – über „anmutig" und „atemberaubend" – ich krieg' keine Luft mehr, weil der Berg da so schön ist – aber trotzdem sind diese Worte oft nicht genug.
Wir sehen uns die Iguazu-Wasserfälle an, laut einhelliger Meinung derer, die dort waren, DIE Wasserfälle auf diesem Planeten. Wikipedia weiß dazu, dass es sich bei diesem argentinisch-brasilianischen Naturwunder um ca. 270 Wasserfälle auf einer Ausdehnung von 2,7 km handelt, also die breitesten Wasserfälle der Welt. Und ein Park-Ranger, den wir treffen, setzt noch „dreimal so viel Wasser wie sonst um diese Jahreszeit" oben drauf. Wir halten also an dieser Stelle fest: Es kommt mächtig viel Wasser den Berg runter.

Wir beginnen auf der brasilianischen Seite der Wasserfälle, von wo aus wir eine unglaubliche Panorama-Aussicht genießen aber nicht einmal aus der Entfernung kann ich die Gesamtheit dieser Fälle überblicken. Da gibt es breite Abschnitte, in denen das Wasser einfach nur nach unten rauscht und Gischtwolken erzeugt, dass ich gar nicht sehen kann, wo das Wasser unten aufschlägt. Ein anderer Teil fließt über Kaskaden auf und um die Isla San Martin, eine ewig grüne und vernebelte Insel. Es gibt ganz schmale Wasserfälle, die wie dünne Spinnenfäden über dreißig Meter nach unten tropfen und an ihren Hängen ein Grün produzieren, das jeglicher Worte trotzt. Es ist fantastisch, es gibt so viel zu sehen.

Auf der argentinischen Seite können wir den Iguazu-Fällen ganz nah sein. An diesem Tag ist es drückend schwül, ein Gewitter zieht auf und lässt die Luft knistern. Und irgendwie passt dieser dramatisch grauweiße Himmel ganz ausgezeichnet zu den tausend Grüntönen, die der subtropische Dschungel uns bietet. Im grün-grün-grünen Wäldchen zirpen Zikaden, die alle gleichzeitig zirpen oder gar nicht und dann ist es mucksmäuschenstill, dann wieder wildes Vogelgezwitscher und entfernt das Rauschen der Wasserfälle. Es gibt Schmetterlinge, die in Farben, Farbkombinationen und Größen göttlich aussehen, dass die Wasserfälle fast in Vergessenheit geraten. Sie setzen sich auf meinen Arm und lassen sich wie selbstverständlich ein Stück tragen bevor sie weiterflattern.

Der Weg führt uns knapp oberhalb der Fälle nah an der Abbruchkante entlang. Beeindruckend, atemberaubend und ein bisschen irre, wenn man unter seinen Füßen das Wasser nach unten rauschen sieht. Über das obere, natürliche Staubecken gelangen wir zur Garganta del Diabolo. Der sogenannte Teufelsschlund ist ein hufeisenförmiger Bereich, wo das Wasser siebzig Meter in die Tiefe rauscht und laut. Lange vor dem Ende des Brückenpfades werden wir von Gischt eingenebelt und als wir auf der letzten Plattform des Weges stehen, werden wir von Wasserwellen klitschnass gespült. Es ist wie unter einer Dusche und ab und an schüttet jemand noch eine Badewanne über dir aus.

Über zwei Tage stand ich an den diversen Stellen dieser Wasserfälle und bekam immer nur ein lausiges „Wow" heraus. Ich habe sie gesehen, DIE Wasserfälle dieses Planeten. Es gibt kein Wort, das die Iguazu-Wasserfälle beschreiben könnte. Dazu sind sie auch viel zu verschieden und an jeder Stelle anders. Es ist einfach nur „Wow". Das beschreibt es gar nicht und doch am besten.

It's good to be king
Mendoza, Argentinien, Dezember 2009

"It's good to be king, if just for a day" – Tom Petty

Ronald Barnabas Schill, ehemaliger Hamburger Lokalpolitiker, Koksnase, Namensgeber und unfreiwilliger Initiator legendärer „Schill-out Partys" in der Hamburger Schanze wurde zuletzt 2007 in der Hamburger Innenstadt im Ford Fiesta seiner Mutter gesichtet. Vom „Richter gnadenlos" zur Hamburg-Wahlüberraschung 2001, dann permanente Präsenz in der BILD, Skandale, Ausschluss aus dem Senat, Auswanderung nach Südamerika, Koksvideo auf Youtube, das war's.

Ich verstehe gut, warum er nach Südamerika gegangen ist, hier ist die Mark noch was wert, hier kann sich der „kleine Mann" noch groß fühlen. Tom Petty hat es in „It's good to be king" auf den Punkt gebracht. Es ist eben schön, König zu sein, wenn auch nur für einen Tag. Unsere Reise hat in Südamerika einen völlig neuen Einschlag bekommen. In den USA und Kanada waren wir sehr sparsam unterwegs, haben auf Wanderungen morgens einen Müsliriegel geteilt und dann erst abends wieder etwas gegessen. Ein Nudelfertiggericht mit Käsesauce. Nicht besonders lecker aber satt sind wir ins Zelt gekrabbelt und haben uns von den Anstrengungen des Tages erholt. Jetzt schlafen wir in Betten, essen in Restaurants, verbringen die Hitze des Mittags in Cafés und genießen bis spät in die Nacht Wein und die Gesellschaft in den Hostels. Unsere Ernährung ist vielfältiger geworden und wir essen was uns gefällt und nicht was das Günstigste ist. Der leckere Kaffee, der endlich mal wieder in einer Porzellantasse, denn in einem Halbliter-Pappbecher serviert wird, gehört zum Nachmittag, genau wie die kleinen Pastels oder der frisch gepresste Orangensaft, den es dazu gibt. Argentinien und der günstige Peso erlauben uns das Leben der reichen Leute.

Die langen Wanderungen sind durch lange Busfahrten, manchmal zwanzig Stunden, ersetzt. Wer nun denkt, wie furchtbar, so lange eingezwängt in einen „Sitzabstand auf Legehennen-Niveau", der hat die argentinischen Busse noch nicht gesehen. Man reist würdevoll und mit der Business Class in einem Langstreckenflieger vergleichbar. Pro Reihe sind nur drei Sitze montiert, die Sitze sind sehr breit und sie lassen sich auf 160 Grad flachlegen. Darin kann man es schon mal einige Stunden aushalten. Dazu gibt es Vollverpflegung inklusive mit Softdrinks, Wein und Rum. Ja, richtig gelesen. Mit solchen Schlafbringern schlafe ich die Nacht durch bis morgens das DVD-Programm startet.

In den Bussen werden die DVDs gezeigt, die der Busfahrer raubkopiert hat. Oftmals von der Leinwand eines Kinos abgefilmt, mit dem Lachen oder Husten des Publikums inklusive. Mit der englischen Tonspur und den spanischen Untertiteln polieren wir unser Spanisch auf und wundern uns über die Auswahl der Filme. Da werden morgens um elf und während der Anwesenheit von Kindern Köpfe abgeschlagen, vergewaltigt und auf bestialische Weise hingerichtet, bis die weibliche Busbegleiterin zusteigt und den Film tauscht. Dann macht Sandra Bullock als garstige Chefin ihrem Sekretär einen Heiratsantrag, muss Tom Hanks in „Illuminati" durch den Vatikan hetzen und wichtig dreinschauen bis ich den Schwachsinn nicht mehr ertragen kann und einschlafe. Als ich aufwache, sind wir angekommen, schnell noch die Kekse des Frühstücks reingezogen, mit Mate Tee runtergespült und dann los ins nächste Hostel, natürlich mit dem Taxi, weil es so unverschämt billig ist.

Nach wie vor kochen wir meistens selbst aber statt dem ewighaltbaren und vor Konservierungsstoffen nur so strotzenden Fertignudelgerichten holen wir uns frische Pasta aus dem Pastaladen nebenan. Sie wird von Hand gefertigt und gefüllt, in unserem Fall mit Ricotta, Mangold und Schinken. Weil wir uns nicht auf eine Sauce einigen können, bekomme ich grünes frisches Pesto und Susan eine Filetto Sauce in ein kleines Portionsdöschen gefüllt und natürlich hausgemacht. Auf dem „Isemarkt" in Hamburg bekommt man es nicht besser, nur, dass wir hier an der Kasse nicht einmal vier Euro bezahlen. Dazu eine Flasche lokalen Wein für zwei Euro, ein Bauernbrot, einen Salat und fertig ist das Backpacker Menu. Nein, das ist nicht das Leben einfacher Wandersleut', das ist das Leben von Königen.

Hostel Himmel und Hölle
Bariloche, Argentinien, Dezember 2009

Ich habe nie in einer WG gelebt. Ich bin direkt von „Hotel Mama" zu Susan ins Ho.... ähh in die Wohnung, also zusammengezogen. Und nun finde ich, bin ich langsam zu alt fürs WG-Leben. Jeden Tag Party, Kerzen auf Weinflaschen, volle Aschenbecher, sinnlose Gespräche mit Erstsemestern, der Müll ist erst gehäuft wenn er überläuft, nie was zu Essen im Kühlschrank und der Campari, den ich für mich gekauft habe, von jemand anderes ausgetrunken. Vielen Dank.

Ich mochte unsere alte Dachgeschosswohnung sehr. Sie war das Gegenteil des eben Beschriebenen und hättest Du mir im Tausch eine WG angeboten, ich schätze nicht, dass ich zum Casting der Mitbewohner überhaupt erschienen wäre. Einige Entscheidungen aber ziehen Umstände nach sich, bei denen man zu gewissen Abstrichen bereit ist. Unsere Reise machte unsere Wohnung unmöglich und die ersten sechs Monate der Reise fanden wir in einem Zelt den adäquaten Ersatz für die Heimeligkeit der gemeinsamen Wohnung. Nun bleibt das Zelt meistens im Rucksack und wir wohnen in Hostels, einer Institution, die das WG-Leben industrialisiert und destilliert hat. Alles was das WG-Leben ausmacht, kann man hier erfahren. Die langen Partys, der nicht gemachte Abwasch und schnarchende Zimmergenossen.

Beginnen wir unseren Rundgang durch die Hostel-WG im zentralen Ort, der Küche. Kein Geschirr in den Schränken ist normal und bedeutet, dass jegliches Porzellan und Glas in Bergen in und neben der Spüle steht - unabgewaschen, brauch ich wohl nicht zu erwähnen. Na egal, was hat denn das Kühlmonster zu bieten? Meistens sind Hostel-Kühlschränke sehr ausgewachsene Exemplare ihrer energieverschwendenden Gattung und irgendwann aus den Siebzigern, als FCKW in den meisten Köpfen noch als Abkürzung für irgendwas mit Fahrzeugzulassung stand. In diesen Kühlschränken sieht es so gruselig aus, man möchte dieses spärlich beleuchtete und unterkühlte Tor zur Eishölle sofort wieder schließen.

Meist ist der Kühltower voll mit Essensresten verschiedenster Hostelbewohner, die zu irgendeiner Zeit mal hier gewohnt haben mussten. Anhand des Verwesungsgrades kann man manchmal schwer glauben, dass das in diesem Jahr gewesen sein soll. Meistens sind die Speisereste und anderen Inhalte von seinem Besitzer mit krakeligem Edding gekennzeichnet. Ein Blick auf das Haltbarkeitsdatum verrät, dass der Verfasser der Edding-Kritzelei nicht mehr im Hostel wohnt oder Aasfresser ist. Da der Müll aber gerade überfüllt ist, verschiebt sich das Wegwerfen auf später und damit auf nie. Das Eisfach hat wegen einer zentimeterdicken Eisschicht nur noch die Hälfte seiner ursprünglichen Größe und im Gegensatz zur Arktis, wächst die Eisschicht im Eisfach so beachtlich, dass die Eiswürfel-Trays zunächst frei-geschmolzen werden müssten, bevor man sie entnehmen könnte. Aber bei dem Anblick, den das Eisfach bietet, verzichtet man der Gesundheit wegen lieber auf Eiswürfel.

Kommen wir aus der gemeinschaftlichen Küche zu dem Ort, wo man lieber alleine ist, die Toilette. Beim Gang auf die Toiletten geht der erste Blick immer Richtung Klopapierspender. Es ist noch Klopapier da? Das muss Dein Glückstag sein. Es ist kein Klopapier da? Es ist ein normaler Tag. Das Klopapier darf in Argentinien nicht einfach runtergespült werden, da es die Toilette verstopfen würde, was gelegentlich auch ohne Papier geschieht. Nein, das Toilettenpapier wird in einen extra Eimer geworfen, wobei der Deckel nicht immer dabei ist. Schön, bei dreißig Grad oder mehr. Wer duschen will, sollte sich über kaltes Wasser nicht wundern, auch morgens um sieben kann es sein, dass der Hostel-Vorrat an Warmwasser bereits aufgebraucht ist, was immerhin die Wartezeit auf die Dusche reduziert. Hoffentlich ist der Abfluss nicht wieder verstopft, weil irgendjemand seinem zu üppigem Haarwuchs unter der Dusche, mit dem ohnehin schon zu kleinem Abfluss, beikommen wollte.
Nach der Dusche wird es Zeit zu Frühstücken. Frühstück ist in Argentiniens Hostels eine asketische Angelegenheit. Neben einem Becher Kaffee (vorher checken ob der Becher abgewaschen wurde) gibt es trockene Brötchen und nichts dazu. Unverschämterweise wird auf der Homepage das „full breakfast" als Differenzierungsmerkmal hervorgehoben und natürlich bin ich etliche Male auf diese Machenschaft reingefallen und enttäuscht worden, sodass ich nicht mal einen Kaffee trinke, denn das bereitgestellte Milchpulver zum Kaffee ersetzt mir keine Mich.

Ich bin aber schon so bitter wie der verschmähte Kaffee aufgestanden, da die Nacht im Schlafsaal, mit bis zu zwölf Menschen und

„Schnarchern", Spuren hinterlassen hat. Das Schlafen in einem Hostel-Schlafsaal ist nämlich ebenfalls Gemeinschaftssache und kann nur funktionieren, wenn sich alle über die Zeit schlafen zu gehen einig sind und darüber, dass es sich im Dunkeln und mit geschlossener Tür besser schläft als im Hellen bei Krach. Logisch, dass nicht alle Bewohner zur gleichen Zeit schlafen gehen. Schon allein wegen der Bad-Notstandssituation, ist das etappenhafte ins Bett gehen erforderlich. Die Ersten liegen also im Bett, Licht aus, Augen zu und versuchen sich in dem zu kurzen Etagenbett irgendwie zu arrangieren. Tür geht auf, schlägt gegen die Wand, Licht an, die zweite Charge Schlafwilliger kommt ins Zimmer. Sachen werden aus Knistertüten und das Badezimmer aufgesucht.

Einige Wände im Hostel sind nur wenig besser als „Zeltwände". Man kann zwar nicht hindurchsehen aber hören tut man eben doch alles. Im Zelt stört mich das nicht, dort hat die Natur mit rauschenden Bächen und knackenden Lagerfeuern sehr heimelige Geräusche parat, die sich bei der menschlichen Badezimmerbenutzung ins Gegenteil verkehren. Alle, auch der Badbenutzer, sind „erleichtert" als er das Badezimmer verlässt und sich schlafen legt. Und dann tut er es eben doch nicht, sondern geht noch mal raus, lässt das Licht an und die Tür offen. Beschwerden in aller Herren Sprachen tönen über lauten Küchen-Gesprächen und der Musik von draußen. Jemand aus dem Schlafsaal erbarmt sich, schlägt die Tür zu und „kickt" das Licht aus. Ruhe. Wenig später: Die Tür fliegt auf, ein Betrunkener betritt den Raum, macht das Licht an, stellt fest, dass er sich im Zimmer geirrt hat, lässt das Licht an und die Tür halb offen. Die internationale Schlafgemeinschaft protestiert lautstark. Die Tür wird mit Nachdruck geschlossen, der Lichtschalter bekommt wieder einen Kick. Der Betrunkene steckt noch mal den Kopf durch die Tür, entschuldigt sich lallend, Gelächter und Fluchen im Schlafsaal, zumindest schließt er die Tür diesmal.
Der Dämmerzustand tritt ein, als die Tür dieses Mal leise geöffnet wird, eine Gruppe junger Mädchen kichernd herein kommt, sich umständlich um- und auszieht aber das Licht selbst ausschaltet und kichernd nach fünf Minuten schlafend verstummt, was mir recht ist, denn Mädchen schnarchen nicht. Männer ab vierzig mit Bauch hingegen sind mein Alptraum in Schlafsälen.
Ich unterscheide drei Schnarchtypen:

Erstens, den Gelegenheits-Schnarcher: Kommt selten vor aber Männer dieser Gattung schnarchen nur mal kurz und verhältnismäßig leise. Hält mich vom Schlafen ab, wird aber nach höchstens einer Stunde vorbeigehen. Wie gesagt, seltener Vertreter seiner Spezies.

Zweitens, der Schnarch-Terrorist: Diese Gattung schnarcht so laut, dass keiner der Ohropax-losen Anwesenden überhaupt an Schlaf denken braucht. Wie alle Terroristen dieser Welt zieht er den Hass aller Unschuldigen auf sich. In Lautstärke und Ausdauer ist der Schnarch-Terrorist dem Gelegenheits-Schnarcher weit überlegen.

Übertroffen wird er nur von der dritten Gattung, dem Schnarch-Zombie: Dieser unregelmäßig schnarchende und den abgesonderten Geräuschen nach zu urteilen, kaum menschliche Vertreter der Schnarcher kann sogar noch in durch Wände und Decken abgetrennten Räumlichkeiten, für Angst und Schrecken sorgen. Die an Ersticken und erste Sprechversuche eines Außerirdischen erinnernden Laute sind der Ohropax-Forschung noch immer eine Herausforderung. Ein mittelstark aufgedrehter Walkman kommt zwar gegen an, lässt aber ebenfalls keinen Schlaf zu.

Natürlich gibt es dieses beschriebene Horror-Hostel nicht, es sind gesammelte Eindrücke aus vielen Hostels und zum Glück gibt es auch die tollen Hostels, in denen man einfach Spaß hat, so wie im „La Cava" in Mendoza, wo ein dauer-gut-gelaunter Argentinier für bebende Wände sorgt. Nico ist so gut drauf, dass es egal ist, mit welchem Problem man zu ihm kommt, zu Allem wird über beide Ohren gegrinst, Daumen nach oben, esta claro, no problemo. „Ihr könnt heute nicht bezahlen? Mui bien. Ich hab vergessen Frühstück zu kaufen. Ach ja, perfetto. Klo mal wieder verstopft? Ey amigo ich mach das für euch" und dazu ein dauer-16:9 Grinsen, kein Problem, alles cool.

Nico macht alles und das 24/7. Nur kann niemand im Hostel erkennen, was Nico den ganzen Tag eigentlich macht. Meistens sitzt er vor seinem Rechner und bastelt Songlisten. Den ganzen Tag vibriert das Hostel vom Bass der Musik und immer wenn man glaubt, die kleinen Boxen könnten nicht mehr, kommt Nicos Lieblingslied und er dreht noch mal richtig auf, bis die kleinen „Brüllwürfel" kotzen. Dabei hat Nico einen guten Musikgeschmack. Ich mag „The Prodigy", nur mag ich nachts im Bett lieber das Zirpen der Grillen als „Smack my bitch up" durch mein Bett zu spüren. Nach einem langen Abend mit BBQ

und Wein hab ich es morgens lieber ruhig, denn dem selbstmordbegehenden DJ der „Chemical Brothers" zu lauschen.
Das BBQ hat Nico organisiert. Viel Fleisch, Tomatensalat und eine Art Kartoffelsalat mit Ei. Als es um zehn Uhr abends losgehen soll, fällt Nico auf, dass er ja mal Feuer machen müsste. Dafür nimmt er eine handvoll Flyer der Veranstalter, die bei ihm ausliegen und zündet sie an. Nach einer Minute sind alle verbrannt. Nico kommt nach fünf Minuten wieder und wundert sich, warum das mit seinem Feuer nicht geklappt hat. Ab hier übernimmt der langhaarige und dickbäuchige Dauer-Hostelbewohner und Kumpel von Nico, der mich fatal an den Puerto-ricanischen „Anwalt" aus „Fear and loathing in Las Vegas" erinnert. Es dauert zwar noch über eineinhalb Stunden bis es etwas zu Essen gibt aber bis dahin gibt es Bier, Wein und die planlose Show, die Nico und der „Anwalt" am Grill abziehen. Feinstes Kino, das wir mit Till und Antonia aus Berlin genießen. Das anschließende Fleisch-Gelage ist ebenfalls vom Feinsten und sogar den Salat hat Nico, trotz gegenläufiger Erwartung, äußerst lecker hinbekommen.

Zu Nico gehört auch Luca, ein nur mittelgroßer Hund, der aber einen extrem großen Kopf hat. Der Kopf ist so überdimensioniert, dass Luca eigentlich ständig nach vorne auf die Schnauze fallen müsste aber durch ein Wunder kann der kleine Kläffer mit dem Körper eines Rehs und dem Kopf eines Bulldozers erstaunlich schnell flitzen. Wenn er nicht um Nico rumwuselt, „spielt" Luca mit einem Fahrradschloss, das er noch vergeblich versucht durchzubeißen.
Luca war ein „Geschenk" einer ehemaligen Hostelbewohnerin oder wurde von ihr „vergessen", je nachdem wie man es sieht. Nico begreift Luca als Geschenk und das ist für Luca wohl das Beste, denn herumstreunende Hunde gibt es in Argentinien schon genug. Wie der Hund die Dauerbeschallung im Hostel verträgt, bleibt ein ebensolches Rätsel wie der Schlaf von Nico. Abends, wenn uns die Bässe in den Schlaf massieren, ist er der Letzte der wach bleibt und morgens der Erste, der zwar fertig aussieht, uns aber trotzdem ein gut gelauntes „Que passa amigos??" entgegenruft.

Villa Venus
Peninsula Valdes, Argentinien, Dezember 2009

Ein Korkenzieher öffnet nicht nur Weinflaschen, manchmal öffnet er auch Türen - zu Autos, zu neuen Möglichkeiten und Herzen. Wir sind auf der Peninsula Valdes, im Osten von Argentinien, an der Atlantikküste. Wir kaufen eine Flasche Wein in dem sparsam sortierten Supermarkt in dem kleinen Ort Puerto Piramides, der aus kaum mehr als einer Handvoll Häuser, einer Tankstelle und einigen Tourenanbietern besteht. Man meint, den stereotypen Dornbusch über die Straße wehen zu sehen, so ausgestorben ist das Nest in der Nebensaison.

Der Grund für uns hierher zu kommen, wiegt etliche Tonnen und tummelt sich von August bis Dezember in den Gewässern um die Halbinsel – Glattwale. Heute Vormittag sind wir in einem kleinen Zodiak auf dem Golfo Nueva unterwegs gewesen und haben die Daumen gedrückt, noch einen der jetzt nach Süden ziehenden Wale zu sehen. Nach einer kurzen Fahrt auf dem glatten Golf plärrt das Funkgerät, dass ein parallel gestartetes Boot eine Walmutter mit ihrem Jungen ausgemacht hat. Fünf Minuten später erhebt sich ein riesiger Körper zum Luftholen aus dem Wasser, eine v-förmige-Atemfontäne wird ins Gegenlicht geblasen und der acht Meter lange Körper schwimmt bloß fünf Meter vom Boot entfernt an uns vorbei. Es ist das Junge, das uns aufgrund seiner imposanten Erscheinung den Mund offen stehen lässt. Dann taucht die Mutter zwischen unserem Schlauchboot und dem Jungen auf. Sie ist bis zwanzig Meter lang und wiegt ca. 50 Tonnen.

Die Tiere begutachten das Zodiak, schwimmen parallel zum Boot und kommen mit jedem Auftauchen noch ein bisschen dichter. Sie rollen sich unter Wasser, klatschen mit ihren Seitenflossen auf das Wasser und brummen sich mit tiefen Lauten an. Dabei strahlen sie etwas sehr friedliches und gelassenes aus und beim Abtauchen hinterlassen sie nur die blanke Wasseroberfläche, als ob sie nie da gewesen wären. Hochzufrieden und von innen ganz warm gehen wir wieder an Land und zu unserem Zelt, wo wir Nachbarn aus Belgien bekommen haben. Wir verbringen den Abend mit ihnen aber vorher wollen wir noch einkaufen. Wir haben keinen Korkenzieher und auch das Geschäft hat keinen. Mit der Flasche in der einen Hand und der anderen zum

Gestikulieren, hat sich unser Spanisch in den letzten Wochen deutlich verbessert. „Wir haben einen", sagt ein drahtiger Mann mit Schweizer Akzent. Thomas fährt mit Freundin Anke im Toyota HiAce durch Südamerika. Wie es sich für einen anständigen Schweizer gehört, hat er ein Schweizer Armeemesser dabei und das hat natürlich einen Korkenzieher. Die Flasche ist flux geöffnet und das übliche woher, wie lange und wohin geklärt. Wir schwärmen von der Waltour, die die beiden noch machen wollen und beklagen uns darüber, dass Puerto Piramides so wenig hergibt. Eigentlich hätten wir uns gern ein Auto gemietet und wären über die Halbinsel gefahren aber dazu gibt es keine Möglichkeit. Ein Typ bot uns an, uns für 500 Pesos über die Insel zu fahren, nein danke.

„Wir können euch mitnehmen", schlägt Thomas vor und so kommt es, dass wir am nächsten Tag in der „Villa Venus" sitzen, einem Toyota 4x4 Van, den die beiden in einer Odyssee aus der Schweiz nach Argentinien geschifft haben. Zusammen fahren wir, die von Susan so geliebten Magellan-Pinguine anschauen, die zwar äußerst süß sind und überhaupt nicht scheu aber auch ganz schön stinken. Der Besuch ist ein dauerndes Furzen, Krähen und Blähen aber lustig sind die Watschelviecher.

Am Punta Norte der Halbinsel, etliche Gravel-Pisten-Kilometer weiter nördlich, sehen wir leider keine Orcas mehr. Die Saison dafür ist längst vorbei, auch wenn an diesem Vormittag noch eine Gruppe Killerwale Jagd auf die, jetzt am Strand in der Sonne dösenden Seelöwen gemacht hat, wie uns der Park Ranger erzählt. Hier jagen die Killerwale, die mit einer Welle auf den Strand schwimmen um die Seelöwen ins Wasser zu ziehen. Statt den Orcas sehen wir aber die erste Seelöwen-Geburt der Saison , so wird den Jägern zumindest die Nahrung nicht ausgehen und uns der Mund so schnell nicht wieder zu.

Weil wir aufgrund des Umweges zum Punta Norte unseren Bus zurück aufs Festland verpassen, fahren wir mit zu dem Übernachtungsplatz, auf dem Thomas und Anke schon die letzte Nacht gestanden haben. Direkt am Strand des Golfs und als Dominik und Alex aus Schottland mit ihrem orangen 70er Jahre Van dazu stoßen, wird es ein sehr langer und gemütlicher Abend mit Rotwein, frischem Fisch und Kartoffeln. Wir hören haarsträubende Geschichten über die Einfuhr der Villa Venus nach Argentinien und die Korruption von südamerikanischen Polizisten. Dominik und Alex sind aus den USA bis nach Argentinien gefahren und können einiges über Straßensperren, Korruption und Zustände Süd- und Mittelamerikanischer Staaten berichten. Fackeln und Kerzen sorgen für Gemütlichkeit und wir sind uns sicher, an diesen vierten Advent werden wir noch lange zurückdenken.

Wieder einmal merken wir, dass wir gerne reisen um Tiere zu sehen aber noch lieber um Menschen kennenzulernen. Menschen wie Anke und Thomas. Wenn wir zusammen mit neuen Freunden durch ein Tierparadies wie die Peninsula Valdes fahren, wo wir neben Glattwalen, Pinguinen, Seelöwen, Seeelefanten, Guanakos, Nandus, Wildpferden und Präriehasen so viel Schönes sehen, dann sind es die Momente, an denen wir abends am Strand sitzen, dem Meeresrauschen lauschen, Geschichten erzählen, gemeinsam essen und denken, dass nichts, aber auch gar nichts diesen Moment und diese Tage hätte besser machen können.
Dominik fällt dann aber doch noch etwas ein. Er kann jonglieren und mit einem in Benzin getauchten und an beiden Enden entzündeten Stab durch die Nacht tanzen. Für uns sechs ist es der perfekte Abschluss für einen weiteren perfekten Tag im Paradies, das die jeweilige Reise für jeden von uns ist.

Klimawandel
Puerto Natales, Chile, Januar 2010

Ich steige in den Bus, lasse meinen schlaffen Körper in den Sitz fallen, stelle die Lehne zurück und strecke die Beine aus. Sie schmerzen, Muskeln verhärtet, Füße kalt und feucht, kribbeln und ich schließe die Augen. Ich spüre den Dreck und die Sonne im Gesicht und es ist warm. Als das Brummen und Vibrieren einsetzt und wir als langer Schatten durch die Landschaft ruckeln, in der die Abendsonne versinkt, blicke ich noch einmal zurück auf die Torres. Das Massiv liegt bedrohlich da, eine undurchdringliche Insel aus Wolken, hochgetürmt in den Abendhimmel aus goldenen, blauen und silbernen Wolken. Irgendjemand da draußen wird sich gerade wünschen, der Regen möge aufhören, wird hoffen, dass sein Zelt standhält und wird sich kaum vorstellen können, dass morgen ein besserer Tag sein kann.

Wir wissen das, weil auch wir diese Hoffnungen hatten, uns nicht vorstellen konnten, dass der Regen einmal aufhört, die Welt eine bessere sein kann, wenn sie in einem anderen Licht scheint. Meine Gefühle beim Verlassen der Torres könnten widersprüchlicher kaum sein. Ein Teil von mir will nur noch weg von hier, hat die letzten fünf Stunden noch mal alles gegeben, nur um hier heute noch rauszukommen. Ein anderer Teil von mir will noch mal da raus. Nicht gerade jetzt aber bitte lass mich das noch einmal sehen, noch einmal fühlen und noch einmal erleben. Aber nun fährt uns der Bus zurück nach Puerto Natales, wo vor zwölf Tagen alles begann.

Verdammt, wir wussten ja, dass es schwierig werden würde, Reinbenzin für unseren Kocher zu bekommen, da Südamerika scheinbar ausschließlich auf Gas kocht, aber nach zwei Apotheken und vier Outdoor-Shops ruht unsere letzte Hoffnung auf dem Baumarkt und der macht erst in einer Stunde wieder auf. Dort hat es dann aber geklappt und so können wir beruhigt zum „three o'clock talk" gehen. Der Talk ist eine Lagebesprechung für Wanderungen in den Torres del Paine Nationalpark, während der man alles fragen darf, außer der verbotenen Frage nach dem Wetter. Wir erfahren in zwei Stunden lockererem Zusammensein viel Interessantes, nichts bahnbrechend Neues aber die Runde hat sich für die kleinen Tipps gelohnt. So erfahren wir, wo man mit Glück einen „Postkarten-Sonnenaufgang" erleben kann, welche Camps zu empfehlen sind und, dass das Mieten

von Wanderstöcken für die Wanderung eine lohnende Sache sein kann.
Wir gehen Einkaufen und kaufen für „zehn Tage draußen" ein. Die Ernährung der nächsten Tage wird auf vier Säulen stehen. Wir haben selbstgemachte Frikadellen und Banock, unser selbstgebackenes Brot, für die ersten zwei Tage. Zum Frühstück wird es Haferbrei mit Milchpulver geben, abends extra dünne Spaghetti (wegen der Garzeit) mit verschiedenen Fertigsoßen oder Kartoffelpüree mit Zwiebel, Knoblauch und Salamistückchen. Dazu mischen wir uns einen Trailmix aus Erdnüssen, Rosinen, Mandeln, drei verschiedenen Sorten Trockenfrüchte, Schokoladenkugeln und -keksen. Abgerundet wird das ganze durch drei Tafeln „Ritter Sport". Die Chilenen können zwar leckere Schokolade herstellen, wissen aber auch deutsche Schokolade zu schätzen und so haben wir in einer Apotheke, zu ebensolchen Preisen, „Ritter Sport" erstanden.

Wer vorhat, in den Torres zu wandern, hat alle Möglichkeiten, von Tagestrips zu tagelangen Wanderungen hat der Park alles zu bieten, was das Wandererherz höherschlagen lässt. Wir wollen die große Runde, den sogenannten Circuit, inklusive dem „W", benannt nach der Form des Trails, wandern und weil wir besonders motiviert sind, werden wir auch erst einmal knapp achtzehn Kilometer bis zum eigentlichen Startpunkt wandern um uns einen Überblick zu verschaffen, was die nächsten Tage und 140 Kilometer auf uns zukommt. Und was da die nächsten Tage auf uns zukommt, darauf sind die Chilenen stolz. In Neuseeland sagt man, man könne sämtliche Klimazonen an einem Tag erleben. Hier soll das in nur einer Stunde erlebbar sein.

Möglich gemacht wird das durch das drittgrößte Eisfeld auf diesem Planeten, also abgesehen von den Polen. Das Patagonische Eisfeld hat in seiner Ausdehnung und Größe angeblich sogar Einfluss auf das globale Klima. Die direkte Umgebung jedenfalls hat es im Griff. Im Würgegriff sozusagen, denn es diktiert hier das Klima und das tut es mit der Willkür und Wankelmütigkeit eines schizophrenen, betrunkenen Axtmörders auf „Speed" – eine wahre Hexenküche.
Von dem strahlend blauen Himmel und dem wunderbar klaren Blick auf die Berge, den wir bei der Hinfahrt genossen haben, ist jedenfalls nichts mehr zu sehen als wir unsere Rucksäcke aufgesetzt haben. Wir streifen durch Wiesen und bekommen einen guten Eindruck von der

schieren Größe des Gebietes, das sich in der Ferne formatfüllend in unserem Blickfeld zentriert. Skeptisch beobachten wir, wie sich der Wolkenvorhang immer dichter um die Berge schmiegt und der Wind langsam an Intensität gewinnt. Der Wind soll hier so stark sein, dass er einen erwachsenen Mann umpusten kann. Mal ganz ehrlich, das was uns hier entgegenweht ist nichts, was man als Hamburger nicht schon mal erlebt hat. Wir sind Wind ja gewöhnt und die steife Brise die hier weht, macht zwar Lärm aber auch Susan hat keine Probleme aufrecht zu gehen, ich schätze, das wird mal wieder etwas zu heiß gekocht.

Am Abend erreichen wir das erste Camp, das leider nicht so windgeschützt ist, wie wir uns das gewünscht hätten. Wir krabbeln in unser Zelt, die fünf Stunden Wandern, mit vollem Gewicht auf den Schultern sind wir noch nicht wieder so gewöhnt, wie wir uns das gewünscht hätten. In den nächsten zehn Tagen wird es keinen Tag geben, an dem wir nicht unter Stöhnen und Seufzen ins Zelt kriechen werden. Am nächsten Morgen sind wir früh wach. Der Wind hat in der Nacht heftig am Zelt gezerrt und uns oft wach gemacht. Wird unser Zelt die nächsten Tage übererstehen, werden die nächsten Zeltplätze besser geschützt sein? Sie müssen einfach, sonst wird unser Zelt ernsthaft Schaden nehmen.

Heute gehen wir bloß drei Stunden und bauen dann unser Zelt schon wieder auf. Das „Valle de Frances" wollen wir ohne schweres Gepäck besteigen, zumal es recht beachtlich bergauf geht. Das Tal ist von einem Gletscher umrahmt und von Zeit zu Zeit lösen sich kleine Lawinen und rauschen donnernd talwärts. Ein beeindruckendes, leider nur akustisches Spektakel, denn wenn wir die Lawinen hören, sind sie aufgrund der großen Entfernung schon nicht mehr zu sehen. Die Sicht wird außerdem durch einsetzenden Schneefall getrübt aber ein schönes Tal lässt sich erahnen.

Die Nacht war tatsächlich ruhiger, dafür hat Regen das Zelt mit Waldboden gesprenkelt und klitschnass ist es auch. Wir müssen früh los, heute wollen wir wieder knapp zwanzig Kilometer weiterziehen und eine topografische Ungenauigkeit soll uns heute einige Kraft kosten. Die Karte, die wir haben, zeigt Höhenlinien nur in 250 Meter-Schritten an und wie um uns zu ärgern, ist die höchste Erhebung auf der heutigen Etappe, exakt 249 Meter hoch. Auf unserer Karte gehen wir also durch eine Ebene, in der Realität aber, kriechen wir eine Steigung nach der anderen hoch, erkämpfen jeden Hügel schwerer als Amerika in Vietnam und verfluchen die unverschämte Ungenauigkeit der Karte. Nach einer, gefühlt mindestens doppelt so langen Etappe wie auf der Karte verzeichnet, erreichen wir ein wunderbares Camp. „Las Torres" liegt vor dem Tal, das zu den namensgebenden Gipfeln des Parks führt. Hier wollen wir zwei Tage bleiben und morgen ohne Gepäck, 850 Höhenmeter zum Aussichtspunkt der Torres zurücklegen. Wir kochen zum zweiten Mal Nudeln mit Tomatensoße, was mir besonders gut gefällt, denn jedes Mal Nudeln mit Soße, erleichtert meinen Rucksack um ein halbes Kilo. Kurz vor Ende unserer Runde müssen wir den „Paso John Gardener" überqueren und da will ich so wenig Gewicht wie nötig rüber schleppen, also wird ordentlich reingehauen, das gute Wetter genossen und das erste Mal ausgiebig geduscht. Ein toller Platz, sauber, Aussicht auf die Berge und Sonne. Es ist windstill und feinstes „T-Shirt-Wetter". Wir gehen früh ins Bett und werden früh wieder wach.

Ab Mitternacht ist es vorbei mit der Stille. Mit einem dumpfen Fauchen kündigt sich von den Bergen her an, was uns in der weiteren Nacht nicht schlafen lassen wird. Die Hexenküche ist zum Leben erwacht und schickt Sturm durch das Tal die Berge runter. Die Böen reißen an unserem Zelt, erste Taschenlampen flackern durch die Nacht, Stimmen, Zeltplanen flattern heftig im Wind. Die Böen haben die qualitativ schlechten Zelte von den Guten getrennt. Die schlechten liegen nun mit gebrochenen Gestängen oder zerrissenen Planen am Boden, die Guten, auch unser, widerstehen. Aber wie lange noch? An Schlaf ist nicht zu denken, der Orkan ist ohrenbetäubend, die Zeltwände drücken ins Zeltinnere, das Gestänge, das eigentlich nach außen gebogen ist, wird mit Gewalt nach innen gedrückt und das scheinbar von allen Seiten gleichzeitig. Wir stützen die Wände von innen und fragen uns, ob der amerikanische Hersteller unseres Zeltes wohl weiß, dass es solche Winde gibt und ob unser Zelt dafür ausgelegt ist. Ohne eine Minute Schlaf wissen wir um halb sechs morgens, dass unser Zelt das aushält, zumindest eine Nacht, aber auch, dass es keinen Sinn hat, hier noch länger zu bleiben und das Zelt endgültig zu ruinieren.

Wir packen, immer noch im Orkan, zusammen und machen uns mit Gepäck auf, die Steigung zu dem Camp an den Torres zu erklimmen. Dort soll es windgeschützt sein. Der Weg ist steil und der Wind bläst uns direkt von vorn ins Gesicht. Kein Spaß mit dem schweren Rucksack auf dem Rücken. Je höher wir kommen, desto schlimmer wird es.

Oben am Pass weht der Wind so stark, ich kann nicht weitergehen. Ich stütze mich auf die Wanderstöcke und lehne mich gegen eine unsichtbare Wand. Der Dreck aus den Bergen fliegt uns ins Gesicht und schmerzt auf den Lippen. Als ich mich umdrehe, sehe ich wie Susan sich gegen die Bergwand fallen lässt und einen Moment später kann auch ich, trotz der Wanderstöcke, nicht mehr stehen. Ich kauere mich an die Bergwand, schließe die Augen, die trotz Sonnenbrille den Dreck abbekommen und warte. Die Riemen meines Rucksacks peitschen meinen Hinterkopf und der Orkan gewinnt noch mal an Lautstärke und Intensität. Schreien hilft hier nicht. Als die Böen kurzzeitig etwas nachlassen, reicht ein Blick, wir stellen uns auf und beeilen uns, aus dem Schlimmsten rauszukommen.

Es gibt ihn also, den Wind, der einen umpustet und was viel schlimmer ist, er pustet noch ganz andere Dinge von den Hängen über uns. Dort hat sich ein Geröllfeld gebildet, das uns den Sand in die Augen bläst und hin und wieder kleinere und größere Felsbrocken den Hang hinunter schickt. Ein wild springender und herumwirbelnder, basketballgroßer Brocken verfehlt mich um wenige Meter und wir sehen zu, dass wir auch diese Zone, so schnell das eben mit Rucksäcken geht, verlassen. Wir sehen einen Wasserfall, der gar nicht den Boden erreicht, sondern als Sprühnebel durch das Tal bläst und dann erreichen wir endlich den Wald. Von hier sind es noch zwei Stunden bis zu unserem Camp. Hier verfängt sich der Wind in den Bäumen und lässt uns in Ruhe.

Das Camp an den Torres ist tatsächlich geschützt und auch wenn der Wind heftig an den Bäumen über uns zerrt, unser Zelt lässt er in Ruhe. Dafür setzt ab mittags heftiger Regen ein. Während der meisten Zeit holen wir zwar den verlorenen Schlaf von letzter Nacht auf aber bei den besonders starken Böen wachen wir auf. Was passiert eigentlich wenn ein Ast aufs Zelt fällt? Als es auch abends nicht aufhört zu regnen, quetschen wir uns zu den anderen Wanderern in den Kochunterstand und kochen Nudeln mit Tomatensauce. In den meisten Camps gibt es kein Wasser aus Leitungen, das Wasser nimmt man aus den Bächen, die die Berge runter kommen. Der starke Regen aber hat den Bach, der durch das Camp rauscht, mit so viel Erde verdreckt, dass an ein Trinken des Wassers nicht zu denken ist. Die Nudeln werden also eher gedünstet, das letzte Trinkwasser muss auch noch für einen Tee reichen.

Zurück im Zelt beginnen die Sorgen um selbiges von neuem. Der Dauerregen stellt die Regendichtigkeit auf eine harte Probe. Von oben ist alles dicht aber der aufgeweichte Waldboden kann das viele Wasser nicht mehr aufnehmen und bildet Pfützen, die nun langsam auch ins Zelt drücken. Unsere Isomatten werden zu Inseln in einem Meer aus feuchter Zeltplane. Wir können uns nicht vorstellen, dass dieser Regen jemals aufhören wird und über diesen Gedanken sind wir dann irgendwann eingeschlafen. Der Wecker klingelt um 4.30 Uhr bei ekelhaften feuchtkalten sieben Grad. Aufwachen, dick anziehen. Die Socken sind feucht, Hose klamm und der Ärmel meines Pullis lag in einer Pfütze. Mit viel Glück aber kann man hier etwas erleben, was die Strapazen angeblich vergessen macht. Es soll hier einen Sonnenaufgang geben, der die drei Torres wie ein Feuer entzündet und rot glühen lässt, zumindest wenn Photoshop nachhilft, nehme ich an. Es regnet nicht mehr, das wird mir auch im Halbschlaf ziemlich schnell klar und als wir aus dem Wald treten, können wir unser Glück nicht fassen. Wir sehen Sterne, das bedeutet klarer Himmel, zwar kalt aber in erster Linie mal klarer Himmel.

Wie auch immer das möglich ist, es scheint als hätte es nie Sturm oder Regen gegeben. Der Morgen empfängt uns unschuldig und frisch. Sehr frisch. Wir müssen eine Stunde lang ein Geröllfeld empor klettern, während sich über uns der Himmel langsam schwarz zu blau und weiter zu gelb und orange-rot färbt. Jetzt muss das Wetter nur noch durchhalten, eine Stunde beständig bleiben. Es ist ein großer Wunsch hier draußen.

Es bleibt und das, was wenige, allerdings sehr kalte Minuten, nach Erreichen des Aussichtspunktes geschieht, spottet jeder Beschreibung. Die Torres glühen. Sie glühen so rot im Licht der aufgehenden Sonne wie die Kohlen, die diese Hexenküche befeuern. Für alles was vorher war und alles was noch kommen sollte, diese fünf Minuten werden alles rechtfertigen. 140 Kilometer Kälte, Nässe und Tränen sind fünf Minuten Wert. Fünf unvergessliche Minuten.

Die, die uns beim Abstieg entgegenkommen, tun mir sehr leid, sie kommen zu spät. Wir bauen unser Zelt ab und steigen hinab ins Tal. Vom Wind keine Spur und auch die Wolken spielen heute nur eine Statistenrolle. Wir schlafen noch mal eine Nacht in dem stürmischen Camp am Ende des Tals, diesmal aber besser geschützt und der Wind bleibt aus. Wir genießen den langen freien Nachmittag, trocknen in der Nachmittagssonne unsere Sachen und uns, ein perfekter Tag.

An den nächsten Tagen treten wir die einsamen, von weit weniger Wanderern gegangenen Kilometer auf der Rückseite der Torres an. Auf den jeweils 28 Kilometer-Etappen wandern wir durch kniehohes Gras und das ist nass. Zuerst werden die Schuhe außen nass, dann die Hosenbeine und nach zweieinhalb Stunden und der Durchquerung eines Sumpfes auch die Socken in den Schuhen. Zuerst nass, dann kalt. Starker Wind und immer wieder Schauer lassen wenig Zeit fürs Genießen, zumal der Rucksack mächtig drückt. Auf diesen Etappen merke ich, wie gierig mein Körper nach Energie ist. Wir frühstücken jeden Morgen reichlich Haferbrei aber schon nach einer Stunde marschieren könnte ich sämtliche Schokolade alleine essen, den gesamten Trailmix in mich schütten und das Abendessen vorziehen. Durch das nasse Gras können wir nirgendwo sitzen und so stapfen wir ohne Pause bis ins nächste Camp, wo wir versuchen, so gut es geht, die Sachen zu trocknen und rate mal was kochen? Naja, auf jeden Fall wird mein Rucksack morgen wieder ein halbes Kilo leichter sein. Der Hunger ist aber nur kurz gestillt.

Es sind nun noch zwei Tage bis zur Überquerung des John Gardener Passes und der Weg ändert sich nun von nassen Wiesen zu ekelhaft schlammigen Waldwegen. Knöcheltief ist der Weg, der auch von Pferden benutzt und zugeschissen wird, mit Schlamm bedeckt. Natürlich sauen wir uns von oben bis unten ein und nasse Füße sind nach zwei Stunden ein bekannter Begleiter. Am Abend vor der Passüberquerung wird mein Rucksack ein letztes Mal ein halbes Kilo leichter. Der Morgen startet vielversprechend, wolkig aber trocken, große Lücken in den Wolken, die sich aber mit voranschreitender Uhrzeit schließen. Mit Erreichen des Passes startet der Regen und er nimmt zu als wir die Schneefelder überqueren. Der Wind wird zum Orkan, der Regen zu Hagel und er kommt waagerecht von vorn. Wir haben keine Handschuhe, klamm vor Kälte umklammern wir die Wanderstöcke, an denen wir uns durch den Schnee aufwärts ziehen. Unsere Klamotten sind längst durchnässt, die Hose klebt nass und eiskalt an den Beinen, die Unterhose ist nass, die Regenjacke beginnt durchzuweichen und die Hände sind nicht mehr zu spüren.

Der riesige Grey Gletscher, der Motor dieser Waschküche, erstreckt sich konturlos bis zum Horizont, von den Wolken und Regenschwaden nicht zu trennen. Eigentlich soll das hier ein toller Ausblick sein. Nicht für uns. Wir drücken uns gegen den Sturm, sind wütend wegen dem Wetter, der Erschöpfung, dem Wind und der Kälte. Und dann beginnt das Schlimmste. Als wir mit Erreichen der Baumgrenze der windgeschützte Wald anfängt, müssen wir den extrem steilen Weg in knöcheltiefem Schlamm und über nasse Baumwurzeln hinabsteigen. Eine Tortur, bei der die Nässe und die kalten Füße noch das geringste Übel sind. Auf dem seifen-glatten Hang gibt es keinen Halt. Wir rutschen ins Tal, schlingern, fallen hin und sauen uns von oben bis unten ein. Mit zunehmender Dreckschicht werden wir uns und unserem Material gegenüber immer rücksichtsloser. Jetzt zählt nur noch durchkommen, wie ist egal. Was ich dabei für ein Gesicht mache – egal.

Ist der Schlafsack eigentlich noch trocken? Warum haben wir die Raincover für die Rucksäcke nicht viel früher übergezogen? Wann kommt eigentlich dieses Scheiß-Camp, das hier laut Karte längst gewesen sein müsste. Scheiß Karte! Es sind solche Momente, in denen ein falsches Wort genügt, um die Stimmungsbombe, die sich über die Stunden der Anstrengung und der Kälte gebildet hat, zum Explodieren zu bringen. Und es sind diese Momente, in denen wir beide stark sind und versuchen uns über die Hoffnungslosigkeit der Situation nicht zu beschweren. Das deutsch-chilenische Paar neben uns streitet sich heftig, als wir endlich den Kochunterstand, des, in der Karte völlig falsch eingezeichneten, Camps erreichen.

Der Regen lässt nach einem Tee und zwei Stunden nach und wir gehen noch weiter zum nächsten Camp. Das liegt einige Höhenmeter tiefer, soll netter sein und wärmer. Die Strapazen lohnen sich, zwar wird der Weg nur unmerklich besser aber das ist mittlerweile auch echt egal. Dafür wird es milder und das Camp, das wir gegen Abend nach über zehn Stunden erreichen, ist tatsächlich schön. Es liegt nahe der Abbruchkante des Grey-Gletschers, dem wir nun auch mal bei aufgelockerter Wolkendecke zu sehen bekommen und ja, es ist ein schöner Gletscher aber jetzt müssen wir erst mal zusehen, dass wir unsere Sachen so gut es geht getrocknet kriegen. Und Alter, tun mir meine Beine und der Rücken weh! Spaghetti mit Tomatensoße, dann Bett und den Plan gefasst, morgen noch mal ein großes Stück von 18 Kilometern zu wandern um mit dem letzten Boot und dem letzten Bus aus dem Park zu kommen, zurück nach Puerto Natales.

Wie lange können wir hier eigentlich noch sitzen und warten, dass der Regen aufhört, bis wir losmüssen um das Boot und den Bus zu erreichen, ist die Frage, die wir uns am nächsten Morgen stellen als der Regen unaufhörlich aufs Zelt prasselt. Die achtzehn Kilometer sollen ohne Pause in fünfeinhalb Stunden zu schaffen sein aber das gilt nicht bei der Beschaffenheit der Wege nach den letzten Tagen Starkregens schätze ich mal. Unsere Deadline läuft um zwölf Uhr mittags ab, dann müssen wir hier spätestens aufgebrochen sein. Und tatsächlich, um fünf nach zwölf hört der Regen auf. Also nasses und völlig verdrecktes Zelt in Windeseile abgebaut, die Klamotten noch mal mit einer schönen Dreckschicht überzogen und los. Erst nehmen wir den falschen Abzweig und das kostet uns fünf Minuten, die wir irgendwo auf dem Trail wieder reinholen müssen.

Mit Flussüberquerungen haben wir ja so unsere Erfahrungen gemacht aber diese hier ist anders. Wenn wir hier zur falschen Seite hinfallen, dann stürzen wir fünf Meter einen Wasserfall hinunter und dann noch mal einige Meter. Scheiß-Regen verdammt noch mal. Aus dem Bach, der hier ohne Brücke zu überqueren ist, hat der Dauerregen einen veritablen Fluss gemacht und der kommt mit mächtig Druck den Berg runter. Wir schleppen eine Stunde lang Steine und werfen sie ins Wasser, bis wir den Fluss, zwar mit nassen Füssen aber immerhin, überqueren können. Heute aus dem Park rauszukommen, können wir vergessen, scheiße. Okay, nicht beschweren, könnte schlimmer sein, könnte regnen. Campen wir also noch eine Nacht am See und nehmen morgen das erste Boot.

Doch dann passiert etwas Erstaunliches. Die ungenaue Karte hat mal eine positive Überraschung parat. Das nächste Camp, das nur eine Zwischenstation auf unserer Route ist, kommt viel früher als gedacht in Sicht und auf einmal sind wir wieder im Rennen. Eigentlich wollten wir an diesem Camp Pause machen. Aber auf dem Schild steht, dass wir in drei Stunden am nächsten Camp sein könnten, dort, wo das Boot ablegt, das uns zum Bus bringt, der uns hier rausfährt, ins Warme, Trockene, dorthin wo man heiß duschen und Essen kaufen kann. Drei Stunden, das könnten wir schaffen, wenn wir direkt weiter marschieren und unterwegs irgendwie eine halbe Stunde aufholen.
Normalerweise gehe ich vor beim Wandern. Ich gehe schneller, warte dann mal auf Susan, mache ein Foto und so kommen wir eigentlich ganz gut voran. Jetzt aber übernimmt Susan die Spitze und ich bin mir

nicht sicher was genau es ist, was ihr Flügel verleiht aber die letzten Kilometer gibt sie alles und das ist so viel, dass ich mich stark anstrengen muss, überhaupt hinterher zu kommen.

Alles tut weh, die Füße, mein Rücken bringt mich um, meine Schultern sind ein einziger Muskelkater und selbst die Unterarme tun mir vom Gehen mit den Stöcken weh. Ich glaube, Susan wird von dem, nach fünf ungeduschten Tagen, extrem starken Verlangen, endlich wieder zu duschen, an einem unsichtbaren Seil gezogen. Bei mir ist es der Wunsch nach einem Bett und einem richtigen Frühstück und das mit der Dusche wäre auch toll.

Und dann sind wir tatsächlich da. Wir haben uns in der Abfahrtzeit des Bootes geirrt und zusammen mit dem Zeitvorsprung, den Susan in den Trail gepflügt hat, schaffen wir es sogar noch, unser letztes Kartoffelpüree zu kochen.
Dann kommt das Boot, auf dem es heiße Schokolade gibt. Dann kommt der Bus, wir steigen ein, die Sonne geht unter, dann bricht draußen die Hölle los. Ich schließe die Augen und schlafe ein.

20.000 Meilen unter Valparaiso
Valparaiso, Chile, Februar 2010

Spektakulär so ein Schlepper. Hab ich noch nie von so nahem gesehen. Also schon, aber nicht so. Kann mir immer nicht vorstellen, dass so ein kleines Schiff diese großen Pötte ziehen soll. Das guck ich mir jetzt mal genauer an. Vorher dreh ich mich noch mal zu Susan um aber viel kommt da nicht. „Arschloch" nennt sie mich und das ist auch das Einzige was sie zu sagen hat.
Kann man noch tiefer sinken? Dann nenne ich Susan auch „Arschloch" und damit habe ich die Übung abgeschlossen. Christian reicht mir die Hand und strahlt mich an, Übung bestanden, geil.

Susan und ich sind schon eine Ewigkeit zusammen aber so oft wie in den letzten Tagen haben wir uns noch nie Arschloch genannt und ein schlechtes Gewissen habe ich deswegen schon mal gar nicht, weil auch Susan mit dem Begriff um sich geworfen hat, als hätte sie nichts anderes mehr zu sagen. Tatsächlich haben wir uns auch wenig anderes gesagt. Außer „rauf, runter, Problem" und eben „Arschloch". Nach acht Monaten des engen Aufeinandersitzens tut es richtig gut, dem Ärger Luft zu machen. Apropos, Atmen nicht vergessen.

Okay, Du ahnst schon, unter normalen Umständen haben wir uns mehr zu sagen aber die Umstände zwanzig Meter unter Valparaíso sind nicht normal und mit einem Saugen und Blubbern gibt mein Lungenautomat einen weiteren Schwall kalte Luft ab. Das Wichtigste beim Tauchen, wie im täglichen Zusammenleben, ist die Kommunikation und die läuft unter Wasser über Zeichensprache. Das wichtigste Zeichen ist das „Alles-okay-Zeichen", bei dem man mit Daumen und Zeigefinger einen Kreis bildet und das bedeutet auf Deutsch nun mal astrein: Arschloch.

Ich starre weiter ungläubig auf den völlig intakten Schlepper vor uns. Der einzige Schwachpunkt an dem Schiff ist, dass es gesunken ist, in Zwanzig Metern Tiefe. Es hat sich selbst, beim Schleppen eines anderen Schiffs mit einer nicht gelösten Trosse versenkt und liegt nun völlig intakt im Hafenbecken von Valparaíso. Die schlechte Sicht von der Oberfläche ist mit der darunter liegenden, kälteren Temperaturschicht verschwunden. Nachdem wir um eine Fußballgroße Qualle mit sechs Meter Schweif herum getaucht sind, klart die

Sicht auf und wir können unter uns das Wrack ausmachen. Ein richtiges Schiff liegt da im grün-grauen Licht mit leichter Schlagseite und mit Algen, Pocken und anderem Seegetier bewachsen.

Zwanzig Meter unter Valparaíso absolvieren wir unseren letzten Tauchgang für den Open water diver. Eigentlich ist dieser Tauchgang nicht vorgeschrieben aber Christian meinte, wenn wir Lust haben, könnten wir unseren letzten gemeinsamen Tauchgang auch vom Boot aus und zu dem Wrack machen. Die Alternative wäre gewesen, wieder am Pier zu tauchen, wie schon die Tage zuvor. Wegen der Brandung und dem aufgewirbeltem Boden geht die Sicht dort unten gegen null und außer ein paar Krebsen und LKW-Reifen gibt es dort nichts zu sehen. Die Seelöwen jedenfalls, die in einiger Entfernung auf den Bojen liegen, haben sich nie blicken lassen. Und so sitzen wir mit sechs anderen Tauchern, unserem Lehrer Christian einem Bootsführer, und einem Mädel, dem nach 15 Minuten schlecht wird, in einem kleinen Zodiak und brettern zurück zum Pier wo vor drei Stunden der Tauchgang mit dem Anlegen der Ausrüstung begonnen hat.

Den zweiteiligen Neoprenanzug überzuziehen dauert schon mal zehn Minuten und es hilft ungemein, wenn eine helfende Hand da ist, um an dir zu zerren. Das Ding sitzt knalleng und wenn er nicht so dick isoliert wäre, würde er eine schöne Figur machen. Die 13 Millimeter Neopren, die wegen der Wassertemperaturen von 12 Grad nötig sind, lassen aber kaum Konturen erkennen und so staksen wir als androgyne Wesen zum Container, wo die restliche Ausrüstung auf uns wartet. Handschuhe und Neoprenschuhe, Flossen, Taucherbrille, Schnorchel und Bleigewichte werden ausgesucht und dann der Lungenautomat auf die Flasche geschraubt. Sicherheitscheck aller Komponenten und los.
Aber nicht so schnell. Wandern mit Rucksack ist im Gegensatz zu Tauchen eine grazile Angelegenheit. Bleigewichte: 12 Kilo, Flasche und Lungenautomat mit Tarierjacket ca. 20 Kilo. Dazu ein Neoprenanzug, der jede Bewegung einschränkt und in eine merkwürdige, nach vorn gebeugte Haltung zwängt. So watscheln wir schwerfällig und unsexy zum Boot. Die Sonne brennt und ich brauche gar nicht ins Wasser um den Neoprenanzug zu fluten, das erledige ich gerade mit Schweiß von innen. Ich sterbe in dem Ding und bin froh als ich endlich mit der Taucher-Rückwärtsrolle ins Wasser darf.

Kaltes Meerwasser strömt in den Anzug und sorgt für angenehme Temperaturen. Ich bin aber viel zu gespannt um das wirklich wahrzunehmen. Ich lasse die Luft aus meinem Jacket und zusammen mit Christian tauchen Susan und ich ab. Druckausgleich in Maske und Ohren, einatmen nicht vergessen, ausatmen aber auch nicht, nicht den Atem anhalten und vor Staunen nicht das Mundstück verlieren. In einiger Entfernung schweben noch mehr Quallen wie Aliens im Wasser. Ein Schwarm Fische geht vor uns in Deckung, ein Seestern klebt an Deck und ein schwarzer Fisch kennt überhaupt keine Scheu vor uns.

Wir haben uns mit dem Tauchen einen Wunsch erfüllt und eine ganz neue Dimension erschlossen. Wir kommen uns in 20 Metern Tiefe eher vor wie 20.000 Meilen unter dem Meer, so anders scheint die Welt hier unten. Nach 25 Minuten haben wir unseren Sauerstoffvorrat schon leergesaugt und müssen zurück an die Oberfläche, zurück in die Welt, in der die Schwerkraft uns wieder ungelenk und plump werden lässt.

Eine Sommerliebe
Valparaiso, Chile, Februar 2010

Ich bin verlobt. Nein Mama, nicht wie Du jetzt denkst, ganz ruhig. Ich bin der kühlen Schönheit aus Deutschlands Norden versprochen – Hamburg. Diese nordische Perle an der Elbe lässt mich sehnsüchtig in die Ferne blicken, immer wenn ich an sie denke oder ich irgendwo etwas erblicke, was mich an sie erinnert.
Manchmal ist sie auch mir zu arrogant, zu nordisch unterkühlt aber sie ist nun mal meine Heimat und ich liebe sie. Wenn sie sich im Frühling schick macht, im Sommer so richtig aufblüht und ein Flair und eine Schönheit ausstrahlt, der ich mich einfach nicht entziehen kann. Und sie hat viele tolle Freunde, die wir teilen und auf die ich niemals verzichten könnte.
Valparaíso ist nicht so schick und modern wie Hamburg, nicht so cool und gutaussehend. Ihre Eltern sind keine reichen Kaufleute, sondern Arbeiter vom Dock. Sie hat keine edlen Flaniermeilen, Hochglanz-Einkaufsstempel und Prachtalleen mit schicken Fassaden.
Sie ist nicht so gut erzogen und ihre Schönheit liegt eher im Auge des Betrachters. Sie hat keine gepflegten Gärten und Parks, ihr Humor ist derber Natur und in gehobener Gesellschaft ist sie deplatziert. Sie ist kleiner als Hamburg, nicht so international, vielleicht sogar weniger populär aber sie hat Charme und Charisma und das, was Hamburg im Zuge seines internationalen Aufstiegs verloren hat.
Auch wenn es Stadtführer noch gerne proklamieren aber verrucht und wild ist Hamburg schon lange nicht mehr. Valparaíso aber ist es und vielleicht ist es das, was mir so gut gefällt und mich diese Liaison eingehen lässt.

Sie hat kein feines Kleid, kein Parfum, das sie in Form von Blumen oder grünen Parks aufträgt, wenn Du mit ihr ausgehst. Der Wind verweht, dass der Regen sie einige Wochen nicht gewaschen hat und nimmt den Geruch von Müll und Fisch mit. Sie trägt keinen Schmuck, ein wenig verruchtes Rouge in Form der Wandbilder ist das Einzige, was sie aufträgt. Sie hat keine Schokoladenseite, kein bekanntes Monument, kein „must-see". Sie ist was sie ist und wenn Du sie als solche nicht erkennst, wirst Du Dich auch nicht in sie verlieben.
Sie ist anders als alle anderen Städte in Südamerika, die wir kennengelernt haben. Sie ist eine waschechte Hafenstadt und damit erinnert sie uns ganz unverblümt an Hamburg. Und das liegt nicht

allein an den Hamburg Süd-Containern, die es natürlich auch hierhin geschafft haben.

Ihr Leben wurde von Erdbeben erschüttert und hat tiefe Falten und Spuren auf ihrem Antlitz hinterlassen. Der Glanz vergangener Tage lässt sich an einigen Ecken noch erahnen und man kann sich leicht vorstellen, wie schön sie in ihrer Jugend gewesen sein muss, als sie von Piraten überfallen und geschlagen wurde. Heute weiß sie sich zu wehren. Im Hafen ankert die chilenische Marine. Sie hat viel erlebt und daraus macht sie kein Geheimnis. Die Wandbilder zieren sie kunstvoll, täuschen aber nicht über den Verfall hinweg.

Sie ist eine Dame, die in Würde gealtert ist, deren wildes und abwechslungsreiches Leben sich in ihr Gesicht gegerbt hat, das sie stolz in den Wind hält, den ihr das Leben vom Pazifik entgegenweht. Sie ist nicht die Schönste aber mit ihrem Charme weiß sie zu verzaubern. Sie hat viele Liebhaber gehabt, viel gesehen und erlebt, viele Einflüsse in sich aufgenommen und trägt all das in einer faszinierenden Mischung aus Stolz und Charisma zur Schau.

Sie war die Geliebte von Generationen von Seeleuten und Muse für Künstler aus aller Welt. Zusammen hat sie mit ihnen in ihren bunten Hängen gesessen, in den Sonnenuntergang über dem Meer geblickt, eine Flasche Wein geleert und ihnen Ideen für Lieder und Gedichte geflüstert. Sie stand ihnen mit ihren Hügeln Modell für ihre Bilder, man benannte Songs nach ihr, versuchte, sie auf Leinwand zu bannen und dichtete über sie. Doch keiner von ihnen ist geblieben. Es war Liebe für einen Sommer. Manche haben Geschenke hinterlassen, andere schreiben ihr manchmal und wenn Sting „Valparaíso" anstimmt, ist es, als würde sie angerufen werden.
Aber sie ist nicht traurig deswegen und weiß, dass der Wind ihr eines Tages eine neue Liebe über das Meer wehen wird, die ihr von der weiten Welt erzählt. Denn auch wenn sie selber nie fortkam, wurde sie durch ihre Besucher international.

Und gerade als ich am zweiten Abend dabei bin, mich ernsthaft zu verlieben, taucht auf einmal meine Verlobte auf. Sie steht einfach da, an einer Ecke, ganz zufällig scheinbar.
Wir tun zunächst noch so, als hätten wir uns nicht gesehen und nehmen einen anderen Weg in unser Hostel. Aber sie war da, hier am

anderen Ende der Welt und es waren diesmal nicht nur die Hamburg Süd-Container. Diesmal war sie tatsächlich da - zum Anfassen. Stand dort, edel und aufrecht wie immer, einladend wie in nur wenigen Momenten und urig, gemütlich –wie zuhause.

Das „Hamburg" ist eine Spelunke Mitten in Valparaíso und hat alles an Memorabilien, die man sich als Hamburger in der Ferne wünschen kann. Hier geht jedem Waschechten das Herz auf. Vorbei an „Hummel Hummel" betreten wir einen von vielen Pfeilern gestützten, niedrigen Raum und befinden uns mitten in Hamburg, wie es einmal gewesen sein muss. Das „Hamburg" ist eine perfekte Kopie vom Hamburg der sechziger und siebziger Jahre, als Schifffahrt noch mit zwei „f" geschrieben wurde und in Hamburg noch eine Bedeutung hatte. Das „Hamburg" ist mächtig angerockt. Schummeriges Licht verwehrt einen zweiten Blick, könnte aber auch stimmungsvoller nicht sein. Das Hamburg ist bis oben hin voll mit Devotionalien, vorbei an Bierkrügen und Kapitänsmützen, gusseisernen Werftplaketten und Bilden von Schiffen und Hamburg setzten wir uns an die Bar unter den Wimpel vom braun-weißen Kiez-Club. Wir staunen über Rettungsringe aus aller Welt, der blonde Hans blinzelt uns von einem Bild hinter der Bar zu und, dass hier drin geraucht werden darf, finde ich super. Das Beste aber: es gibt Beck's. Und auch wenn Du jetzt „Werber-Plörre" denkst und auf Astra schwörst, das es hier aber nicht gibt (dafür aber Holsten), bin ich sehr glücklich. Es ist das erste nach neun Monaten, eiskalt und es schmeckt fantastisch.

Wir lernen Wolfgang Scheuber kennen, ihm gehört das „Hamburg" und er ist ein Original. Er spricht noch ein bisschen Hamburger Akzent, nennt Susan „Fräulein" und verbietet mir den Mund, er sei jetzt mit ihr beschäftigt. Dazu gibt er uns Schnaps aus und freut sich, es mal wieder mit Hamburgern zu tun zu haben. Im Tausch gegen einen unserer Hamburg-Aufnäher dürfen wir uns ins Gästebuch eintragen und er erzählt dazu Witze. Die sind zwar nicht besonders originell aber wenn ein so liebenswertes Original sie so enthusiastisch vorträgt, müssen wir einfach mit ihm lachen.

Genau wie über das Seemannsgarn, das er uns dann auftischt, als er uns erzählt, er habe jemanden getroffen, der, wie er sagt, „nachts arbeitet" und ihm ein Geschäft vorgeschlagen hat. Der Bekannte bekommt Pakete-weise Bargeld und jeweils die Hälfte davon könnte

Wolfgang haben, der sich nun auch schon das dritte Bier zapft, weshalb mir die Geschichte heute Morgen unvollständig vorkommt. Wie auch immer. Dieses Geld ist wohl nicht ganz original und zum Beweis holt Wolfgang aus seinen Socken ein Bündel Scheine und sagt, dass es da ein Problem gäbe, man können mit den Scheinen nämlich malen, weswegen er sich das mit dem Geschäft noch mal gründlich überlegen müsse. Er knickt einen der Scheine und zieht damit eine blaue Spur über einen Bierdeckel. „Mit Scheinen von der Bank ginge das nicht, hierbei muss es sich also um ganz besondere Scheine handeln", sagt er und lässt uns mit der Geschichte und etwas verwirrt zurück.

Zum Abschied dürfen wir noch ein Foto mit ihm machen, wobei er darauf besteht, neben dem Fräulein zu stehen und am liebsten hätte er es, wäre ich gar nicht mit auf dem Foto. Ich darf dann aber doch noch, weil wir versprechen, Samstag noch einmal wieder zu kommen („Sonntach nich, da is Ruhetach!") und dann auch was zu essen. Hamburg hat uns hungrig gemacht auf Kasseler mit Sauerkraut, Rotkohl und Bratkartoffeln mit Heringsfilet oder Matjes und was es sonst noch in Hamburg gibt. Die Bratkartoffeln haben wir schon probiert und besser bekommt man sie nirgendwo. Wir schaffen es an diesem Abend zu gehen als es am schönsten ist und so machen wir es drei Tage später auch mit Valparaíso.

Valparaíso ist die Liebe eines Sommers, die man zurücklässt, mit dem Versprechen, ihr zu schreiben. Doch wissen wir beide, dass das niemals geschehen wird. Ich werde aber oft an Dich denken und dann werde ich lächeln und mich gerne an Deine Schönheit und Einmaligkeit erinnern. Dann werde ich an Deine Karaoke-Bars denken, die Ausblicke auf den Hafen und das Meer, die Bilder, die an den Wänden immer neu entstehen, an das Mountainbike-Downhill-Rennen „Cerro Abajo" mitten durch die Stadt und an Hamburg.
Und dann weiß ich, wo ich hingehöre.

Terremoto
Valparaiso, Chile, Februar 2010

….AUFGEWACHT! Irgendwas stimmt nicht, alle Sinne schreien gleichzeitig auf mich ein. „Ist das ein Erdbeben", fragt Susan? Insgeheim hofft sie, dass ich sage, es sei nur ein LKW aber das ist keiner. Ich weiß nicht mehr, was ich gesagt habe aber ich weiß noch, dass ich „RAUS!" gebrüllt habe und zwar schnell. Wir stürzen zur Tür, sollen wir jetzt im Türrahmen stehen bleiben und abwarten, wie man es aus Filmen kennt?

So ein Quatsch, bei diesen Häusern hilft Dir der Türrahmen überhaupt nicht. Die alten Häuser sind ja schön aber ich schätze mal, dass die Worte „Bauvorschrift" und „Erdbebensicherheit" keine Übersetzung ins Spanisch des damaligen Erbauers gefunden haben. Die Wände in diesem Haus sind schief, die Spalte zwischen Türen und Fenstern so groß, dass ich meine Hand ins Freie stecken kann und jeder vorbeifahrende Lastwagen lässt die Türen und Fenster klappern. Jetzt aber klappern sie nicht bloß, jetzt wollen sie von alleine auf- und zugehen.

Wir erreichen den Flur, Gläser klirren, Bilder fallen von den Wänden, Putz bröckelt, Risse bilden sich in den Wänden und der Decke. Wir laufen Richtung Treppe. Das Licht fällt aus, Dunkelheit. Um uns herum fallen Gläser aus den Schränken, Geschirr berstet auf dem Boden, wir hören die Schritte der Anderen auf den Treppen. Vor mit trampelt jemand die Treppe runter, hinter mir Susan, überall aufgeregte Stimmen, Dröhnen im ganzen Haus, nächstes Stockwerk, noch einmal um das Geländer gerannt, letzter Stock, Treppe, langer Flur, Tunnelblick auf die Tür, sie fliegt auf, schlägt hart zurück, egal.

Raus auf die Straße und weg vom Haus, zur Kreuzung, Ankommen, in Arm nehmen. Meine Füße tun weh, ich bin barfuß, pule ein paar Splitter aus der Hornhaut. Susan hat unser Maskottchen gerettet. Pässe, Kreditkarten, Kamera, alles in dem Haus. Hunde bellen. Wissen oder spüren die mehr als wir? Langsam füllen sich die Straßen vor den Häusern aber nirgends sind Sirenen zu hören. Wir haben beide gerade das Buch „Der Schwarm" gelesen und zwangsläufig denken wir bei einem Erdbeben auch an einen Tsunami. Doofes Buch.

Die Erde bekommt nach zehn Minuten noch mal einen Schlag aber dann bleibt es ruhig. Ein Nachbarhaus steht ab dem dritten Stock ungesund weit zur Straße geneigt, in der historischen Altstadt sollen Gebäude eingestürzt sein, aus dem Radio erfahren wir, dass das Epizentrum nahe der Stadt Conception lag, nur 400 Kilometer von uns entfernt und dort eine Stärke von 8,8 erreicht hat. Damit ist es das fünft-stärkste jemals gemessene Erdbeben.

Um 7.30 Uhr trifft sich das Hostel erneut in Pyjamas auf der Straße, ein neuer Stoß hat die Stadt erzittern lassen. Mit der aufgehenden Sonne aber immer noch ohne Strom, wird das Ausmaß des Bebens erkennbar. Heute Nacht hat Valpo eine weitere Narbe hinzubekommen. Es ist kein Kratzer, der da vor dem ironisch strahlend blauen Himmel zum Vorschein kommt sondern eine tiefe, klaffende Wunde.

Balkone sind abgebrochen, Fassaden eingestürzt, Stockwerke zusammengebrochen und ganze Häuser kollabiert. Pablo meint, wir haben Glück gehabt, dass wir ein gutes Stück vom Meer entfernt wohnen, die Häuser dichter am Wasser hat es schlimmer getroffen. Trotzdem sind in unserer Straße die Schäden immens. Die Nachbeben sind noch lange spürbar, man kann es in den Gesichtern der Menschen ablesen. Sie haben ihr Geschäft verloren, ihr Zuhause, Angehörige.

Valparaíso ist heute ruhiger, wir sind es auch. Man hupt sich nicht an, die Menschen schreien nicht durch die Straßen und die wenigen die überhaupt unterwegs sind, haben den Blick gesenkt. Es schmerzt, diese stolze Stadt abermals so verletzt zu sehen.

Heute haben wir ein neues Wort gelernt, das wir nie vergessen werden: Terremoto, Erdbeben.

Steine staunen
Hanga Roa, Osterinsel, Chile, März 2010

Aussitzen, Erfolg durch Nichtstun oder das „Homer-Simpson-Prinzip". Es gibt Situationen, in denen es besser ist, den Kopf unten zu halten und nichts zu tun, als durch Übereifer aufzufallen. Das gleiche Prinzip, das Angela Merkel gerade durch ihre zweite Legislaturperiode trägt, ist auch unsere Antwort auf das Flug-Chaos nach dem Erdbeben in Santiago de Chile.

Der Flughafen ist geschlossen für: drei Tage (Taxifahrer), die nächsten 24 Stunden (spiegel.de), die ganze nächste Woche (n-tv.de), den ganzen März (tagesschau.de), keine Nachricht und überhaupt ist nichts passiert (Homepage Santiago Airport). Aber das alles ist nicht so interessant wie die Meldung unserer chilenischen Fluggesellschaft LAN. „Wir fliegen Sie. Wann und wohin steht noch nicht fest aber sollte ihr ursprünglicher Flug nicht stattfinden, werden wir Sie umbuchen."
Drei Tage vor Abflug steht nicht fest, ob unser Flug auf die Osterinsel stattfindet oder nicht. Jegliche Flüge anderer Airlines finden nicht statt. LAN ist die einzige Airline, die zumindest einen Teil ihrer Flüge über den stark beschädigten Flughafen Santiago abwickelt. Unser Hostel wird zur Zentrale gestrandeter Reisender. Jeden Morgen trifft sich eine Gruppe vor den Bildschirmen und checkt die Situation. Welche Airline fliegt wann wohin, welche Information ist neu und gibt's die letzte Meldung auch auf englisch oder nur auf spanisch und kann das jemand zuverlässig übersetzen?
Hotlines werden angerufen, Flüge storniert, mit Reiseversicherungen gesprochen, die Melodien der Telefonwarteschleifen mitgepfiffen, Alternativen gesucht, Arbeitgeber der Heimreisenden informiert. Die Ergebnisse sind ernüchternd. Der nächste, internationale Flughafen ist Buenos Aires und der ist nur per 30 stündiger Busfahrt zu erreichen und völlig überfordert. Wie auch die Homepage von LAN, die zwischenzeitlich kapituliert. Ganze vier Tage nach dem Beben ist dann auch endlich auf der Homepage des Airport Santiago zu lesen, dass es ein Erdbeben gegeben hat und der Flughafen auf unbestimmte Zeit geschlossen bleibt. Bei Fragen soll man sich an seine Airline wenden - die Hölle von Santiago (bild.de).

Vor dem LAN Büro in der Innenstadt stehen Menschen mehrere Blocks Schlange um zu erfahren, dass es nichts Neues gibt. An dieser Stelle bleiben wir cool, setzen unser Pokerface auf und vertrauen auf die Aussage von LAN, uns hier irgendwann rauszufliegen. Das soll morgen geschehen, von einem geschlossenen Flughafen aus, fünf Tage nach dem fünft stärksten Erdbeben aller Zeiten. Wir verbringen die Zeit in der Bar gegenüber unserem Hostels und hören dem ebenfalls gestrandeten Jazz-Quartett aus Kanada zu.

Der nächste Morgen erinnert an Bilder, die man aus der Tageschau kennt. LAN hat mit Zelten ein Terminal improvisiert und ist äußerst bemüht, dem Ansturm gerecht zu werden und die in der prallen Sonne Wartenden mit Getränken zu versorgen. Nach dem Check-in warten wir dichtgedrängt in stickigen Zelten aber steigen dann pünktlich in unser Flugzeug. Tatsächlich geschafft, in der Maschine, zu der Uhrzeit, an dem Datum, wie wir das geplant haben. Alle Sorgen umsonst, alles gut. „Gran Torino" und „Batman begins" später landen wir bei Nacht und 25 Grad auf der Osterinsel.

Irre, so viele Sterne hab ich noch nie gesehen, nur die Sternenbilder sind hier irgendwie falsch herum aber fantastisch. Der nächste Morgen empfängt uns unter strahlend blauem Himmel und brandenden Wellen, die sich hier von dunkelblau bis türkis an der pechschwarzen Steilküste direkt vor unserem Campground in wilde Gischt zerschlagen. Die Lava-Ausläufer der Vulkane im Hinterland fließen als struppig verzweigte Kaimauern ins Meer und brechen die heran rollenden Wellen mit Donner.

Und dann unterwerfen wir uns der kritischen Musterung durch die Moais. Die Steinfiguren, die ins Landesinnere starren und deren Funktion bis heute nicht zweifelsfrei geklärt ist. Sollen sie schützen oder ängstigen, schmücken oder dienen, sind sie ein Ahnenkult oder eine Religion? Wenn sie die Inselbewohner schützen sollten, dann wovor? Ein Kontakt zu anderen Kulturen ist nicht nachvollziehbar und aufgrund der isolierten Lage, 4.000 Kilometer vom Festland und anderen Inseln entfernt, unwahrscheinlich. Sollten sie die Inselbewohner vielleicht nicht beschützen sondern bewachen, ihnen ein Ausbrechen aus ihrer kleinen Welt, vielleicht auch schon gedanklich, unmöglich machen?

Die Moais, von denen es 600 geben soll, sind auf den ersten Blick nicht sehr verschieden, einige tragen einen Hut, andere nicht, die Größe variiert zwischen drei und zehn Metern und allen gemein ist der recht ausdruckslose Gesichtsausdruck. Aber im Zusammenspiel aus Licht und Schatten und in der Umgebung der schönsten Plätze der Insel, sind sie einfach spektakulär.

Beim andächtigen Betrachten und der Vorstellung, wie das Leben auf der Osterinsel gewesen sein muss, bevor James Cook hier angelandet ist, fallen mir viele Zwecke ein, die die Moais ausfüllen könnten. Auf mich wirken sie nicht gütig oder milde. Die meisten von ihnen werden bei ihrer Errichtung angemalte Augen gehabt haben und damit starren sie unfreundlich, wie ich finde, ins Landesinnere. Aber nicht alle. In einer Stätte stehen sieben Moais nebeneinander und überblicken das Meer und markieren zur Sommersonnenwende den Wendepunkt der untergehenden Sonne. Sehr mysteriös das alles.
Die Moais der Osterinsel treten meistens in Gruppen auf und der Legende nach sollen sie eines Tages anfangen zu laufen. Das Ausmeißeln und bis zu 12 Kilometer weite Transportieren dieser zehn-Tonnen-Kolosse ist eine Leistung, die man wohl nur mit einem guten Schuss religiösem Fanatismus bewältigen kann. Auf mich wirken sie wie die Hinterlassenschaft einer Religion, die die Angst der Gläubigen für sich instrumentalisiert. Was die Frage aufwirft, welche kulturellen Einflüsse, Umbrüche und Initialzündungen dazu geführt haben, dass ein konstanter Bestandteil des Lebens auf einmal und urplötzlich verschwunden ist? Binnen kürzester Zeit wurden alle Moais, deren Herstellung, Transport und Aufstellen Jahrzehnte gedauert hat, von den Bewohnern der Insel umgeworfen. Eine radikale Abkehr und Neuausrichtung auf andere Werte und Symbole.

Was ist passiert oder ausgeblieben, welche Hoffnungen wurden enttäuscht oder was wurde versprochen um all das zu beenden? Eine Abkehr von Traditionen und Religionen oder blanke Wut haben dazu geführt, dass die sichtbaren Hinterlassenschaften einer Jahrhunderte alten Kultur zerstört und vergessen wurden. Die Umbrüche im Leben der Bewohner müssen nicht weniger drastisch gewesen sein.
Auf mich haben die wieder errichteten Moais im Umfeld der Insel eine hypnotische Anziehungskraft. Beim Betrachten kann ich gar nicht genug auf einmal sehen und es kommen und gehen Gedanken unterschiedlichster Inspiration. Sind die Moais der Auslöser oder sind es die Plätzen an denen sie errichtet sind? Bedingt sich beides gegenseitig? Es scheint, als hätte uns das Erdbeben sogar noch in die Karten gespielt. Der Hinflug war nur zu einem Viertel besetzt, andere

Flüge auf die Insel wurden gestrichen, was bedeutet, dass wir an all diesen Stätten mit uns alleine sind. Wir können in aller Ruhe die Mystik der Plätze aufsaugen, kein Geschnatter oder Auslösegeräusche, nur wir mit uns und unseren Gedanken. Ich kann nicht viel davon in Worte fassen und nur immer wieder „fantastisch" sagen.

Jeder einzelne Moai, ob aufrecht, liegend, noch im Bau befindlich oder schon wieder zur Hälfte versunken, hat eine Persönlichkeit und Ausstrahlung auf seine Umgebung. Die Osterinsel ist der fantastischste und zugleich unwirklichste Ort, den wir besucht haben. Nirgendwo kamen Natur und Kultur so nah zusammen, fügten sich so nahtlos zusammen und verstärkten sich gegenseitig zu einem so einmaligen Ort. Von der Osterinsel geht etwas ganz Besonderes und sehr Schönes aus und vielleicht ist das das Geheimnis der Moais - dass sie ihre Besucher ein Stück weit verzaubern.
Die Schönheit hört aber nicht bei den Moais auf. Auf den drei Inselbildenden Vulkanen hat man nicht nur einen grandiosen Ausblick über das Eiland; in einem können wir Wildpferde beobachten. Im Gegenlicht toben die Pferde durch den mit Regenwasser gefüllten Krater und lassen sich überhaupt nicht stören. An den Ufern stehen unfertige Moais, die hier aus dem Stein des Vulkans gemeißelt wurden. Ich muss jeden fotografieren, sie geben ihre stumme Zustimmung und die Abendsonne spendiert ihnen den perfekten Teint. Würde mich nicht wundern, wenn einer der Köpfe gleich aufsteht, sich kratzt, zum Wasser läuft und was trinkt. Was hier wohl passiert, wenn niemand hinschaut?

Ich denke, ich werde noch etwas im Gras sitzen bleiben, warten wie die Kühle der Nacht vom Meer aufzieht und über das Leben nachdenken. Und weil das alleine ein bisschen langweilig werden könnte, bearbeite ich mal diesen Stein. Mal gucken was daraus wird. Vielleicht ja ein riesiger Kopf als Zeichen eines Denkers?
In einer so kleinen Welt wie der Osterinsel gibt es viel zu denken. Die verzauberte Landschaft mit dem Farbenfeuerwerk der untergehenden Sonne könnte auch mich dazu inspirieren, mystische Bauwerke zu errichten um der Nachwelt ein Rätsel aufzugeben oder dafür zu sorgen, dass diese kleine Insel in einer ganz eigenen Umlaufbahn um die Erde kreist.

Blutsauger gegen Berglöwen
San Pedro de Atacama, nahe Transsilvanien, Chile, April 2010

Parasit; (der); [Pa-ra-sit]; lat.; Organismus, der alleine nur begrenzt lebensfähig ist und in einer einseitig-symbiotischen Beziehung mit einem Wirt lebt. Der Parasit tötet den Wirt nicht, da er von ihm abhängig ist und ohne ihn nur kurze Zeit überleben kann.
Sag mal spinn' ich Susan, fürs Campen im Dreck und zwischen dem Baumaterial seines Neubaus, errichtet mit dem schmutzigen Geld abgezogener Touristen und den ganzen Kötern, will der Knilch noch zwölf Euro pro Person? Das dreiste Lächeln kann er sich mal schön schenken. Doch sollte es uns in den nächsten Tagen noch öfter begegnen, das Lächeln mit den gefletschten Zähnen, bei denen die Eckzähne auffällig länger scheinen. Aber wir werden sehen, wer hier zuletzt lacht.

Wir sind immer gerne bereit, viel Geld für Sehenswertes auszugeben. Aber wenn es nur noch darum geht, Touristen zu melken, bin ich keine Milchkuh, dann werde ich zum Stier. „San Pedro de Atacama" im Norden Chiles muss geografisch gleich neben Transsilvanien liegen, wenn man von der Anzahl der parasitären Blutsauger ausgeht. Touranbieter sind das Übel und Heil der Rucksackreisenden. Sie bringen Dich, zwar meist ohne ein erklärendes Wort, zu den Orten die Du sehen willst aber lassen Dich dafür auch mächtig bluten. Vor Ort wird Dir dann eröffnet, dass der Eintrittspreis nicht im Tourpreis inbegriffen ist; da zerrt sie dann ein zweites Mal, die kalte Hand am Euter der Touristenmilchkuh.

Angekommen darfst Du dann so lange wie vorgesehen - und nicht gerne möchtest - aussteigen, bevor man Dich im Kasernen-Hinterhof-Ton wieder in den Sprinter lädt. Der nächste Fotostop wartet. Wir beobachten die Touren, wie sie Horden von Touristen wie Zuchtvieh zusammentreiben und abtransportieren, nur werden am Ende nicht sie, sondern ihr Sparschwein geschlachtet.
Ohne eigenes Auto ist man den blutsaugenden Parasiten ausgeliefert und in der Hauptstadt von Transsilvanien, „San Pedro de Atacama", hat sich die Vampir-Mafia auch noch ausgedacht, keine Mietwagenanbieter in den Ort zu lassen, individualreisen wäre auch schädlich fürs Geschäft, dumm sind sie nicht.

Der nur 1.200 verdammte Seelen zählende Ort hat sich voll und ganz auf das Aussaugen von Touristen spezialisiert. Mindestens zwei Dutzend Touranbieter haben ihre Preise gleichgeschaltet und bieten die Highlights ihrer Touren auf Bildern, alles andere als wohlfeil (das wollte ich schon immer mal schreiben) an. Weil wir schon kein Essen in Restaurants essen, die mit Bildern für ihre Speisen werben, buche ich erst recht keine Tour mit albernen Bildern, auf denen debil grinsende Touristen-Trauben gute Laune ausstrahlen sollen. Darum mieten wir im hundert Kilometer entfernten Nachbarort „Calama" einen Mietwagen.

Das ist der Pflock ins Herz der Tour-Parasiten-Vampire und darum werden wir vor diesem rebellischen Akt des Aufbegehrens gewarnt und für wahnsinnig erklärt. Ohne einen allradgetriebenen Wagen sei man in der Atacama-Wüste verloren. Die Atacama-Wüste ist ein Ort, gegen den das Death Valley in Kalifornien aussieht wie ein Feuchtbiotop. In der Atacama Wüste hat es seit Jahren nicht geregnet und seit Monaten nicht mal Wolken, geschweige denn die Idee von Feuchtigkeit gegeben. Als ich am Straßenrand pinkle, übertreffe ich in meinem markierten Territorium die Niederschlagsmenge der letzten zehn Jahre.

Natürlich wissen wir, dass die Atacama kein Spielplatz ist aber kann es sein, dass hier etwas übertrieben, ein wenig dramatisiert wird?
Skeptisch sind wir vor allem wegen den Warnungen der Tour, die zu dem Geysirfeld „El Tatio" führt. Es ist die teuerste Tour, die von „Parasit-Tours" angeboten wird und vor ihr wird auch im Reiseführer gewarnt. Es sei nur mit einem 4x4 möglich, das dritt-größte und höchstgelegene Geysirfeld der Welt zu erreichen. Die Touranbieter raten komplett ab, irgendetwas alleine zu machen, eine Panne in dieser Höhe, immerhin 4.300 Meter könnte den sofortigen Tod nach sich ziehen. Ja, natürlich und auch die Dame von der Autovermietung in Calama weist überdeutlich drauf hin, dass wir unter keinen Umständen nach „El Tatio" kommen könnten. Das ginge nur mit einem überteuerten Geländewagen und auch das würde sie nicht gutheißen. Klar doch Schätzchen, kann es sein, dass Du und der Blutsauger-Kollege aus San Pedro die gleiche Nase habt und die eben länger geworden ist? Hoch und heilig versprechen wir, mit gekreuzten Fingern hinterm Rücken, dass wir dort nicht hinfahren, sondern selbstverständlich eine Tour buchen.

Ich glaube, es ist der Reiz des Verbotenen, der uns am nächsten Tag die Tour nach „El Tatio" probieren lässt. In unserem Peugeot 207, dem Auto, das von einem Geländewagen am weitesten entfernt ist. Wir sind schon ganz andere Strecken in Nicht-Offroadern gefahren, ich weiß was Kleinwagen können und welche Hindernisse man auf welche Art bewältigt und wie lange das Benzin reicht. Für irgendwas müssen knapp sechs Jahre Intensiv-Studium bei AUTO BILD ja gut sein.

Von der Höhe, aber besonders von unser eigenen Genialität, den Parasiten ein Schnippchen geschlagen zu haben, berauscht, springen wir am nächsten Tag nackt in die Therme, die Teil der „El Tatio Geysire" ist, gesehen nur von einer Wetterbeobachtungskamera. Neben dem triumphierenden Gefühl, als größter Klugscheißer der Welt Recht behalten zu haben und den entgegenkommenden und wild mit den Scheinwerfern flackernden Tourbussen durch unsere schiere Anwesenheit ein großes „Fuck you" entgegen zu rufen, überwiegt das Glücksgefühl, diesen wunderbaren Ort ganz für uns alleine zu haben.

Wir aalen uns im kuschelig warmen Wasser, neben uns steigen schwefeligen Geysire auf, die bunten Berge sind der Bilderrahmen für den blauen Himmel und erst als wir nach zwei Stunden den rappeligen Rückweg antreten, kommt uns ein Wagen entgegen - ein Geländewagen. Stolz macht sich breit. Wir haben nichts Besonderes geschafft, nichts geleistet aber wir haben es auf unsere Art gemacht und bewiesen, dass es nicht wichtig ist, wo Du hinfährst, sondern wie und mit wem.

Die Lorbeeren dieser Tour aber gebühren dem kleinen Berglöwen-Peugeot, der uns die Tage zwar arg klappernd und quietschend begleitet hat, sich aber außer einigen höhenbedingten Zündaussetzern keinen Fehler erlaubt hat. Gut gebrüllt kleiner Löwe und mit ihm sind wir es, die zuletzt lachen, HA!

1.000.000 Legionen
Putre, Chile, April 2010

3.18 Uhr. Ich werde vom gequälten Gejaule des Isuzu-Anlassers wach, der uns heute zum Taapaka fahren soll. 3.18 Uhr, kann das sein? Zeitumstellung, Winterzeit, Uhr zurückstellen, können wir dann eine Stunde länger schlafen? Ja, können wir und das Unterfangen wird wegen Frühstart abgebrochen. Noch mal zwei Stunden Gnadenfrist, versuchen zu schlafen, Energie tanken, was auf 3.500 Metern nicht so einfach ist.

6.00 Uhr, neuer Versuch. Wieder läuft sich der Geländewagen warm, während wir lustlos frühstücken und uns fertig machen. Nach einer halben Stunde Fahrt durch die noch dunkle Berglandschaft haben wir „unseren Berg" erreicht. Auf 4.798 Meter beginnen wir unseren Aufstieg. Wir, das sind Tom aus Süddeutschland und Ben aus Frankreich, beide erfahren, zumindest bis Höhen von fünftausend Metern. Susan und ich bekommen schon Druck auf den Ohren, wenn wir den Elbtunnel durchfahren. Nach fünf Minuten sind wir höher, als der höchste Gipfel Europas, der Mont Blanc mit 4.810 Metern. Es ist noch ziemlich kalt und bis die Sonne unsere Seite des Berges erreicht haben wird, werden noch zwei Stunden vergehen. So lange können wir zusehen, wie sie das umliegende Land in Farbe taucht, Sonnenaufgänge in den Bergen sind immer besonders. Aber außer einem Blick über die Schulter haben wir für das Spektakel heute Morgen wenig übrig. Jeder geht hier sein eigenes Tempo, kämpft seinen eigenen Kampf.

Hier draußen hast Du zwei Feinde. Der eine ist der Berg, er bekämpft Dich mit Steigungen, die von unten betrachtet weniger steil scheinen als sie tatsächlich sind. Große Felsbrocken wollen überklettert werden und sorgen dafür, dass Du morgen Muskelkater in den Oberschenkeln hast. Hinterhältig wird es, wenn Du, kaum, dass Du zwei Schritte getan hast, einen wieder runterrutscht, weil die Flanken sandig sind und den Aufstieg zur Tortur machen. Und dann gibt es noch die „fake tops". Du siehst den Gipfel vor Dir, noch wenige Schritte, noch einmal klettern, wieder runterrutschen, noch einmal alles geben und dann... eben, nichts. Du bist nicht am Gipfel, sondern nur auf einem Zwischenstück, das von unten aussah wie der Gipfel. Die tatsächliche Spitze liegt etliche Höhenmeter höher. Die Enttäuschung weicht purer Wut, mein

Atem geht schwer, ich habe schon einen guten Teil meiner Kraft verbraucht, um mich vom Berg verarschen zu lassen.

Der Berg antwortet meiner Wut und brüllt mich im Gegenwind an, was mir einfällt, aus Hamburg kommend, auf 5.800 Meter aufsteigen zu wollen, ohne Erfahrung, ohne Ahnung. Dazu wirft er mir eine Ladung Sand ins Gesicht. Ich verziehe es zur wütenden Fratze mit der ich mich weiter nach oben peitsche und schreie stumm zurück, dass er mich noch nicht geschlagen hat, jetzt noch nicht.

Vor meinem inneren Auge läuft die Szene aus dem Film „Das Boot" ab, in der sie die Straße von Gibraltar stark beschädigt und aufgetaucht durchqueren müssen. Über dem Boot erhellt Leuchtspurmunition den Himmel während das Boot AK durch den Sturm peitscht. An Deck steht der Kapitän und brüllt in die Nacht: „Not yet... we are still here, we are not yet dead... NOT YET!"
Not yet, damit peitsche ich mich vorwärts, die Steigung hoch, ich gebe nicht auf, not yet, NOT YET!

Wir machen in einem Krater Pause, formieren uns neu, warten auf Susan, die in einigem Abstand aber konstant ihren eigenen Kampf führt. Die Sonne kommt über die Flanke und wärmt meine kalten Hände, mit denen ich meine Steighilfe, zwei Eispickel, umklammere. Nach einer Stunde machen wir uns an die zweite Hälfte des Aufstiegs, der steiler und anspruchsvoller wird.

Wir passieren 5.500 Höhenmeter. Die Luft hier hat nur noch halb so viel Sauerstoff wie auf Meeresniveau. Jeder Atemzug, beschleunigt durch die mittlerweile deutlich spürbare Anstrengung, muss die doppelte Menge Luft durch die Lungen pumpen, um meinen Körper mit der benötigten Menge Sauerstoff zu versorgen. Ich fühle mich aber gut dabei, meine körperlichen Voraussetzungen für so einen Aufstieg waren nie besser. Kein unnützes Gewicht, gute allgemeine Fitness und mentale Stärke lassen mich die Flanke entsprechend den Umständen hochfliegen.
Den Berg habe ich recht gut im Griff, den zweiten Feind aber fürchte ich. Es ist der innere Schweinehund, seine Waffen sind psychologischer Natur. Er zieht dich an einer unsichtbaren Kette nach unten. Er brüllt nicht wie der Berg. Er spricht mit leiser und verschwörerischer Stimme auf Dich ein, wie ein steter Tropfen, der den Stein höhlt. Er begleitet mich schon mein ganzes Leben, er kennt

meine Schwächen und genau dort setzt er an. Wenn Du glaubst, den Berg im Griff zu haben, hörst Du diese Stimme, die bohrend in Deinem Schädel fragt, ob es nicht genug ist, Du nicht lieber umdrehen, Dir eine Pause gönnen oder einfach nur die Aussicht genießen möchtest.
Gegen das Mephisto-Geflüster kannst Du nichts machen, es begleitet Dich und Deinem Kopf kannst Du nicht entkommen. Aber ablenken kannst Du Dich und dazu fällt mir ein Zitat ein:

„Dieser Junge steht am Rand
und mit nichts in der Hand
ohne Angst in den Augen
mit dem Rücken zur Wand
und er ruft alle Superhelden
alle großen Meister
alle Highlander
alle Krieger
alle guten Geister
alle Superfreaks und Auserwählten
und er ruft mich
und hat Millionen Legionen hinter sich"

- Millionen Legionen, Thomas D.

Meine Legionen sind Erlebnisse, Situationen, meine Familie, Freunde, frühere Erfolge, die stark machen und sie beziehen in meinem Rücken Stellung gegen den Schweinehund. Wenn meine Mama mir sagt, dass sie glücklich ist, so lange Susan und ich glücklich sind, egal wo; Freunde unfassbare Videos für uns drehen, E-mails schreiben und meine Freundin überall auf diesen Planeten mit mir hingeht und all das erlebt, dann kenne ich meine Millionen Legionen mit Namen und Gesicht.

So, Du Sauhund, entweder Du oder ich, dieser Berg ist zu klein für uns zwei. Es wird eine hässliche Schlacht aber jede Erinnerung, jedes Foto aus meinem Kopf sorgt dafür, dass der Schweinehund abgelenkt ist und ich im Schutze meiner Legionen einige Meter passieren kann. Aber der Schweinehund ist eine Hydra und mit jedem abgeschlagenem Kopf und jedem Höhenmeter kehrt er stärker zurück. Fünfzig Meter unter dem Gipfel weiß er aber, dass er die Schlacht verlieren wird. Ich bin am Ende, meine Lunge pumpt in ungesunder

Frequenz, das Gefühl nicht genügend Sauerstoff aufnehmen zu können, verbindet sich mit dem leicht mulmigen Gefühl aus der Magengegend und höhenbedingten Kopfschmerzen. Ich brauche keinen Pulsmesser der mir sagt, dass mein Herz 180 Schläge in der Minute macht und sich bereits zu lange im roten Bereich befindet. Aber ich habe noch eine Geheimwaffe im Rucksack. Etwas, was kein ernsthafter Wanderer oder Kletterer machen sollte, was mir jetzt aber Flügel verleihen wird.

Normalerweise genieße ich die Geräusche der Natur oder die Stille hier draußen. Heute ist eine Ausnahme. Ich habe mich mit dem Berg angeschrien, die Fistelstimme meines Schweinehundes ertragen und dem donnernden Dicobeat meines Herzens zugehört. Jetzt lasse ich mir von den „Chemical Brothers" die Hand reichen und mit dem Lied „Surface to air" auf meinem, bis zum Anschlag aufgedrehtem iPod, fliege ich die letzten Meter dem Ende entgegen.

Oben angekommen, hat mein Schweinehund die Schlacht endgültig verloren. Der Schwanz ist eingezogen, die Zunge hängt ihm schlaff aus dem Maul und sein Hyänen-gleiches Lachen, mit dem er mich auslacht, ist verstummt, auch wenn das hier nicht der Gipfel ist.
Trotz Toms GPS haben wir den richtigen Weg zur Bergspitze nicht gefunden, sind hundertfünfzig Meter unterhalb des Gipfels auf einem Balkon-ähnlichen Aussichtspunkt rausgekommen, von dem ich nun ungläubig in die Ebene unterhalb schaue, die jede Farbe einer Malerpalette beinhaltet. Im Hintergrund stützen der Vulkan „Parinacota" und sein Bolivianischer Kollege „Sajama" die Wolkendecke. Die mit einigen Schneeresten auf dem sandigen Untergrund gesprenkelten Felsen geben ein ungesehenes Farbspektakel ab, das es mit jedem Bilderbuch aufnehmen kann.

Ich bleibe nicht lange. Tom und Ben wollen unbedingt noch den Gipfel bezwingen. Mein Schweinehund bleibt erschöpft oben liegen, als ich mich auf den Abstieg zu Susan mache. Ich habe keine Ahnung, wie es um Susan und ihren Schweinehund steht. Susan und ich kommen speziell auf Steigungen sehr unterschiedlich schnell vorwärts. Susan ist heute Morgen angetreten, um zu schauen, wie weit sie es schaffen kann. Eine Wanderung auf dieser Höhe ist schon atemberaubend, ein Aufstieg über knapp 1.000 Höhenmeter ist aber nochmal eine ganz andere Liga. Ich habe Susan das letzte Mal vor über zwei Stunden gesehen, als sie gerade die letzte Steigung angetreten hat und wir schon gut hundertfünfzig Meter über ihr waren. Da musste sie zu allen Anstrengungen noch circa dreißig Höhenmeter absteigen, weil sie in die falsche Richtung geklettert war. Wie sich das wohl auf ihre Motivation ausgewirkt hat?

Ich vernichte 150 Höhenmeter in fünf Minuten – warum hilft die Schwerkraft eigentlich immer nur in dieser Richtung - dann sehe ich Susan unter mir langsam aber beständig klettern. Susan hat ihren Schweinehund irgendwo während einer Pause in einem unachtsamen Moment mit einem ihrer Wanderstöcke erstochen und unter einem Haufen Steine begraben. Und als wir eine Stunde später gemeinsam unseren Gipfel erreichen, ist es, als würde sie auf sein Grab pissen. Susan ist von uns Vieren unter den schlechtesten Bedingungen aufgebrochen, sowohl konditionell als auch höhenerfahren aber Wille versetzt Berge.

Tom und Ben sind auf zwei verschiedenen Routen auf dem Weg zum Gipfel, den nur Ben erreichen wird. Tom wird der Weg durch ein Geröllfeld versperrt, das er nicht bezwingen kann. Auf seinem Weg zurück muss er seinen Rucksack abwerfen, den er zweihundert Meter weiter unten nach einer wilden Rutschpartie wiederfindet. Sein trockener und im feinsten Süddeutsch abgegebener Kommentar dazu: „Naja, wenigstens sieht er jetzt mal gebraucht aus."

Susan und ich sitzen währenddessen auf „unserem Gipfel", genießen die endlose Aussicht und sind stolz auf uns. 5.665 Meter über dem Rest der Welt thronen wir im Dreck, zwei Hamburger aus dem Flachland. Stolz, überglücklich und stärker denn je.

Mit der Besteigung des Taapaka habe ich eine weitere Legion im Rücken. Ich bin eine Million und eine Legion - komm mir nicht in die Quere du Schweinehund!

Nach Bolivien im Bus
Uyuni, Bolivien, April 2010

Wann wohl die Tänzerinnen kommen, frage ich mich, während sich der Bus veritabel zu füllen beginnt. Die Sache mit den Tänzerinnen kann ich mir nur so erklären, weil die Stangen im Bus für mich sonst keinen Sinn machen. Ziemlich bald aber lerne ich, dass die Stangen zur Stabilisierung des Daches dienen, denn dort turnt gerade einer der Busfahrer abenteuerlich hinauf, um Gepäck, jede Menge Kisten und einen halben Baumarkt zu fixieren. Unser Gepäck hat heute noch in den dafür vorgesehenen Kästen im Businneren Platz gefunden aber auch nur ganz knapp. Faszinierend, was in Bolivien alles mit dem Bus transportiert wird. Daher haben sie hier auch ihren Namen: Chicken Bus, weil es auch schon mal passieren kann, das neben Dir ein paar Hühner, mal lebend, mal anders, transportiert werden.

Heute aber nicht. Allerdings beginne ich mich langsam zu fühlen wie eines dieser unseligen Käfigviecher, der Bus füllt sich nämlich noch immer. In unserem Bus ist laut Plakette über der Fahrerkabine Platz für 52 Menschen auf ebenso vielen Sitzplätzen. Die Betreibergesellschaft sieht das aber anders und hat „aus Versehen" einige Plätze doppelt verkauft. Sowohl der bereits Sitzende, als auch der Andere, auf den Sitzplatz-Bestehende, zeigen sich ihre Tickets und stellen fest, dass derjenige, der zuerst kommt auch zuerst mahlt, also sitzt. Kein Problem, kein Geschrei, kein Beschweren, bleibt der zuletzt Gekommene eben stehen und drückt mir sein, auf dem Rücken getragenes, mit Tüchern zusammengehaltenes Bündel, ins Gesicht.

Mittlerweile sind siebzig Personen im Bus, der Gang zwischen den Sitzreihen ist ausnahmslos gefüllt. Die Fächer über den Sitzen lassen einzelne Gepäckstücke gefährlich weit raus ragen und ein Keyboard, wird während der holperigen Fahrt den darunter dösenden Typen erschlagen, was dann aber durch ein Wunder doch nicht geschieht. Dicke Frauen mit ebensolchen Paketen quetschen sich in den Bus, jemand hat vergessen, sich bei seinen Lieben zu verabschieden und muss aus dem hintersten Teil des Busses noch mal nach vorne klettern, während er auf Lehnen, Gepäck und Menschen tritt. Kennt noch jemand das Kinderspiel, bei dem man den Boden nicht berühren darf? Er meistert es mit Bravur und wird dafür von seinen Lieben geherzt und geknutscht. Dann kommt er zurück geklettert, wieder ohne den Boden zu berühren – ein Meister seines Fachs.

Ein Typ mit Antennenradio, wie es sie in den 80ern gab, drängelt sich in die Mitte des Busses und ehe ich denken kann, dass er mich an Chuck D. von „Public Enemy" erinnert, nur eben mit Radio statt übergroßer Uhr, dreht er es voll auf. Grelle LEDs blitzen zum Takt der Volksmusik und dazu brüllt er einen Preis. Ich weiß nicht ob mich das mehr erstaunt oder die Tatsache, dass sich einige Bolivianos tatsächlich dafür interessieren.

Weiter vorne beginnt ein Teenager aus voller Kehle zu singen, ich verstehe zwar nichts aber dass er neben der Spur singt, höre ich auch ohne Kenntnisse der Bolivianischen Folklore. Später wird er sich erdreisten, für seine Darbietung Geld zu sammeln. Bis zu uns kommt er aber nicht, denn gerade quetscht sich eine Gruppe Händler zu uns vor. Sie bieten ein Buch der menschlichen Anatomie und einen Atlas und einige Aufkleber an. Eine dicke Frau verkauft gebratene Hühnchenschenkel aus einer Plastikwanne. Zwei Bolivianos fünfzig, mit Soße drei - also dreißig Cent. Weiter vorne gibt es Brot und noch irgendwas, die Händler zeigen aber die Gnade, sich nicht alle bis zu uns durchzukämpfen. Dafür brüllen sie, auch für uns überdeutlich verständlich, ihre Angebote in den Bus. Wer was will brüllt zurück, Geld und Ware werden durch den Bus von Reihe zu Reihe weitergereicht.

Nach dem jeder seinen oder einen Platz gefunden hat, setzt sich der Bus langsam in Bewegung und prompt stellt mein vorsitzender Nachbar seinen Stuhl auf Liegesessel. Das passiert mir immer, ich sitze am Gang um die bescheidene Beinfreiheit etwas zu strecken aber das wird diesmal ja nichts, weil der Gang besetzt ist. Ich versuche mich so gut es geht zu arrangieren wobei die Sitze für nordeuropäisches Gardemaß so oder so ungeeignet sind. Wo bei Einheimischen der Kopf in der ausgeformten Kopfmulde ruht, werden bei mir die Schultern nach vorne gezwängt, sodass sich nach einigen Stunden Fahrt zu Beklommenheit auch noch Verspannungen gesellen.

Aber erst mal muss ich mein Sweatshirt ausziehen, denn der Bus hat keine Klimaanlage und kein offenes Fenster. Siebzig Menschen dünsten ein Aroma aus, das sich zunächst an den Fenstern kondensierend niederschlägt und im Verlauf der Fahrt in Tropfen auf die Sitze läuft. Es ist bullenheiß aber niemand außer Susan öffnet ein Fenster. Scheinbar sind wir die einzigen, die Sauerstoff atmen und unter der drückenden, durch menschenverursachten Schwüle leiden. Irgendjemand stinkt nach Lama.

Die Fahrt zu verschlafen, ist in den Sitzen und unter den klimatischen sowie akustischen Bedingungen unmöglich. Hinter mir hat jemand sein Radio aufgedreht, das neben scheppernden Sendestörungen nur den penetranten Jingle eines Radiosenders zu empfangen scheint. Neben mir nutzt jemand sein Handy um seinen Sitznachbarn „Shakira" vorzuspielen, weil ihm das Prinzip des Kopfhörers unbekannt ist. Einige Reihen weiter vorne werden Klingeltöne ausprobiert und der Busfahrer beschallt den ganzen Bus mit Folklore. Aber niemand schnarcht, das ist bemerkenswert.

Warum niemand schnarcht hängt damit zusammen, dass niemand schläft und das wiederum hängt mit der Lautstärke und dem Klima zusammen und mit dem Fahrbahnzustand der „Straßen". Wir lesen in Mails, über den schlechten Zustand der Hamburger Straßen nach dem Jahrhundertwinter. Flickenteppiche werden beklagt, Schlaglöcher so tief wie Zigarettenschachteln. Nur fünfzehn Prozent der Straßen in Bolivien sind überhaupt geteert, sodass sich Schlaglöcher bilden könnten. Das tun sie aber nicht. Vielmehr habe ich den Eindruck, dass sich zwischen den Kratern, die hier die Straße darstellen sollen, mit der Zeit einzelne Teerflicken bilden. Das Wort „Feldweg" wäre eine schmeichelnde Beschreibung der waschbrettartigen Überlandstraßen. Der Dreck, der bei solchen Fahrten aufgewirbelt wird und den jedes Auto nach sich zieht, ist sagenhaft. Der Staub bleibt natürlich nicht draußen sondern kommt ins Innere des Busses, wo er alles mit einer feinen Schicht überzieht und Deine Kehle so schön pelzig macht. Dann etwas zu trinken solltest Du Dir aber überlegen, denn an Bord gibt es kein Klo und auch wenn alle zwei Stunden ein Stopp vorgesehen ist, heißt das nicht, dass deswegen Toiletten angesteuert werden. Meistens hält der Bus auf freier Strecke oder in einem Dorf und Du kannst dann sehen wo Du bleibst. Die Empfehlung des Busfahrers an Susan dazu lautet: hinter dem Bus! Zwar mitten in einem Dorf aber um drei Uhr morgens wird sie dabei nur von einer Marktfrau beobachtet.

Ich schlummere gerade ein, das drehzahlabhängige Pfeifen aus den Lautsprechern über uns vermengt sich mit den ohrenbetäubenden Klappergeräuschen des Busses, als die Rückenlehne meines Sitzes unter einem der ungezählten Schlaglöcher nachgibt und nach hinten wegbricht. Der hinter mir liegende Bolivianer wird kurz wach, wundert sich aber nicht wirklich über das gerade Geschehene. Seelenruhig dreht er sich zur Seite und wieder schlafen, während ich mich auf den Platz neben ihn quetsche und unter Verwünschungen aller Busfahr-Gesellschaften Boliviens versuche, nicht zum „Hulk" zu werden.

Ich erwache aus meinem Wachkoma, als die Kartenabreißerin irgendwas von „Sitz bezahlen" und „meine Schuld" meckert. Fünf beschuldigende, schulterzuckende und kopfschüttelnde Minuten später schickt sie ihren bärbeißigen, fetten Mann vorbei, der die Schuld ebenfalls auf meine verspannten Schultern laden will. In der Tat, so wie ich bei aufrechter Sitzweise über den Sitz herausrage, belaste ich den Sitz sicherlich mehr als der Durchschnitts-Bolivianer aber, dass mich der Sitz versucht umzubringen und ich dafür bezahlen soll, sehe ich nicht ein. Dafür muss ich mich jetzt früh morgens mit meinem nicht streit-erprobten Spanisch rechtfertigen und umgehe durch schlichtes Ignorieren und durch die Unterstützung einiger Mitreisender das Bezahlen des Sitzes. Streitwert übrigens dreißig Bolivianos, drei Euro.

Bist Du dann tatsächlich dort angekommen, wo Du hinwillst 1musst Du Dein Gepäck suchen und glaub nicht, dass Du es an der Farbe erkennen könntest, der Staub ist in einer Zentimeter dicken Schicht in die Gepäckkästen eingedrungen. Beim Raustragen meines Rucksacks saue ich mich komplett ein, ich bin völlig übermüdet, meine Schultern schmerzen, es ist vier Uhr morgens, dunkel, wir kennen uns in der Stadt nicht aus und eine Traube Taxifahrer, die mir bis zum Bauchnabel gehen, plappert auf mich ein. Willkommen in Bolivien.

La Paz
La Paz, Bolivien, April 2010

„Nuestra Senora de la Paz", einen unpassenderen Namen hätte man der Stadt nicht geben können und das ist wohl auch der Grund, warum jeder nur von „La Paz" spricht. Eine Dame ist La Paz wahrlich nicht, bläst sie Dir ihren Smog ungefiltert ins Gesicht, räumt nie auf und Gerüchten zufolge überfällt sie Dich in einem unachtsamen Moment hinterrücks und raubt Dich aus. Um die Manieren dieser Stadt steht es also nicht zum Besten und auch ihr Aussehen steht dem Gangster-Charme in nichts nach. Eigentlich liegt La Paz wunderschön in einem Tal auf 4.000 Metern, umgeben von Bergen jenseits der 6.000 aber dann hat die Dame da ein Geschwür. Es nennt sich El Alto und ist die, durch Landflucht entstandene, ehemalige Satellitenstadt oben auf dem Plateau, am Eingang zu La Paz. Das Geschwür, das mittlerweile zu einem siamesischen Zwilling ausgewachsen ist und die Dame in Ausdehnung und Einwohnerzahl übertrifft, ist das erste, was wir von La Paz sehen.

El Alto ist komplett austauschbar und bei der Einfahrt sehr enttäuschend. Aber dann sehen wir über die brachliegenden Bauruinen und den überall rumliegenden Müll hinweg das Tal in dem La Paz sich ausbreitet. La Paz schwappt durch das Tal wie eine häusergewordene Welle, die uns bei der Einfahrt mitreist und uns nach einigen Tagen auf der anderen Talseite wieder freigibt.
Beim Eintauchen geht es erst mal nicht besonders schnell vorwärts. Der Verkehr steht in allen Straßen, die Ausweglosigkeit der Situation wird mit viel Hupen quittiert. Die trillerpfeifenden Verkehrspolizisten, die mangels Ampeln, an nahezu jeder Kreuzung den Verkehr anpfeifen, wirken verloren gegen das Chaos. Als Fußgänger wähnst Du Dich in dem 80er-Jahre Atari-Klassiker „Frogger", bei dem Du, als grüner Froschpixel-Klumpen, Straßen überqueren musstest und dich bei Nichtgelingen in einen roten Pixelklumpen verwandelt hast. Die Blechlawine macht ihre eigenen Regeln. So undurchsichtig sie sind, scheinbar werden sie eingehalten. Mit der Präzision eines Vogelschwarms wechseln Busse in der Lawine über drei Spuren hinweg, bremsen abrupt und quetschen sich ohne Blechkontakt in Lücken, die gar nicht da waren.
In einen dieser Kleinbusse quetschen sich bis zu siebzehn Bolivianer, wobei der Fahrer permanent hupt und ein zweiter sich waghalsig aus

der geöffneten Schiebetür hängt und permanent und in einem Sing-Sang verfallen, die Fahrtziele in den verpesteten Verkehrslärm brüllt. Wenn Du zusteigen möchtest, springst Du einfach auf, der Bus hält dafür nicht an, es sei denn, er steht mal wieder im Stau. So kommt man nicht schnell aber günstig durch die Stadt. Egal wie weit, die Fahrt kostet immer einen Boliviano fünfzig, 15 Cent. Nur Körperkontakt sollte Dir nicht unangenehm sein und lärmempfindlich darfst Du auch nicht sein.

Die japanischen Minibusse stellen den Großteil des Verkehrs, stammen größtenteils noch aus der Pre-Katalysator-Zeit und sind der ganze Stolz ihrer Besitzer. Liebevoll werden die Motorhauben mit Phantasie-Kühlerfiguren, Zusatzspiegeln und Emblemen verziert, von denen einige klar machen, wie ihre Fahrer sich verstehen. Als Rennfahrer nämlich, zumindest nehme ich das aufgrund der Vielzahl von „Ferrari-Pferden" und „Lamborghini-Kampfstieren" an. Die überfüllten Busse schaffen es im ersten Gang kaum die steilen Hänge hinauf und wir bereiten uns darauf vor, rückwärts wieder runter zu rollen, was dann wie durch ein Wunder doch nicht geschieht.

Erinnert sich aber vielleicht noch jemand an seine Fahrstunde „Anfahren am Hang"? Hier kann man erleben, wie es in Perfektion unter schwersten Bedingungen gemacht wird und klar riecht es dabei nach Kupplungsbelag, was aber nicht so schlimm ist, wie die Abgase. Diesel verbrennt auf 4.000 Meter wegen Sauerstoffmangel nicht mehr vollständig und so zieht jeder der unzähligen Minibusse einen ungesund schwarzen Abgasstrahl hinter sich her, der aber durch die Lungen der Fußgänger bestens gereinigt wird, bevor er in Reizhustenanfällen wieder in die Umwelt freigesetzt wird.

Beim Aussteigen solltest Du aufpassen, nicht in einen, mit automatischen Waffen, kugelsicherer Weste und finsterem Blick vor Banken und Regierungsgebäuden, stehenden Soldaten zu laufen. Aber wahrscheinlich steigst Du mitten in einem Markt aus. In Bolivien, aber speziell in La Paz, gibt es keine Supermärkte, die ganze Stadt ist ein riesiger Markt. Was sehr schön aussieht, wenn der Obststand all seine Waren aufwändig präsentiert, aber nicht so schön ist, wenn das Fleisch ungekühlt in den Abgasen der vorbeifahrenden Autos ausliegt. Es gibt nahezu keine Straße in La Paz, in der nicht irgendwas verkauft wird. Dabei ist alles nach Angebot, man möchte meinen, Zünften, organisiert. Lederwaren in der einen, Gemüse in der anderen Straße, Früchte hier und dort gibt's Glühbirnen, Heimwerkerbedarf hier und daneben Fleisch, dann Taschen, Souvenirs und Drogeriewaren, Lama-Föten gibt es auf dem „Hexenmarkt". Die Preise unterscheiden sich nicht und auch die Waren sind die gleichen. Es gibt auch noch die ganz kleinen Stände, eine Decke auf der Straße und zehn Rollen Klopapier zur Pyramide drapiert oder die Frau, die aus einem 20-Liter-Eimer Bowle mit Früchten verkauft, die sie in Gläser füllt, die sie in einem anderen Eimer abgewaschen hat, aus dem auch der Hund trinkt. Oder die vermummten Schuhputzer, deren Dienste rege in Anspruch genommen werden. Warum sie vermummt sind wissen wir nicht, vielleicht weil sie sich ihres Berufes schämen oder hat es was mit Drogen zu tun?

Unsere Favoriten sind die Fruchtsaftstände, bei denen aus deiner Auswahl an frischen Früchten dein Drink gepresst wird und bei denen es eigentlich immer kostenlosen Refill gibt. Neben dem bunten Angebot sind es aber vor allem die Marktfrauen, die uns gefallen. Sie tragen die klassische Kleidung der bolivianischen Frauen, bis zu 13 Röcke übereinander, dazu das farbenfrohe, zum Rucksack gebundene Tuch, in dem - gar nicht sprichwörtlich sondern tatsächlich - Kind und Kegel transportiert werden. Auf Hüfthöhe luken zwei dick geflochtene, schwarze Zöpfe heraus. Dazu wird die Melone anmutig auf dem Kopf balanciert und lässt die kleinen Frauen ein bisschen größer wirken. Die Melone wird übrigens auch bei Regen nicht abgesetzt, aber nass werden darf sie auch nicht. Daher stülpt man einfach eine durchsichtige Plastiktüte drüber. Sieht komisch aus, ist aber so.

Die Frauen jedenfalls stehlen ihren farblosen Männern und den westlich-modisch gekleideten Teens eindeutig die Show. Wer jetzt glaubt, die Kleidung der Indigenas wäre Sonntags- oder Stadt-Tracht, der irrt. Auch die übelste Feldarbeit mit Spitzhacke und Sense wird in dieser Tracht bewältigt. Sonntags werden die vielen Röcke im Fluss gewaschen und danach wie bunte Blumen auf den Wiesen zum Trocknen ausgebreitet.

Während Tim sich im Friseur-Viertel die Haare schneiden lässt, stehe ich an einer Kreuzung und beobachte das Treiben. Vor der Bank stehen Polizisten mit schusssicheren Westen. Beide halten die Präzisionswaffe Shotgun in der Hand und bewachen den

Geldautomaten, der von einem Dritten befüllt wird. Gegenüber sitzen acht Indigenas nebeneinander aufgereiht und bieten ebenfalls Geldwechsel an. Sie sind im Gegensatz zum Geldautomaten unbewacht aber wahrscheinlich könnte eh niemand herausfinden, unter welchem ihrer Röcke das Geldbündel versteckt ist. Ich stehe da und überlege mir, nach welchem Kriterium ich eine der Frauen aussuchen würde, wahrscheinlich nach Sympathie, der Wechselkurs ist bei allen gleich. Es macht für mich einfach keinen Sinn, dass sie alle auf einer Stelle hocken.

Ich schüttle den Kopf und lache über mein Unverständnis und kaufe bei einem der drei nebeneinander liegenden „Drogerie-Ständen" eine einzelne Packung Taschentücher und eine Rolle Klopapier für die nächste Busfahrt. Beides kostet 50 Centavos, ungefähr sechs Cent und wahrscheinlich hab ich noch den Gringo-Preis bezahlt. Mit meinem Geld geht die Indigena auf die andere Straßenseite und kauft sich ihr Mittagessen bei einer der Garküchen. Ich lasse mir den Saft aus drei Grapefruit von der Saftfrau, die mich am freundlichsten anlächelt, pressen. Neben ihr mustert mich die Frau die Mausefallen verkauft. Weil es Zeit ist, Tim vom Friseur abzuholen, nehme ich meinen Saft „to go". Der Saft wird in eine kleine Tüte gegossen, ein Strohhalm reingesteckt und oben zugeknotet.

Einige Buden bieten auf einem Quadratmeter das Angebot eines gut sortierten Kiosks an. Aus den kleinen Regalen quillt die Ware und neben Simkarten gibt es die Möglichkeit, direkt von der Bude aus zu telefonieren. Daneben brüllt und hupt der Verkehr, Marktschreier konkurrieren mit den Fahrtrichtungsausrufern der Minibusse und wir stehen fasziniert daneben und schlürfen Vitamine gegen den Dreck. Dabei muss ich aufpassen, mit dem Kopf nicht gegen eines der Stromkabel zu stoßen, die die Buden, nicht immer vollständig isoliert, mit Strom versorgen. Überhaupt ist ein Marktbesuch für Europäer sowohl Hindernislauf als auch Limbo-Tanz. Die meisten herausstehenden Stangen, Budendächer und nachlässig verlegten Stromkabel laufen für uns auf Augenhöhe und damit in perfekter Kopfstoß-Höhe.
Mittags werden auf den Marktständen, aus großen Töpfen Mittagessen geschöpft. Wir lieben die „Piques", ein nationales Tagesgericht. Klassisch ist dabei ein Fundament aus Pommes, viel

zähem Rindfleisch und Wurst. Dazu gebratene Zwiebeln, Paprika und eine würzige Sauce. Und oben drauf ein gekochtes Ei.
Abends werden die Stände mit Tüchern und Stahlseilen abgedeckt. Der Verkehr wird etwas ruhiger, der Smog legt sich wie eine dicke Decke über La Paz. So dick, dass er den Straßenlaternen eine Aura verleiht und das Atmen, zusätzlich zur Höhe, unangenehm beißend macht.

Als uns die Welle nach einigen Tagen mit einem Bus Richtung „Rurrenabaque" wieder aus dem Tal spült, scheint sie neben uns auch Unmengen Dreck, Müll und Abgase auszuspülen, die uns noch Kilometer hinter La Paz begleiten. Viel weiter aber reicht der Eindruck, den die Stadt bei uns hinterlassen hat.

Die Fahrt hatte wegen einem riesigen Sack Kartoffeln, der partout nicht in oder auf den Bus passen wollte, schon eine Stunde Verspätung. Als der Sack dann irgendwann halbaufrecht-stehend auf dem Dach festgezurrt ist, bleiben wir an einer Stromleitung hängen. Mit ungläubigem Kopfschütteln schauen wir uns an und „freuen" uns auf die 22-Stündige aber nur 450 Kilometer lange Fahrt, die neben Todesangst auch einige der tollsten Ausblicke auf Boliviens spektakuläre Berglandschaft zu bieten hat, sozusagen der Preis der Angst.

Die Fahrt heraus aus dem Tal ist sehr besonderes. Es könnte nämlich leicht deine Letzte sein. Wir rätseln, was der deutsche TÜV wohl zu unserem Bus sagen würde und ob es irgendein Bauteil gibt, das die Untersuchung bestehen würde, vom Gesamtzustand des Busses wollen wir gar nicht reden. Die recht neuen Reifen immerhin sollten kein Grund zur Beanstandung sein, steht das Profil dem, der auf den Bus aufgemalten, halbnackten Tittenmaus, in nichts nach. Mit heulendem Getriebe und dem, durch die Motorbremse ständig mit dem Drehzahlbegrenzer kämpfenden Motor, geht es die Berge rauf und runter, während nur wenige Zentimeter neben den Rädern der Tod aus dem zweihundert Meter tiefen Abgrund winkt.

Aus La Paz führt die „gefährlichste Straße der Welt" ungeteert und nach einem nicht seltenen Regenschauer extrem schmierig und anfällig für Erdrutsche. Statt Leitplanken stehen etliche Kreuze an den Hängen und sollen nicht an die Gottesfürchtigkeit der Bolivianer erinnern. „Death Road" wird die Straße genannt und nicht ohne Grund, auch wenn sie, nach dem Bau einer neuen Straße auf der anderen Seite des Tals, für den Verkehr gesperrt ist. Beim Blick aus dem Busfenster können wir keinen Zentimeter „Straße" zwischen den Reifen und dem Abgrund ausmachen, als wir mal wieder einem entgegenkommenden LKW ausweichen müssen. Neben uns treiben Geier im Aufwind. Der Unterschied der neuen Streckenführung zur Alten besteht darin, dass der Abgrund bei der Neuen nur noch zwei- statt vierhundert Meter tief ist, was aber immer noch ausreicht um Dich zweimal umzubringen, schätze ich. Die Ironie dazu kommt aus den Lautsprechern des Busradios, wird aber wohl nur von den wenigsten Passagieren verstanden: die Bee Gees spielen „Stayin' alive".

Langsam wird auf dieser Strecke nicht gefahren, was mir ein ebensolches Rätsel bleibt, wie die Regelung, nach der hier links oder rechts ausgewichen wird. Scheinbar wahllos aber in gegenseitiger Übereinstimmung passieren wir links, wenige Zentimeter und nur einen nachgebenden Erdklumpen vom sicheren Tod entfernt oder rechts, mit am Hang kratzenden Außenspiegeln, den entgegenkommenden Verkehr. Das sorgt für Herzklopfen und neben den mal wieder unerträglich gewordenen Temperaturen im Bus, für Schweißperlen auf der Stirn.

Susan krallt sich in meiner Hand fest, ihre Knöchel sind weiß wie ihr Gesicht. Richtig brenzlig wird es aber, wenn nachts und bei totaler Dunkelheit rückwärts, auf der einspurigen Straße, bergauf um eine Kurve gefahren wird, um einem entgegenkommenden LKW Platz zu machen. Zumindest funktionieren bei unserem Bus die Scheinwerfer, was nicht alle Busse für sich verbuchen können.

Zurück nach La Paz lassen wir uns vom bolivianischen Militär fliegen. Nicht so spektakulär aber mit nur 35 Minuten Flugzeit definitiv die Wahl der Stunde, auch wenn der Flughafen La Paz, als der höchst- gelegene Verkehrsflughafen der Welt, als einer der am schwierigsten anzufliegenden gilt.

Das teuerste T-Shirt Boliviens
La Paz, Bolivien, April 2010

„Sind das die T-Shirts?"
„Ja, das sind die T-Shirts. Wollen Sie eins anprobieren, damit wir wissen, welche Größe Sie brauchen?"
„Gibt's die auch noch in anderen Farben?"
„Nein, nur die fünf, die hier hängen. – Das hier sind übrigens die Bikes mit denen Sie..."
Unterbricht: „...aber das Shirt ist im Preis mit drin?"
„Ja genau, die Bikes sind übrigens aus Amerika und für härteste Ansprüche gemacht."
„Kann ich das Shirt auch jetzt schon mitnehmen?"

Er kann und in diesem Moment weiß ich, dass ich hier falsch bin. Er ist nicht mehr vierzig und will die gleiche Mountainbike-Tour wie ich machen. Ich schaue noch kurz das Video an, das den Spaß darstellen soll, mit dem man hier die „gefährlichste Straße der Welt" in einem „Downhill-Thriller" (Veranstalter O-Ton) erleben kann, dann habe ich genug gesehen.

Hier geht es um das Shirt, das Du zu der Tour bekommst und das Dich als „Überlebenden der gefährlichsten Straße der Welt" auszeichnet. Ernsthaft Mountainbike fahren will hier keiner. In La Paz will scheinbar jeder die „gefährlichste Straße der Welt", die Death Road, fahren und viel wichtiger, hinterher will er das im Preis inbegriffene T-Shirt tragen, das ihn als einen eiskalten, dem Tod ins Auge blinzelnden Motherfucker auszeichnet.

Und ganz ehrlich, ich will das Shirt auch, ich brauche es geradezu. Nach einem knappen Jahr sind die wenigen Shirts, die ich dabei habe, derart am Limit, dass sie nicht mal mehr als „Used-Look" durchgehen, der ja zumindest bei Jeans hip wäre. Ein neues Baumwollshirt, in passender Größe und nicht durch zu viele Wäschen in Farbe und Form verfälscht, würde aus mir direkt mal wieder einen ansehnlichen Typen machen aber es wird nichts mit mir und dem Shirt.
Wer auch immer die Idee mit den Shirts hatte, er hat seine Marketinghausaufgaben gemacht, was man in Bolivien nur von ganz wenigen Unternehmen behaupten kann. Das Shirt ist uns überall in Südamerika begegnet und ich hatte mir fest vorgenommen, diese

Tour auch zu fahren, schon landschaftlich gibt es hier Einiges zu sehen und von der Abfahrt selber hatte ich mir viel erhofft.

Was ich nicht wusste, man fährt auf der „Straße des Todes", was zwar spektakulär klingt, aber für jeden, der mal ernsthaft ein Mountainbike eine Abfahrt runter geprügelt hat, ungefähr so spannend ist, wie die Fahrt zum Bäcker um die Ecke. Es bleibt halt eine Straße und die fahrerische Herausforderung kann jeder, der den Stützrädern entwachsen ist, meistern. Der Veranstalter verspricht ein einmaliges und atemberaubendes Mountainbike extrem Erlebnis und dafür werden schwere Zweirad-Geschütze aufgefahren. Feinste amerikanische Downhillbikes mit zwanzig Zentimetern Federweg und Scheibenbremsen stehen bereit, um von blutigen Anfängern durch die „Hölle" geritten zu werden.

Das Video zeigt dann gemütlich sitzende und locker dahinpedalierende Ausflügler, die gut-gelaunt in die Kamera winken. Das ist also mein Lieblingssport, wenn ihn Tourveranstalter in die Klauen bekommen. Was bleibt ist eine leere Marketinghülse und ich bin enttäuscht. Den mit vielen Totenköpfen gekennzeichneten „Ghost ride", eine Singletrack-Alternative wie ich sie mir vorgestellt habe, kann der Veranstalter mangels fehlender Teilnehmer nicht bieten. Auf meine Frage, ob man denn wenigstens Klickpedale für die allgemeine Tour bieten könne, da ich mit meinen Wanderschuhen unmöglich fahren könnte, meint die „Agenturschnalle" lapidar, dass Wanderschuhe schon optimal wären. Ja nee, is klar.

Ich werfe noch mal einen Blick zurück in die Agentur, wo der Typ gerade sein Shirt überprobiert. Es spannt ziemlich um seinen nicht ganz flachen Bauch und irgendwie sieht das rote Shirt mit dem Totenkopf an seinem betagten Träger lächerlich aus.
Schade, an mir hätte es besser ausgesehen aber nur für das Shirt wäre es ein verdammt teurer Ausflug geworden.

Der beste Job der Welt
Roatan, Honduras, Mai 2010

„Der beste Job der Welt", so nannte es die australische Tourismusbehörde, als sie 2008 einen „Job" als Inselwart am Great Barrier Reef auslobte. Aufgaben: Einen der wohl angenehmsten Orte dieser Erde genießen und ein Internet-Tagebuch schreiben, damit alle, die den Job nicht bekamen, eifersüchtig wurden und die Region auf eigene Kosten besuchen. Ein Paradies für Outdoorsport-Fans und als wäre das nicht schon Belohnung genug, gab es ein üppiges Taschengeld. Residiert wurde stilecht in einer Villa mit Pool und Blick aufs Meer.

Ein genialer Coup der Tourismusbehörde, denn das Marketing für die Idee übernahmen Fernsehsender, Zeitungen und das Internet für lau. Jeder war aufgerufen, sich mit einer möglichst originellen Bewerbung zu qualifizieren. Was uns damals davon abhielt eine Bewerbung abzuschicken? Nun, der Flug nach Alaska war gebucht und wir hatten Australien für unsere Reise gar nicht ins Auge gefasst. Außerdem finde ich, dass dem „Great Barrier Reef" einige Touristen weniger besser tun würden, als die Millionen, die sich aufgrund dieser Aktion vermehrt für das fragile Ökosystem vor Australiens Ostküste interessierten.
Die Bewerbungsfrist verstrich und unsere eigene Bewerbung war nur der kurze Gedanke, wie es wohl wäre, wenn wir uns in der Sonne aalten, tauchten und die Kohle einstreichten. Es bewarben sich 35.000 Interessenten und letztendlich bekommen hat den „Job" ein Engländer. Das Letzte was ich von der Aktion gehört habe ist, dass er sich beim Tauchen verletzt hat und aufs Festland gebracht werden musste.
Ich bewundere die Idee der Marketingleute, sah die Bilder im Fernsehen und staunte. So wie ich staunte, als wir die Bilder von Roatan sahen. Roatan ist eine kleine Insel in der Karibik und gehört zu Honduras. Honduras kann es touristisch nicht mit Australien aufnehmen und das Auswärtige Amt rät Touristen in aller Deutlichkeit davon ab, Honduras zu bereisen und doch sind wir jetzt genau dort.

In einem Internetcafé in La Paz in Bolivien, erhielten wir eine e-Mail von Jan unserer San Francisco Familie. Neben einem unwirklichen Inhalt war es ein Link, der uns den Mund trocken werden ließ. Vor unseren Augen flimmerte der Imagefilm eines Luxus-Ressorts über den Bildschirm. Ein Inselparadies wie Du es aus dem Fernsehen kennst und das als unwirkliche Kulisse für das „Traumschiff" herhält. Und da war er, der beste Job der Welt, diesmal für uns.

Eine Freundin von Jan suchte für ihr Anwesen auf Roatan einen Haus- und Hundesitter. Aufgaben: Das Haus nicht abbrennen, die Tiere nicht verhungern lassen und den Geländewagen nicht zu Schrott fahren. Im Gegenzug sollten wir umsonst in dem Haus mit Pool wohnen, den Strand direkt vor der Haustür und den Obstbäumen im Garten - mag jemand Mangos? Jan schrieb, dass sie uns bei Theresa ins Rennen bringt, wenn Roatan bei uns in den Zeitplan passt.
Wir sitzen in dem Internetcafé, scrollen durch die weiteren Mails, abgelenkt beantworten wir einige und surfen lustlos einige Seiten im Internet ab doch wirklich ernsthaft bei der „Sache" sind wir nicht. Sag mal Susan, denken wir tatsächlich darüber nach, das zu machen? Können wir das überhaupt, dürfen wir das annehmen, kann man so viel Glück haben oder müssen wir uns dafür rechtfertigen? Mein Bruder wird später fragen, ob kneifen noch ausreicht um zu merken, dass wir nicht träumen.

Wir wissen gar nichts über Roatan, ich weiß nicht mal genau wo Honduras liegt, die Leute kennen wir auch nicht und die uns erst recht nicht. Wikipedia weiß aber einiges über Roatan, was sehr neugierig macht. Unter anderem gilt Roatan als einer der Top zehn Tauch-Spots dieses Planeten, hat meistens um die 30 Grad und ist ein tropisches Paradies mit Palmen auf weißem Sandstrand und blauem Meer. Unsere Neugier kann nicht mal das Auswärtige Amt mit seinen drastischen Warnungen ausräumen.

Wir sind ein Jahr unterwegs und ein bisschen Urlaub könnten wir schon vertragen; jeden Tag woanders, nie Routine oder Alltag, lass uns doch mal spaßeshalber gucken, was Flüge kosten. Flüge werden in jeder möglichen Konstellation recherchiert, verschiedene Abflughäfen zu verschiedenen Daten mit unterschiedlichen Zielflughäfen kombiniert und wir begreifen mal wieder, das örtliche und zeitliche Flexibilität mit das Wichtigste an unserer Reise sind. Eine vorgefertigte Route, bereits gekaufte Weiterflug-Tickets oder geistige Unbeweglichkeit hätten uns hier gestoppt.

So aber tun wir das, was wir in einem Jahr gelernt haben, wir sagen Ja, umarmen das Leben, nutzen die Gelegenheit und lassen „Das ist doch nicht normal" unbeeindruckt hinter uns zurück. Jan stellt uns als Teil der Familie vor und das reicht Theresa. Als Teil der Familie überlässt sie uns ihr Haus auf Roatan für knapp fünf Wochen.

Und da sind wir jetzt, Haus- und Inselwart auf Roatan, Honduras, was sich natürlich viel lockerer anhört als es ist. Wir müssen permanent Entscheidungen treffen und ich denke deshalb hat man uns in dieser verantwortungsvollen Position eingesetzt. Soll ich in den hauseigenen Pool, in den größeren Pool der Community oder soll ich ins Meer direkt vor der Haustür springen? Soll ich am Strand liegen oder auf einer der Liegen im Garten oder am Pool? Soll ich Mango mit Joghurt frühstücken oder mich aus dem reichlich gefüllten Kühlschrank bedienen und Ananas mit Cerealien essen? Sollen wir dann mit dem riesigen Toyota 4x4 zum Tauchen fahren, oder schwimmen gehen oder schnorcheln, mit dem hauseigenen Kajak durch die Bucht paddeln oder Jet-Skis leihen? Soll ich dann meine E-mail Korrespondenz erledigen oder spiele ich gegen Susan Bowling auf der auf der Veranda angebrachten Wii-Konsole? Ich könnte auch aus über 500 Fernsehsendern einen Film ansehen oder eine der vielen DVDs anschauen aber dafür ist das Wetter zu schön, das verschiebe ich auf abends. Wenn Susan nicht lieber barfuß durch den feinen Sand am Meer laufen möchte und in einem der Pavillons am Ende des Stegs in einer Hängematte liegend eine Flasche Wein leeren und den Sonnenuntergang sehen will.

Du siehst, unser Job ist hart und die Zeit hier wird kaum zum Entspannen ausreichen aber wir versuchen das Beste draus zu machen.

Wir sind keine Freunde
Cusco, Peru, Juni 2010

Ich hasse es, wenn ich beschissen werde. Zum einen weil es meistens mit Geld zu tun hat und wie die meisten anderen, zahle ich nicht gerne zu viel und schon gar nicht, wenn ich das Gefühl habe, höchstens Mittelmaß für mein Geld zu bekommen. Zum anderen mache ich mittlerweile jedes Mal eine Notiz im „imaginären Buch der unsympathischen Begegnungen" und das frustriert mich sogar noch mehr. Das Buch trage ich erst seit Peru mit mir herum; in den anderen Ländern bin ich gar nicht auf die Idee gekommen, mich mit so frustrierenden Aufzeichnungen zu plagen und es hätte ein Notizzettel gereicht um die unliebsamen Begegnungen zu dokumentieren. Eigentlich liegt es mir völlig fern, so was zu notieren aber in Peru treten sie in solcher Häufung auf, dass ich, wenn auch nur imaginär, dieses Buch begonnen habe.

Die große Konkurrenz entlang des „Gringo-Trail", dem viele Lonely-Planet-Reisende, Pilgerpfad-ähnlich folgen, hat vor allem in Peru nicht dazu geführt, dass sich unterschiedliche Angebote entwickelt hätten. Stattdessen sind die meisten Angebote gleichgeschaltet und nur im Preis unterschiedlich. Wobei ein unterschiedlicher Preis keine zu erwartende Qualitätsunterschiede mit sich bringen muss und das liegt daran, dass man oftmals versucht, ganz banal zu bescheißen. Es beginnt mit dem Aussteigen aus dem Bus; nach einer zwanzigstündigen Busfahrt will ich als erstes mein Gepäck aber keine Hostel- und Taxifahrt-anbietende Meute abwehren müssen. Wenn wir dann im unfreundlichen Ton, den wir uns von einer Nahost Reise-Nation abgeschaut haben, klar gemacht haben, dass wir einen Moment brauchen, beginnt das Spiel.

„Ey Amigo, Taxi? Wir sind das offizielle Taxiunternehmen der Busgesellschaft". Er lügt.
Die angebliche „offizielle Taxigesellschaft der Busgesellschaft" soll uns zu einem vorher verhandelten Preis zum Hostel fahren. Auf dem Weg ruft er angeblich bei dem Hostel an, zu dem er zwar den Weg nicht kennt aber die Telefonnummer im Kopf hat und „überrascht" uns mit der Aussage, dass es ausgebucht sei.

„Amigo, das Hostel ist schon voll, ich kenn ein anderes, das ist sogar besser." Er lügt.

Als wir an dem Hostel festhalten, sagt er uns, wir könnten es natürlich probieren aber das Hostel wird praktisch nur von Israelis besucht. Eine gerissene Aussage, will sich eigentlich kein Nicht-Israeli in einem dieser berühmt-berüchtigten Hostels einmieten. Unser Zögern nutzt er, uns eine Visitenkarte eines wirklich schönen Hostels unter die Nase zu halten. Bei dem Preis brauchen wir aber nicht verhandeln, wir suchen etwas halb so teures. Er ruft angeblich bei einem anderen Hostel an, vereinbart eine Reservierung und dann sind wir auch schon da und warte mal, das sieht hier ja genauso aus, wie auf der Visitenkarte des teuren Hostels. Der „offizielle Taxifahrer der Busgesellschaft" zeigt uns das schöne Zimmer und auf unsere Nachfrage zu unserem Preis nickt er, seiner Frau aber treten die Augen aus dem Kopf. Eine aufgeregte Diskussion später, wird er heute Abend keinen Sex haben, wir aber das Zimmer zu dem mit ihm ausgehandelten Preis.

Am nächsten Morgen bezahlen wir das Hostel und bummeln durch den Ort auf der Suche nach einem anderen Hostel, bei dem Preis dürfen wir nämlich nur eine Nacht bleiben. Wir kommen bei dem ursprünglich präferierten Hostel vorbei und siehe da, Reisende aller Herren Länder, noch ein Zimmer frei, alles klar, das machen wir. Wir holen unser Gepäck aus dem anderen Hostel und sollen zahlen, nochmal. Niemand kann sich erinnern und niemand hat uns als bereits bezahlt aus der Liste gestrichen. Die Dame an der Rezeption, die sich von ihrer Freundin noch das Wechselgeld leihen musste, kann sich nicht daran erinnern, was vor 45 Minuten war und auch die Freundin behauptet steif und fest wir hätten noch nicht bezahlt. Normalerweise würde ich von einem Irrtum ausgehen aber irgendwas an der Reaktion der beiden lässt mich unterstellen, hier soll die zweite Hälfte des Zimmerpreises reingeholt werden. Also machen wir es uns erst mal an der Rezeption bequem, Susan diktiert im ungewohnt barschen Ton wiederholt wie es sich zugetragen hat und macht überdeutlich, dass wir kein zweites Mal bezahlen werden. Nach fünf Minuten gegenseitiger Behauptungen und Arme-in-die-Hüften-Gestütze lichtet sich die geistige Umnachtung der Einen und sie „erinnert" sich plötzlich wieder. Nach kurzem, „Soap-Star verdächtigen Zögern" erlangt auch die Zweite ihr Kurzzeitgedächtnis zurück und wir können gehen. Das schlechte Gefühl bleibt.

„Eine Fahrt zum Busbahnhof kostet 10 Soles, ist Spezialpreis Amigo." Er lügt.
Die Fahrt zum Busbahnhof kostet mal wieder das Doppelte vom Hinweg aber nach einem lustlos gespielten Kopfschütteln und dem Begriff des „Auf-den-Weg-machens" unsererseits, sinkt der Preis um 50 Prozent. Weil wir es sind, Spezialpreis, verstehste, heute Nacht werden seine Kinder hungrig ins Bett gehen müssen, ja ja.
„Disculpe Amigo, die Busgesellschaft gibt es seit letztem Jahr nicht mehr." Er lügt.
Beim Busbahnhof angekommen, fragen wir uns zur ausgewählten Busgesellschaft durch, die es schon seit über einem Jahr nicht mehr geben soll aber dann finden wir sie eben doch, so ein Zufall.

„Oh Amigo, da kommt ihr nur mit unserer Tour hin, ich mach Spezialpreis." Er lügt.
Wir wollen die Tickets kaufen aber entgegen den Informationen der Internetseite, kann man vor Ort nur per organisierter Tour zum Ziel kommen. Die Fahrt ohne die Tour ist erst nach zehn Minuten und angeblicher Rücksprache mit dem Chef möglich.

„Ihr wollt noch mit, müsst jetzt entscheiden, ist alles voll bis auf zwei Plätze Amigo." Er lügt.
Dafür müssen wir aber auch gleich bezahlen, schließlich haben wir das große Glück die zwei letzten Tickets zu ergattern. Im Bus sind dann komischerweise viele reiche Reisende unterwegs, die zusätzlich noch den leeren Platz neben sich gebucht haben um ihre Ruhe zu haben und der Einer muss sogar noch für die Reihe vor sich bezahlt haben. Unglaublich.

„Hola Amigo, wollt ihr essen, wir sind das beste Restaurant im Ort." Er lügt.
Bei Restaurants lassen wir uns überhaupt nie durch das Gequatsche beeinflussen aber es nervt mich und ich mache einen imaginären Eintrag in mein Buch. Vielleicht sollte ich das Ganze als Spiel begreifen und die lustige Seite daran sehen aber ich kann nicht. Mich nervt das ständige Belügen und Ausnehmen. Es macht mir nichts aus, Preise verhandeln zu müssen aber ich hasse das Gefühl, beschissen zu werden und dieses Gefühl habe ich erst seit Peru, zusammen mit dem Gefühl, mich in Städten öfter umdrehen zu müssen.
„Ey Amigo…" er lügt. Wir sind keine Freunde.

Große Erwartungen
Aguas Calientes, Peru, Juni 2010

Große Erwartungen sind schrecklich. Die Enttäuschung ist in ihnen praktisch schon hinterlegt und so scheint man unaufhaltsam auf diese zuzusteuern, während man innerlich noch hofft, die Erwartungen mögen sich erfüllen. Und täten sie es, was bliebe dann? Eine erfüllte Erwartung klingt in meinen Ohren so nach Schulnote 3 aber bei hohen Erwartungen ist 3 eigentlich nicht das, was ich erwarte.

Endlich ändert sich die Landschaft als wir den sepia-farbenden Küstenstreifen Perus verlassen und von Lima aus in die Berglandschaft des Hinterlandes abbiegen. Aus Lima sind wir regelrecht geflohen. Nach allem, was wir im Vorfeld über Perus Hauptstadt gehört hatten, zusammen mit unserer bisherigen Erfahrung, wollen wir in diesem Moloch keine Minute länger als nötig verbringen. Aus dem Bus stolpernd wehren wir die „Taxi-Koberer" mit ihren völlig überzogenen Preisen ab, verhandeln mit einem unabhängigen Fahrer einen halb so hohen Preis und lassen uns gewohnt rasant zum Ziel bringen, Hauptsache weg und schnell können Sie ja, die peruanischen Taxifahrer.

Dabei waren unsere Erwartungen an Peru eigentlich andere; fliehen wollten wir schon mal gar nicht aber vielleicht scheitert das Land auch aus anderen Gründen bisher daran, uns zu begeistern. Der Küstenstreifen von Süden bis Lima ist mir so trost- und farblos vorgekommen, als hätte jemand den namensgebenden Teil aus einem Farbfilm entfernt und nur noch grau-, braun-, und ocker-Töne zurückgelassen. Deprimierend aber ins Bild passend, sieht es dazu in einigen Städten aus wie Dresden '45. Wo keine Ruinen aus der Erde ragen, wurden deprimierende Beton-Neubauten errichtet, die lieb- und achtlos die Sicht auf das Meer versperren. Die farblosen Hochhäuser vermengen sich mit dem braunen Smog und wirken aus der Ferne wie Grabsteine auf einem Friedhof. Ich frage mich, wo all die Farben und die Fröhlichkeit Südamerikas hin sind und kann mir die Antwort bald denken.

Die Peruaner erscheinen mir als das „lebensunlustigste Volk", das wir kennengelernt haben. Ihre Augen schauen leer an uns vorbei, während sie uns ihre Angebote und Dienste aufdrängen. Sie sind ein

„nein" gewohnt, sie hören es täglich noch öfter, als wir ihre Angebote und natürlich sind wir genervt, sie aber noch viel mehr und das kontern sie mit Penetranz. Genügt auf dem restlichen Kontinent ein einfaches „nein", wird hier penetrant nachgesetzt.

Es ist ein Spießroutenlauf den Du als Tourist in Perus Städten über Dich ergehen lassen musst. Gerade hast Du die Gasse mit den Massagen durchquert, zwanzig Masseurinnen eine Absage erteilt, da kommt die 21. auf Dich zu gestürmt, will Dir einen Flyer in die Hand drücken und fragt mit hoffnungslosem Blick: „Massaje?" Zumindest der Inka-König macht heute sein Geschäft. Amerikanische Touristen stehen Schlange um sich mit ihm und seinem Plastikschmuck fotografieren zu lassen.

Sie alle wollen ein Stück vom süßen Kuchen Tourismus abhaben und machen damit so vieles in ihrem Land, für sich und die Touristen kaputt. Es gibt in Peru keine unabhängigen Informationen für Touristen wie wir sie in den USA geliebt haben, stattdessen diktieren Agenturen zu besuchende Plätze und Preise und machen individuelles Reisen aufgrund mangelnder Infrastruktur sehr beschwerlich. Du sollst die Pakete der Touranbieter buchen und das „Bolleto Touristico" kaufen, das den Eintritt zu den zu besuchenden Stätten ermöglicht. Alles im Paket, alles geregelt, alles kontrolliert. Zumindest der Geldstrom, denn niemand kontrolliert den Touristenstrom und so werden aus Geldgier die historischen Stätte von Touristen überrannt. Schon ist geplant, eine Seilbahn hoch zu Machu Picchu zu bauen, damit noch mehr Touristen die Anlage einnehmen können. Die UNESCO droht mit der Aberkennung des Weltkulturerbe-Status und Peru wird sich entscheiden müssen. Status oder Statussymbole. Ich fürchte, ich weiß die Antwort. Auch wenn immer wieder im Gespräch ist, die Anzahl an Touristen zu reduzieren. Die Wahrheit ist, dass jährlich mehr Touristen ihre Fußabdrücke in Form von Müll und geologischen Mitbringseln an den Stätten und auf den Trails hinterlassen.

Sie haben es mit dem Tourismus übertrieben, die Peruaner, und auch wir sind Teil dieses unkontrollierten Stroms, wollen uns unsere Route nach Machu Picchu aber nicht diktieren lassen sondern selber entscheiden, wem wir wofür wie viel Geld geben. Der Inka Trail kommt wegen unverschämten Preisen und geführten Massen-Wanderungen nicht in Frage. Auf keinen Fall wollen wir ein

Paketangebot der Agenturen annehmen und der Touristen-Zug ist, wie alles in und um Machu Picchu, übertrieben teuer. Wir fragen ein bisschen rum und entscheiden uns für die offiziell gar nicht existierende Option, mit verschiedenen Bussen, Collectivos und einem guten Stück Fußmarsch nach Machu Picchu zu reisen.

Zunächst fahren auch wir auf Schienen, allerdings mit unserem Bus, denn die Straße ist blockiert und so wird auf die Bahnstrecke ausgewichen. Der Höhepunkt ist aber eine Fahrt zu elft in einem Toyota Corolla Kombi. Vorne sitzen drei Erwachsene, hinten vier und im Kofferraum noch mal zwei mit ihren beiden Kindern, plus Gepäck. Einer der Mitfahrenden wird heute Fisch essen und dazu spielt der Fahrer „90'er Jahre Euro Dance Trash" und „Modern Talking". Es käme meinem schlimmsten Alptraum gleich, wäre die Landschaft nicht so beeindruckend. Perus Bergwelt lenkt uns von der Rallye-Etappe ab, die unser Fahrer aus der Piste macht, auf die sich kein Hamburger mit seinem SUV trauen würde, aus Angst, sich das edle Gefährt zu beschädigen. Der kleine Toyota aber springt über die Buckelpiste, versinkt in Bächen und Schlaglöchern und nach zwei Stunden, etlicher blind durchflogener Kurven und Kuppen und der immer währenden Frage, wie das Auto das bloß aushält, sind wir tatsächlich am Wasserkraftwerk.

Von hier aus trennt uns nur noch ein elf Kilometer Marsch von „Aguas Calientes", dem Ausgangsort zu Machu Picchu.
Meine Erwartungen, an die vermeintliche Hauptattraktion und für Einige, einziger Grund, nach Peru zu reisen, sind hoch. Von Machu Picchu erwarte ich viel und fürchte schon die nass-kalte Hand der Enttäuschung, die jede Flamme der Begeisterung erstickt. Aber zunächst ist es die Kälte der Dusche in unserem Hostel, die entgegen dem, was der Ortsname verspricht, kein warmes Wasser hat und auch keine Klobrille, nicht mal einen Haken um ein Handtuch aufzuhängen, na toll. „Aguas Calientes" ist sauber, nicht nur für südamerikanische Maßstäbe, sondern tatsächlich. Aber nichts an diesem Ort ist authentisch, sondern einzig auf Touristen ausgerichtet und so empfinde ich auch die Menschen. Sie verstehen sich auf das Ausnehmen von Touristen und wirken dabei so authentisch und interessant wie Soap-Darsteller. „Aguas Calientes" ist ihre Bühne und wir die Zuschauer aber ich applaudiere nicht.

Aus meiner Sicht kann man Perus Problem mit dem Tourismus im Touristen-Ghetto von Aguas Calientes perfekt erleben. Die Müllhalde am Ortsausgang ist längst überfüllt, sodass eine weitere, zwei Kilometer weiter errichtet werden musste, die nun auch am Ende ihrer Kapazität ist, aber hier kommen die Touristen nicht lang. Für sie gibt es die künstliche Welt der verkleidet tanzenden und rituelle Bräuche aufführenden Indios und den, das halbe Dorf einnehmenden, Souvenir-Markt. Schnell noch ein Foto neben dem Plastik-Sonnengott und dann in eines der unzähligen Restaurants, natürlich nicht ohne zwanzigmal angequatscht worden zu sein. Für welches der überteuerten Restaurants Du Dich entscheidest, ist völlig egal. Typisch Peru gibt es überall das Gleiche und alles. Italienisch, Mexikanisch, klassische peruanische Küche mit Meerschweinchen, Steaks, Fisch, Huhn, Schwein, Bar, Café, Hotel, alles in Einem. Und weil sie alles richtig machen wollen, machen sie am Ende alles falsch. Ebenso lustlos wie das Personal, blättern wir uns durch zwanzig Seiten der Speisekarte, bezahlen zu viel für irgendwas und eine absurde lokale Steuer. Arm, satt aber nicht glücklich gehen wir ins Bett, während die Bar unter uns gerade Micheal Jackson in voller Lautstärke auferstehen lässt - beat it.

Aber all das macht nichts, als am nächsten Morgen die Sonne über die Berge um Machu Picchu kommt und die Ruinen und das, was ich bisher über Peru empfunden habe, in ein neues Licht taucht. Wir erleben die Stadt in den Wolken völlig wolkenlos. Wer immer die Idee hatte, Machu Picchu auf diesem Berg zu errichten, er war ein Genie. Die genaue Funktion der Anlage ist umstritten, religiöses Zentrum der Superlative, Verteidigungsanlage, Rückzugsort der Elite, Observatorium, völlig egal. Wenn hier die Sonne über die umgebenden Berge bricht und die Ruinen färbt, weißt Du, warum Machu Picchu nur hier errichtet werden konnte.

Die terrassenartigen Grasflächen beginnen zu leuchten, „Wayana Picchu" wird langsam vom Licht umhüllt und Lamas grasen zwischen den Ruinen. Wir besteigen den Nachbar-Berg „Wayana Picchu" und den kleinen, knubbeligen Hügel dazwischen. Von allen hat man einen beeindruckenden Blick auf die Anlage aber den, wie ich finde, besten Blick, hat man von dem 2.500 Meter hohem „Putucusi", der Machu Picchu gegenüber liegt. Für die Besteigung dieses Berges brauchst Du kein Ticket und es gibt auch keine Busse nach oben, was das

Touristenaufkommen schon erheblich reduziert. Und weil der Weg nach einem Erdrutsch zur Zeit nur mit einer Kletterpartie zu machen ist, bin ich zwar dreckig als ich oben bin, dafür aber allein und das ist es, was für mich den perfekten Moment ausgemacht hat. Alleine in der einmaligen Berglandschaft sitzen, Machu Picchu auf der anderen Seite des Tals und einfach nur staunen. Staunen, wie die Wolken an den Bergen entlang ziehen, wie still es hier ist und welche unvorstellbare Arbeit in den Bau der Anlage gesteckt wurde.

Auf der Rückfahrt von Machu Picchu nach Cusco macht die deutsche Nationalmannschaft mein Wochenende perfekt. In einem kleinen Ort, in dem wir auf den nächsten Bus warten, erklären wir der Suppenküchenbesitzerin die Wichtigkeit von Fußball. Sie organisiert einen Fernseher und während wir in ihrer Familienküche lecker und reichhaltig essen, demontiert die deutsche Elf Australien.
Geht doch Peru, danke.

Gullivers kritische Reisen
Huancavelica, Peru, Juni 2010

In jedem guten Western gibt es die Szene, in der „der Fremde" den Saloon betritt. Augenblicklich verstummen Musik und Gespräche, sogar die verrauchte Luft scheint einen Moment lang still zu stehen. Im Gegenlicht ist der Fremde nur als Schatten zu erkennen, ein Zug an der locker im Mund hängenden Fluppe lässt die Konturen des Gesichts erahnen aber dann verstirbt das Glühen auch schon wieder und das von draußen hereinbrechende Gegenlicht lässt nichts als den Schatten zurück. Ein endloser Moment der Stille vergeht, bevor er einen Schritt in den Saloon macht, die Schwingtüren quietschend hinter ihm nachschwingen und er mit schweren Schritten auf dem Holzboden zur Bar schreitet. Langsam und so, dass neben dem dumpfen Auftreten nur das Klirren der Sporen zu hören ist. Sein Gang wird verfolgt von den eben noch in Kartenspiele und Gespräche vertieften Anwesenden. Nach einem scheinbar endlosen Marsch erreicht der Fremde die Bar und bestellt bei dem Gläser-trocknenden Barkeeper irgendwas Hochprozentiges.

Was man in diesen Filmen nie sieht, ist, dass dem Protagonisten die Situation des Angestarrt-werden oder das im Mittelpunktstehen unangenehm wäre. Da wird keiner rot und niemand macht eine Verlegenheitsgeste. Die Jungs in den Western schreiten zum Tresen, erstellen den Plan, wen sie wie „abknallen" ohne nachladen zu müssen, kippen das bestellte Zeug runter. Dann knallt's.

Ich wäre kein cooler Westernheld geworden, im Mittelpunkt stehend, neige ich zu diesen Verlegenheitsgesten und könnte mich nicht mehr auf die Reihenfolge des Abknallens konzentrieren. Warum ich das erzähle; in letzter Zeit stehe ich häufig im Mittelpunkt und erlebe diese Situation des Angestarrtwerdens - auch mit offenem Mund. Wir haben es geschafft, dem touristischen Peru den Rücken zu kehren und sind in 48 Stunden und 400 Kilometern Luftlinie von Cusco nach Huancavelica in Perus Hinterland gefahren. Hier kommen kaum Touristen her, das merkten wir schon auf der Hinfahrt, auf der wir die einzigen Gringos sind. Hier wurden wir kein einziges Mal angesprochen, in ein Restaurant zu kommen oder etwas zu kaufen und nichts, weder die Busse, die Restaurants oder Hostels tragen den, auf uns abschreckend wirkenden Aufdruck, „Turistico". In dem wunderschön gelegenen und verschlafenen Ort sind wir die einzigen Nicht-Peruaner und es scheint so, als wären wir seit langem die einzigen. Wir sind hergekommen, um mit einer Schmalspurbahn durch die Berglandschaft zum nächsten Ort zu fahren. Ein Erdrutsch macht unser Vorhaben aber unmöglich und mit dem Versiegen des Eisenbahnverkehrs, versiegte scheinbar auch der Strom an Touristen und das schon vor langer Zeit.

Kinder bleiben mit offenem Mund stehen, zeigen auf uns und werden von ihren Eltern mit entschuldigenden Blicken weitergezogen. Mädchen tuscheln und kichern, laufen uns hinterher und freuen sich, wenn wir uns umdrehen und winken. Sie können sich das Lachen nicht verkneifen und erst recht nicht an uns vorbeischauen. Dabei bin vor allem ich es, den sie begaffen. Seht den Freak - ein Soles, macht ein Foto mit dem Freak - drei Soles. Nie war ich mir der ungeteilten, vor allem weiblichen Aufmerksamkeit, bewusster. Ich komme mir vor wie „Gulliver" auf seinen Reisen, als er im Zwergenland Station macht. Ich bin mindestens zwei Köpfe größer als die Menschen hier und in ihren Augen blond, eine sehr exotische Mischung in Perus Hinterland. Sie lachen uns fröhlich und offen an, dass wir einfach nur zurücklachen können und uns mit ihnen freuen. Es macht großen Spaß, die Hauptattraktion im Ort zu sein.

Können das die gleichen Peruaner sein, wie wir sie in den Touristenorten kennengelernt haben? Die Frage müsste anders gestellt werden. Wie konnten die Touristen-Peruaner die Freundlichkeit und Offenheit verlieren, die ihnen ursprünglich ja scheinbar innewohnte?
Meine Antwort ist ebenso einfach wie frustrierend, es sind die Ausländer, die die Peruaner ein zweites Mal ruinieren. Zuerst die spanische Invasion mit Millionen Toten durch Krieg, Krankheiten, einem Umerziehen des Glaubens und Beraubens der kulturellen Schätze und nun eine zweite Welle durch Reisende, denen die Peruaner sich anbiedernd zu Füßen werfen. Die zweite Invasionswelle tötet nicht und kommt mit den Taschen voll Dollar ins Land aber Gewinner sind wie immer Wenige und leidtragende Viele. Den Müll, den die Welle hinterlässt, findet sich in ganz Peru. Die Trails, die sie zertrampeln, die Stätten, die sie besuchen, all das wird neben den Einnahmen auch zur Belastung für das Land. Aus Geldgier aber lassen

die Peruaner diese zweite Invasion auf Kosten ihres noch verbliebenden kulturellen Reichtums zu.

Es ist ein Goldrausch, den Peru mit dem Tourismus erlebt, Machu Picchu und seine Geheimnisse, die Überreste einer untergegangenen Kultur, ziehen Touristen magnetisch an. Wie jeder Rausch, hat auch dieser zur Folge; reich werden die wenigsten, aber die Folgen sind für alle weithin spürbar.

Die Einnahmen werden nicht in nachhaltigen Tourismus investiert sondern es geht darum, möglichst viel Gewinn abzuschöpfen. Tourismus ist in Peru in wenigen Jahren zum zweitwichtigsten Wirtschaftszweig nach dem Bergbau angewachsen. Auf die Natur wird in beiden Fällen keine Rücksicht genommen und so entzieht sich Peru selbst die Grundlage für seine Zukunft. Ich weiß, dass Peru grundlegendere Probleme hat, als Reisende mit einem ökologisch reinem Gewissen nach Hause zu schicken aber wenn das Land es nicht schafft, seinen ökologischen und kulturellen Reichtum für zukünftige Generationen zu bewahren, werden die Einnahmen ganz schnell versiegen.

Dann wird es wieder einige hundert Jahre dauern, bis die erneut untergegangene Kultur Perus interessant wird. Nur bin ich mir nicht sicher, dass Profitgier und rücksichtsloses Ausbeuten von Ressourcen sich als faszinierend erweisen werden und dem Land dann einen neuen Besucherstrom garantieren.

Warum Ecuador
Banos, Ecuador, Juli 2010

Warum Ecuador? Sie fragen das vorsichtig, etwas schüchtern, beinahe so als fürchteten sie, dass es ein Versehen oder nur eine Durchreise sei. Das ist es aber nicht. Ecuador war von Anfang an ganz fest auf unserer Route. Wir erhofften uns hier weniger Touristen, spektakuläre Landschaften und die ein oder andere Überraschung. Und man hat Ecuador was im Ärmel!

Eine Grenze bedeutet gar nichts. Eine Grenze trennt Länder aber nicht das Wetter, die Landschaft und überhaupt, die Übergänge sind fließend. Nicht so an der Grenze zwischen Peru und Ecuador. Zunächst einmal spricht der ecuadorianische Grenzbeamte Deutsch und dann ändert sich an dieser Grenze alles. Wir wechseln den Bus, biegen um die erste Kurve, die Sonne bricht durch die Wolken und der Himmel stützt sich lässig auf die Vulkane. Endlich mal wieder eine Aussicht und was für Farben, was für ein Licht. In den meisten Ländern hat man morgens und abends das beste Licht für Fotos, vielleicht eine Stunde pro Tag. In Ecuador ist immer Fotolicht. Irgendwas in diesem kleinen Land macht das Licht besonders und mit ihm die Menschen. In Ecuador erleben wir die freundlichsten und aufgeschlossensten Menschen.
Sie wollen wissen, ob uns Ecuador gefällt und sind sichtbar erleichtert, wenn sie unsere Begeisterung für sich und ihr Land spüren. Dabei bräuchten sie sich überhaupt nicht zu sorgen, dass wir es hier nicht mögen könnten; so viel in diesem kleinen Land ist wie für uns gemacht. Einen besonders schönen Teil von Ecuador erleben wir auf den in jeder Stadt abgehaltenen Märkten. In großen Hallen werden Berge von Früchten, Gemüse und Fleisch verkauft. Hier isst man morgens schon Hühnchen mit Reis, trifft sich mit Bekannten und trinkt frisch gepressten Saft.

Die Säfte in Ecuador sind unfassbar. Purer Orangen-, Maracuja oder Grapefruitsaft wird direkt und ohne Zusätze in Karaffen gereicht. Nichts kommt der Qualität und dem Geschmack dieser Säfte auch nur nahe. Den besten Saft gibt es auf dem Markt in Cuenca und hätte ich nicht schon die beste Oma der Welt, würde ich die ältere Dame vom Stand 53 dazu erwählen. Bei ihr dürfen wir unter großmütterlicher Fürsorge sämtliche Vitamin-Bomben durchprobieren, auswählen, noch mal umentscheiden und zum Schluss ganz selbstverständlich den Nachschlag genießen. Dazu gibt sie uns das Gefühl, dass unter ihrem Rockzipfel, in diesem Moment, in der lebhaften Markthalle gerade jetzt, die Welt etwas zufriedener mit sich selber ist. Sie und Ecuador strahlen uns jeden Tag so unwiderstehlich an, dass das Zurücklachen unser ständiger Begleiter wird und uns auch nicht vergeht, als uns bei der Besteigung des Vulkans „Chimborazo" fieser Hagel ins Gesicht bläst.

Eigentlich hatten wir geplant, auf 5.000 Meter zur oberen Schutzhütte zu wandern, dort zu übernachten und morgens bei blauem Himmel den Sonnenaufgang über dem Vulkan zu sehen. Nach drei Stunden, verfroren und schon ziemlich nass, kommen wir an der ersten Schutzhütte an. Hier kann man ebenfalls übernachten und zu unserem Schrecken seinen eigenen Atem sehen, so kalt ist es. Nachts wird es hier noch deutlich kälter und selbst dem wortkargen Ranger scheint kalt zu sein. Die frostigen Temperaturen beschreiben auch den Aggregatzustand unserer Beziehung. Erst als wir ihm erzählen, dass Ecuador selbst bei diesen Temperaturen noch mehr Spaß macht als Peru, bricht das Eis und wir sprechen bei einer heißen Schokolade über sein Land und Fußball.

Nach einer Stunde, draußen gibt es immer noch das kostenlose Hagel-Peeling, entscheiden wir uns wegen Susans Eisfüssen und Zitterattacken für den Rückweg. Wir haben Schlafsäcke und Verpflegung dabei, allerdings wäre es in dieser Höhe - an die zweite Schutzhütte denken wir längst nicht mehr - wohl eine atemlose und kalte Nacht geworden.
Den Rückweg durch die Kälte wollen wir uns am liebsten sparen und setzen unser nettestes „Tramper-Gesicht" auf. Der Daumen nach oben ist hier durch ein einfaches Handzeichen ersetzt und funktioniert, wie wir schon auf dem Hinweg festgestellt haben, fantastisch. Der Bus der uns hergefahren hat, schmiss uns zu früh raus und so haben wir unser Glück probiert. Zusammen mit zwei Franzosen versuchen wir die zehn Kilometer zum Parkeingang zu trampen. Aber vier nimmt niemand mit, zumindest nicht der erste Wagen. Der zweite, ein Lastwagen, dann aber doch. Auf der Ladefläche geht es zugig, aber zügig zum Parkeingang.

Auf dem Rückweg von der Schutzhütte nimmt uns dann eine Familie mit. Zu siebt sitzen wir in ihrem kleinen 4x4. Für sie ist es Ehrensache die zwei verfrorenen Wanderer mitzunehmen, auch wenn sie die 70-jährige Oma dafür ganz fürchterlich auf der Rückbank einquetschen, was mir sehr unangenehm ist, weil ich vorne sitzen darf. Wir verschenken unsere Kekse an die Kinder und steigen nach zwanzig Minuten unten am Parkeingang wieder aus, mit dem guten Gefühl, dass die uns noch nachwinkenden Insassen zu Recht ein bisschen stolzer auf ihr kleines Land sind. Der Bus zurück nach Riobamba kommt augenblicklich, die Insassen wollen wissen, wie es auf dem „Chimborazo" war und zwei Typen setzen sich um, damit Susan und ich zusammen sitzen können, nicht, dass wir gefragt hätten.

Man begegnet sich in Ecuador freundlich und mit Respekt, egal ob in den Städten oder auf den Trails, gegrüßt wird immer und ein freundliches Lächeln gibt's in den meisten Fällen auch dazu. Wir können wieder selbstständig und ohne organisierte Touren wandern gehen, versorgt mit Karten und Tipps der Touristeninformation, wo sich die Angestellte hinreißend Mühe gegeben hat, uns im einfachsten Spanisch unsere Möglichkeiten für Wanderungen und Transport in die Umgebung zu erklären. Statt penetrant angequatscht zu werden, etwas zu kaufen, wünscht man uns Glück für das Spiel gegen Uruguay.

Über deutschen Fußball weiß auch Mario Bescheid, der uns nach zweieinhalb Stunden Bergaufwandern in den Bergen um Banos am Straßenrand aufliest (erstes Auto) und uns bis zum Aussichtspunkt mitnimmt, auch wenn das gar nicht sein Weg ist. Leider hüllt sich der Vulkan „Tungaruaha" in eine Wolkendecke, wodurch wir wieder keinen ecuadorianischen Vulkan zu Gesicht bekommen. Kann eben nicht alles klappen, dafür schaukeln wir noch auf Ecuadors, wenn nicht der Welt, spektakulärsten Schaukel. Am Rande eines steil abstürzenden Abhangs ist sie sechs Meter hoch aufgehängt und mit jedem Schwung tut sich unter den Beinen der Abgrund tiefer auf.
Es sind manchmal eben die kleinen Dinge, die am meisten Spaß machen, so wie dieses kleine Land.

Galapagos überwasser
Galapagos Inseln, Ecuador, August 2010

Das erste Mal, dass ich von den Galapagos Inseln gehört habe, war im Biologieunterricht im Zuge des Themas Evolution. Charles Darwin blieb mir als zweit-berüchtigster Bartträger der Geschichte im Kopf und, dass er von hier seinen Kreuzzug gegen die Schöpfungsgeschichte begonnen hat. Tatsächlichen Eindruck haben die Eilande auf mich aber nicht gehabt und, dass ich hier einige Jahre später tatsächlich mal vorbeischauen würde, hätte ich damals für ziemlich ausgeschlossen gehalten.

Meine Vorstellung von Galapagos war immer das Paradies, alles grün mit vielen Tieren, klarem Wasser, das auf weißen Stränden aufläuft und sehr blauem Himmel. Willkommen in dem von „Bounty" suggerierten Palmen-Paradies. Die Realität aber ist eine Andere. Geheimnisvoll und auf den ersten Blick vielleicht auch ein bisschen beängstigend sind diese Inseln, wo Vulkane als schwarze Landmassen dunkel aus dem blauen Meer emporsteigen. 1535 wurden die Galapagosinseln von Tomas de Berlanga, einem Pastor, zufällig entdeckt und als Hölle auf Erden beschrieben. An den Küsten leben Drachen und im Hinterland stampfen Riesen durch unwirkliche Vulkanlandschaften. Die Galapagos Inseln sind vulkanischem Ursprungs und "aufgeräumt" oder „lieblich" sind sicher nicht die Worte, die einem beim Betrachten der schroffen, Klippen mit dem wüsten Hinterland in den Sinn kommen. Wer hier überleben will, muss selber ein bisschen wie das Land sein. Anders, rau und sehr spektakulär.
Jede Insel hat an landschaftlicher Schönheit - natürlich im Auge des Betrachters - und an Tieren so viel zu bieten, dass wir oftmals nicht wissen, wo wir zuerst hinschauen sollen. Die Tiere sehen Menschen nicht als Bedrohung und glaub mal nicht, dass die Seelöwen-Wurst, die mir den Weg versperrt, auch nur einen Zentimeter „wegrobben" würde. Nö, da wird eher noch ein Furz gemacht und gemütlich ins Gegenlicht geblinzelt, als auch nur dran zu denken, sich zu bewegen. Auf den Galapagosinseln wird ganz offensichtlich, wer hier zu Hause ist und wer bloß zu Besuch.
Wir besuchen zehn der fünfzehn größeren Inseln und fragen uns nach über 700 Fotos und knapp drei Wochen auf den Inseln, wo ist die Zeit hin?

Galapagos unterwasser
Galapagos Inseln, Ecuador, August 2010

Warum tue ich mir das eigentlich an?, denke ich, als mir das Wasser kalt in den Neoprenanzug läuft. Ich könnte noch im Bett liegen oder gerade frühstücken, heißer Kaffee statt kaltes Wasser. Was Dave und Helen wohl gerade machen? Wahrscheinlich genau das, was sie gestern gesagt haben. Ausschlafen und ausgiebig frühstücken. Klingt gar nicht so schlecht, denke ich und gönne mir noch einen tiefen Atemzug. Doch dann weiß ich wieder, warum wir heute hier sind, der Grund schwimmt gerade drei Meter über unseren Köpfen hinweg. Wir tauchen in einem Unterwasservulkan, die Caldera ist eine Arena und wir die Zuschauer. Wir halten uns wegen der starken Strömung am Rand des Vulkans fest, während über uns ein drei Meter großer Hammerhai vorbeizieht. „Gordon Rocks" ist der Tauchspot schlechthin.

Wenn es Unterwasseraufnahmen von den Galapagos Inseln gibt, dann ist die Wahrscheinlichkeit hoch, dass sie hier entstanden sind.
Im Gegenlicht ist sein massiver, hammerförmiger Kopf perfekt zu sehen, wie er ihn von einer Seite auf die andere bewegt und nach Nahrung sucht. In uns erkennt er keines seiner Beuteschemen und dreht filmreif in einer Steilkurve im Gegenlicht über uns ab. Es ist ein außergewöhnlicher Tauchgang und das waren auch schon unsere Tauchgänge gestern und nicht nur wegen den Erlebnissen unter Wasser.

Es begann wie immer mit der Frage: „Alles klar?" Alles klar. Und damit tauchen wir ab. Wenn ich sage wir; ich sinke, meinem Spitznamen gerecht-werdend, auch mit minimaler Bleibestückung wie ein Stein Richtung Meeresboden, während Susan langsam absinkt. Nun aber erst mal orientieren; wo war die Wand, wo ging's lang und auf was zeigt Susan da? Aus dem Nebel der begrenzten Sichtweite löst sich ein eleganter Schatten und ein unscharfer Umriss gewinnt massiv an Größe. Susan wird beim Abtauchen von einem Teufelsrochen mit einer „Flügelspannweite" von fünf Metern begleitet. Der Manta schwebt zusammen mit uns durchs Meer, zieht seine Kreise um uns und verschwindet mit einem einzigen Flügelschlag wieder. Die Anmut, die dieses Tier ausstrahlt lässt die Unterwasserwelt einmal mehr mit einem einmalig friedlichen und tiefen Eindruck in uns zurück.

Während ich noch in die Richtung staune, in die der Rochen entschwebt ist, macht unser Tauchguide das Zeichen für Schildkröte. Was als Handzeichen klein und putzig ist, wiegt tatsächlich mehrere hundert Kilo und ist riesig. Die Schildkröten lassen sich am Riff durch Putzerfische von Parasiten befreien und sind häufig gesehene Gäste. Weit seltener sind die großen Rochen anzutreffen und unserer kommt erneut neugierig dicht an uns heran, während er mit weit aufgerissenem Maul Plankton inhaliert. Vielleicht glorifiziert meine Euphorie diesem Moment aber wie der Manta gegen das ins Meer brechende und wie durch ein Kaleidoskop reflektierende Licht dahingleitet, hat Posterformat. Als gigantischer Schatten schwimmt er genau über uns hinweg, während wir ihm, auf dem Rücken treibend, zusehen.

Das Wasser ist kalt, richtig kalt, aber trotzdem kann ich den kalten Schauer, der mir den Rücken runter läuft, spüren - was für ein Erlebnis. Bei unserem ersten Tauchgang, haben wir schon einen Seelöwen, beobachtet, wie er einem perfekt choreographierten Schwarm Kleinfische gejagt hat. Wir sind Weißspitzenhaien und weit weniger friedlich wirkenden Schwarzspitzenhaien begegnet, die sich völlig anders verhalten, als ihre Genossen, die ihre Flossenspitzen in Friedensfarbe getaucht haben. Die Schwarzspitzenhaie sind schnell, bewegen sich aggressiv, suchend und bedrohlich, während das starre Auge Dich auf ehrfürchtiger Distanz hält.

Einige kleinere Schildkröten und Rochen später treffen wir auf eine Schwarm Barrakudas, die wie ein Vorhang im Wasser stehen. Als wir unsere Plätze eingenommen haben, lichtet sich der Vorhang und wir sehen zum Ende unseres Tauchgangs auch das Ende der Nahrungskette. Etwas unterhalb des Schwarms schwimmt ein Hammerhai. Star einer jeden Tauchvorstellung, bewegt er seinem schweren Kopf durch das milchige Wasser ein Stück weit auf uns zu, dass wir ihn optimal sehen können. Dramaturgisch perfekt hat sich der Höhepunkt dieses Tauchgangs auch ans Ende gesetzt.

Zurück an Bord gibt es Mittagessen, Dave aus England setzt sich zu uns. „Weißt Du Tim, die Weltordnung hat ein grundsätzliches Problem. Wenn Du alt bist, hast Du das Geld, Dir Deine Wünsche zu erfüllen aber nicht mehr viele Wünsche. Wenn Du jung bist, hast Du viele Wünsche aber nicht das Geld. Weißt Du, meiner Frau und mir ist kalt, ich hatte gehofft, das Wasser sei wärmer, gestern musste ich mich wegen dem Seegang übergeben. Heute hatten wir zwei wirklich tolle Tauchgänge. Ich würde morgen lieber ausschlafen und nicht wieder den ganzen Tag auf See verbringen. Wir haben für morgen aber noch jeweils zwei Tauchgänge gebucht und schon bezahlt. Unser Geld würden wir nicht zurückbekommen aber wir würden sie euch gerne schenken."

Ein bisschen ungläubig tauschen wir Ausschlafen gegen einen Tauchausflug der Sonderklasse und sitzen am nächsten Morgen wieder auf der Reling des Tauchbootes, diesmal über „Gordon Rocks".

Es stimmt was man sagt, wer sich Galapagos „nur" von Land ansieht, sieht nur die Hälfte. Was hier Unterwasser sein buntes Leben treibt, ist absolut einmalig. Unter Wasser tobt der Bär und steppt die Sau. Das sei gesagt, wo es Überwasser eines der größten und vielfältigsten Tierreservate zu bestaunen gibt.
Danke Dave und Helen, dass ihr heute ausgeschlafen und uns damit einen Traum erfüllt habt.

Kolumbien ffwd
Popayan, Kolumbien, Juli 2010

Kolumbien im Schnelldurchlauf. Was für viele der Jahresurlaub ist, ist für mich ein Problem, denn entgegen bisheriger Reisegewohnheiten, muss ich mich bei den zweieinhalb Wochen, die ich für dieses Land habe, beeilen. Es bedeutet, dass ich mich beschränken muss und das bin ich nicht gewohnt. Ungewohnt ist auch, dass ich ohne Susan unterwegs bin, was in erster Linie bedeutet, dass dieser Text mehr Rechtschreib- und Zeichenfehler aufweist, weil mir mein Korrektiv fehlt und das nicht nur in orthografischer Hinsicht.

Wie sehr sie mir fehlt, merke ich schon am ersten Tag, da ich in einem Café sitze und ewig auf mein Frühstück warten muss. Alleine sitze ich vor meiner Tasse, endlich mal wieder leckerer Kaffee aber außer den Löffel darin zu drehen und zuzusehen, wie die Milch spiralförmige Spuren zieht, bleibt mir nicht viel zu tun. Als Alleinreisender muss ich an viel mehr denken, so zum Beispiel, beim nächsten Café-Besuch, mein Buch mitzunehmen. Ich trinke aus, der Kellner findet mich eh komisch, weil ich keinen, wie hier üblich schwarzen Kaffee trinke und gehe. Susan ist Trauzeugin bei einer Hochzeit in der Heimat und ich habe etwas mehr als zwei Wochen um Kolumbien auszuprobieren.

Aber allein zu reisen hat auch Vorteile, zum Beispiel Studentenfutter. Studentenfutter kann ich auch mit Susan essen, allerdings greift sie immer äußerst präzise an den Rosinen vorbei, womit ich mehr Rosinen essen muss als ich mag. Studentenfutter besteht nun mal aus Nüssen und Rosinen und daher sollte man auch beides essen, Studentenfutter ist schließlich nicht „Haribo Colorado", wo zwar für jeden was dabei ist, aber auch immer diese Teile, die garantiert niemand mag.
Okay, die Vorteile des Alleinreisens sind aus meiner Sicht jedenfalls schnell aufgezählt, ich bin schneller unterwegs, aber da ich nicht alles sehen kann, muss ich mich entscheiden was ich sehen will und das ist immer noch viel und darum muss es schnell gehen. So wie neulich auf dem Vulkan „Goleras", den ich von „Pasto" aus bestiegen habe. Da der Bus nicht dorthin fährt, wo ich gehofft hatte, musste ich zwei Stunden zusätzlich laufen, wodurch ich aber auf dem Rückweg den Sonnenuntergang über dem Tal erleben konnte, was super war. Der eigentliche Vulkan hat sich mit jedem Schritt, dem ich ihm näher kam

mehr verhüllt. Oben konnte ich den Kraterrand nur erahnen. Am nächsten Tag bin ich schon wieder weitergefahren und nun, am fünften Tag in Kolumbien, schon an meiner vierten Station – persönlicher Rekord für Reisegeschwindigkeit.

Dabei kommen die kolumbianischen Busse meinem Reisestil sehr entgegen. Sie tragen einen „velocidad maximal 80Km/h"-Aufkleber und die Fahrer nehmen das scheinbar als Anspruch, möglichst einen Durchschnitt von achtzig zu schaffen, auch durch die Kurven. Nie habe ich einen Bus so kurz vorm Kippen über die Klippen erlebt. Ich bin mir nicht sicher, ob Juan-Pablo Montoya seine Karriere als Busfahrer begonnen hat aber hier hätte er die Grundlagen fürs Rennfahren erlernen können. Ich schätze, die Begriffe Ideallinie, Zwischengas und Drehzahlbegrenzer haben für deutsche Busfahrer keine Bedeutung, hier aber sind sie im Repertoire jedes Busfahrers. Sollte es dazu kommen, dass ein anderer Bus auf den schmalen Straßen zum Überholen ansetzt, wird das sprichwörtliche Messer zwischen den Zähnen noch etwas fester gebissen und der Bus noch eine Spur schärfer über die Pisten geprügelt. Mit Dauerhupen wird der Gegenverkehr davon „überzeugt", in blind durchflogenen Kurven und Kuppen, mal kurz auszusetzen.

Der Straßenrand ist gesäumt von Kreuzen und wenn es Dich hier aus der Kurve trägt, hast du noch einige Zeit, die beeindruckenden Berge zu bewundern oder dem Gott, den du anbetest, deine letzten Sünden zu beichten, bevor du 500 Meter weiter unten aufschlägst. Die meisten Menschen hier sind katholisch und die Kirchen gut besucht. Das liegt sicher nicht nur an der Fahrweise der Busfahrer und der in „Ipiales" besonders spektakulär gebauten Kirche „De la Virgen del Rosario de Las Lajas", sondern auch an der beeindruckenden Landschaft. Bei so viel Schönheit fällt es schwer zu glauben, dass alles sei nur durch Platten-Tektonik, einige Jahre Erosion und ein bisschen Staub in der Atmosphäre entstanden. Wenn in den Bergen um Pasto die Sonne untergeht, aus den grünen Tälern Wolken aufsteigen und zu brennen beginnen, fällt es auch mir leichter der Schöpfungsgeschichte Glauben zu schenken, nach der der alte Bartträger hier alles aufgebaut hat, statt Entstehung durch Physik, Chemie und einen lächerlichen Zufall.

Vor den Busfahrten werden Kotztüten verteilt und der Knirps gegenüber von mir macht reichlich Gebrauch davon. Beim obligatorischen Mittagsstopp ist er dann aber wieder voll einsatzfähig am Tisch erschienen, was sich auf der weiteren Fahrt als Fehler herausstellen wird. Wir rumpeln so unbarmherzig durch Schlaglöcher und Unebenheiten, dass es kein Wunder ist, das wir drei Mal halten müssen, weil die Busfahrer irgendwas im Motorraum schrauben müssen. Busse fahren hier selten allein, zum einen, weil sie sich so im wahrscheinlichen Falle einer Panne helfen können und zum anderen, weil es sicherer ist. Der Süden und der Osten Kolumbiens sind teilweise von der FARC, den lokalen Terroristen, Regierungsgegnern oder Befreiern beherrscht - je nach dem wen Du fragst. Die Truppe finanziert sich größtenteils über Lösegeldzahlungen und Drogenanbau und das kann man auf unserem Weg sehen und vor allem riechen. Über weite Teile der Fahrt riecht es wie auf einem anständigen Rockkonzert, womit ich nicht Schweiß und Zigaretten meine.

Die Gefahr, die von der FARC ausgeht ist ebenso unklar wie ihre Strategie. Einerseits fordern sie unter anderem klare Gewaltentrennung, mehr und umfassendere Bürgerrechte und ironischerweise die friedliche Lösung des Konflikts, anderseits entführen sie sporadisch Touristen, vor allem aber reiche Geschäftsleute und Politiker um Lösegelder zu erpressen.

Der Bus von zwei Mädels, die zwei Stunden vor mir von „Pasto" nach „Popayan" gefahren sind, wurde auf offener Straße durch die FARC gestoppt und sollte zum Abbiegen in den Dschungel gezwungen werden. Eine herannahende Militärstreife führte zum Abbruch der Aktion. Zwei Stunden später quälte sich mein Bus durch drei Militärcheckpoints, jeweils mit Pass- und Gepäckkontrolle, scheinbar die Reaktion auf den Vorfall. Mein Gefühl sagt mir, dass Kolumbien sich große Mühe gibt für Sicherheit zu sorgen und vor allem in den letzten Jahren auch viel erreicht hat. Brücken sind von Militär bewacht, in den Städten sind viele Polizisten unterwegs und immer wieder gibt es Kontrollen. Tatsächliche Sicherheit aber können sie mir, vor allem und gerade wegen ihrer Anwesenheit, nicht bieten. Ich finde es beängstigend, in der Öffentlichkeit vollautomatische Waffen und so viel Militär zu sehen. Kolumbien selber brüstet sich mit dem Slogan: „Das einzige Risiko ist, bleiben zu wollen".
Schauen wir mal.

Zombies bei Sonnenaufgang
San Augustin, Kolumbien, Juli 2010

Mit dreizehn Jahren hast Du einen Widersacher und der sagt meist so Dinge wie: „Räum dein Zimmer auf" oder „Du bist zurück, wenn es dunkel wird". Wie gesagt, mit dreizehn - nun bin ich fast dreißig und kriege das Gleiche zu hören. Nicht, dass ich mein Zimmer aufräumen soll, sondern, dass ich wieder zurück sein soll, wenn es dunkel wird.

Anna, die Herbergsmutter in San Augustin, kümmert sich rührend um mich und den stets in der Hand gehaltenen Tee. Durch das ständige Rühren und Löffelklappern kann ich sie immer und überall im Hostel orten und während ich das hier schreibe, steht sie neben mir, klappert und plappert in mein Ohr. Zumindest bekomme ich dann auch Tee, allerdings sind Basilikum oder Sellerie eher ihre Favoriten und werden meine niemals werden. Wenn sie mich nicht vollplappert, warum ich nicht verheiratet bin und warum wir keine Kinder haben, wie es in meinem Alter, ihrer Überzeugung nach sein sollte, redet sie mit den Papageien, die über ähnliche Spanisch-Kenntnisse verfügen wie ich.

Sie sorgt sich sehr um ihre Gäste und ist erschrocken, als ich am Morgen verschwinde und erst spät abends wieder zurück geschlendert komme. Sie hat sich Sorgen gemacht weil ich ihr nicht gesagt habe, wo ich hingehe und wann ich wiederkommen würde. Daraufhin erst mal einen Tee in meine und ihre Hand.

Gestern bin ich auch schon zu spät nach Hause gekommen. Dabei war ich nur in der Bar um die Ecke und habe mit Vaughan aus England den kühnen Plan gefasst, am nächsten Tag früh aufzustehen, um uns die Steinfiguren um San Augustin im Morgenlicht anzuschauen. Bei etwa zwei Stunden, die wir brauchen würden um dorthin zu wandern, müssen wir ungefähr um halb fünf aufstehen. Alles klar, darauf ein drittes Bier, bei dem es nicht bleiben wird.

Um halb fünf am nächsten Morgen fragt Vaughan, ob ich wisse, was Photoshop sei. Wir werden später losgehen und er wird den Sonnenaufgang retuschieren. Tatsächlich bleiben die Fotos unbearbeitet weil die Figuren auch ohne Photoshop ihren Reiz haben und die Sonne sie tief im Wald auch nicht erreicht hätte. Die Figuren sind um ganz San Augustin verstreut, 500 sind bis heute gefunden und

die Vermutung liegt nahe, dass sich entlang des Flusslaufes des Rio Magdalena noch mehr von ihnen befinden.
Sie bewachen Gräber, bilden zeremonielle Plätze und sind die einzig sichtbare Hinterlassenschaft der San-Augustin-Kultur. Wenig ist über diese Kultur bekannt und das meiste ist Spekulation. Was aber sicher ist, die San Augustiner haben Menschen, vor allem Kinder geopfert. Hier könnte ein Zu-spät-nach-Hause-kommen andere Folgen, als eine Standpauke, gehabt haben.

Vaughan und ich wandern den ganzen Tag und beschließen bei Einbruch der Dunkelheit, trampend nach San Augustin zurückzukehren. Ein Lastwagen hält, die Ladefläche voller Mädchen. Als wir hinzu klettern, ist das Gekicher mindestens so groß wie ihre Neugier - wir zwei Gringos sind die Sensation. Wir werden mit Handys fotografiert, bekommen Schoko-Croissants und als wir fünfzehn Kilometer später abspringen, wird immer noch gekichert, gejohlt und gelacht.

Anna findet es überhaupt nicht gut, dass wir trampen aber zu ihrer Beruhigung trinken wir alle Tee und ich glaube deswegen werden wir nicht geopfert. Wir ziehen noch weiter in eine Bar, trinken was vernünftiges, und verabschieden uns am nächsten Morgen. Feiner Kerl, der Vaughan und eine feine, kleine Kultur hier im Süden von Kolumbien.

Gras im Park
Salento, Kolumbien, Juli 2010

Die kolumbianische Flagge ist ziemlich lahm; Ecuador und Venezuela haben praktisch die Gleiche aber ich mag die Farben, irgendwie fröhlich, doch leider völlig unpassend. Nicht, dass das Land nicht fröhlich wäre, im Gegenteil, die Menschen sind mal wieder eine Wonne. Ich wünschte die Menschen in Deutschland würden, vor allem Fremden gegenüber, eine ähnliche Fröhlichkeit ausstrahlen können aber das meine ich nicht. Man hat die Wichtigste Farbe Kolumbiens in der Flagge einfach weggelassen. Grün. Wie kann die kolumbianische Flagge denn ohne grün auskommen?

Für mich besteht das ganze Land aus Grün, so satt und vielfältig habe ich es aber noch nie gesehen und gerochen. Wenn es hier geregnet hat, duftet es noch mal besser nach Sommerregen, Kräutern und Erde. Hier wächst alles, Bananen, Kokosnüsse, Mandarinen, Orangen, Tabak, Erdbeeren, Kaffee, Cannabis, einfach alles und in einer Vielfalt und verschwenderischen Üppigkeit, die dem Paradies in nichts nachstehen dürfte. Kein Tag ohne Mandarinen, eine Banane vom Baum oder frisch gepressten Saft. Dass dafür der ein oder andere Tropfen Regen nötig ist, leuchtet auch mir ein aber muss es denn immer gleich so wolkenbruchartig sein? Was ich hier nass geworden bin, kommt auf unserer gesamten Reise nicht zusammen. Kein Wunder, dass der Nationalschuh Kolumbiens der Gummistiefel ist. Jeder trägt sie und wenn sie ausgezogen werden, kann man das auch riechen. Es regnet hier gerne diese dicken Tropfen, die keine dreißig Sekunden bis zu deiner Unterhose brauchen und bei denen du auf die Regenjacke eigentlich verzichten könntest. Und sie kommen nicht nur kurz, sondern für Stunden vom Himmel. Was immer dann besonders unangenehm ist, wenn ich unterwegs bin, weil ich zwar trocken im Jeep, mein Rucksack aber auf dem Dach erst den Staub und dann den Vollwaschgang ab bekommt.

Mein Highlight ist eine Fahrt mit achtzehn Erwachsenen in und auf einem Toyota Hilux. Fahrer, Beifahrer, vier Personen auf der Rückbank der Kabine und neun Personen plus ein Huhn auf zwei Minibänken, auf der Ladefläche kauernd. Die drei Übrigen stehen auf der heruntergelassenen Ladeklappe und halten sich an dem Gepäckträger, der die Ladefläche überspannt, fest. Ich weiß, dass du jetzt denkst, so etwas wäre in Deutschland niemals möglich und vor allem ja gar nicht erlaubt und das ist es in Kolumbien auch nicht. Das Land ist ja nicht gesetzlos, so kommt man auch hier durch keine Polizeikontrolle. Also wird das Problem kolumbianisch gelöst: 150 Meter vor der Polizeikontrolle wird angehalten. Die drei Ladeflächen-Surfer steigen ab, während der Jeep mit 15 Personen, was anscheinend okay ist, die Kontrolle passiert. 100 Meter nach dem Kontrollpunkt hält der Jeep erneut und wartet auf die drei, die die Kontrolle zu Fuß passieren. Sie steigen wieder auf und die Fahrt geht weiter. Die Polizei sieht das, aber als der Jeep die Kontrolle passiert hat, war ja alles in Ordnung. Kolumbianer sprechen von ihrem Land gerne als „Locolombia", abgeleitet von „loco", also verrückt und das ist es wahrlich.

Nach einer dieser Fahrten im Schleuderwaschprogramm des kolumbianischen Regens, komme ich in „Salento", in der Kaffeeregion, an. Hier werde ich darüber informiert, dass das kein „verdammtes Scheiß-Wetter", wie von mir fälschlich klassifiziert ist, sondern Kaffeewetter. Kaffee wird nämlich am besten im Regen geerntet. Also nur falsche Klamotten, beziehungsweise Einstellung. In dem kleinen Ort gibt es nichts außer Kaffee und den Zugang zum „Parque nacional Los Nevados". Hier wächst der kolumbianische Nationalbaum und mit bis zu 60 Metern, höchste Palmenart der Welt, die Wachspalme. Ein wirklich schöner Park mit tollen Panoramen und guten Möglichkeiten zum Wandern. Leider zeigt sich die Sonne nur für eine halbe Stunde bis Wolken durch das Tal ziehen und der Szenerie einen mystischen Touch geben, um nicht zu sagen, das Fotolicht versauen.

Am Rande des Parks folge ich einem Kolibri und Trampelpfad durch ein Tabakfeld, das sich nach einigen Reihen Tabak in ein beachtliches, mannshohes Cannabisfeld wandelt. Davon muss ich ein Foto machen. Als ich die Kamera aus dem Rucksack fingere, tritt ein kleiner, dicklicher Mann hinzu. Was ihm an Körpergröße fehlt, überkompensiert er mit einer Machete und er gibt mir lächelnd zu verstehen, dass ich gerne durchgehen dürfe, aber er sähe es eindeutig lieber, wenn die Lumix wieder im Rucksack verschwindet. Ich finde, dass wir bei dieser Sachlage nicht weiter diskutieren müssen und außerdem ist seine Argumentationskette ebenso simpel wie überzeugend und so ich trete den Rückweg an.

Das Land steckt voller Überraschungen und ist vielerorts noch ebenso ungefiltert wie sein Kaffee. Ich übernachte einige Nächte auf einer Kaffeefarm und erfahre viel über den Anbau und Kaffee an sich, von dem ich vorher nicht die Bohne verstanden, sondern nur getrunken habe. Vom Anbau, zur Ernte, über die Veredelung und die Zubereitung erfährt das Getränk den gleichen Hype wie Wein und wird in kleinen, feinen Kaffeestuben grundsätzlich schwarz serviert. Gringos panschen ihn mit Milch aber das verkneife ich mir hier.

In den Kaffeestuben und überhaupt im Süden Kolumbiens fällt mir auf, dass viele Uhren nur einen Zeiger haben, was für mich viel über die Menschen hier aussagt. Die Schönheit der Natur, das angenehme Klima und der ansteckend lässige Lebensstil lassen mich länger als geplant bleiben, achso und der Kaffee auch.
Abends spielen wir Tejo, ein kolumbianisches Spiel, das den kleinen Jungen in jedem von uns anspricht. Es geht darum, eine Metallscheibe über zwölf Meter (Profis 25 Meter) in einen angeschrägten, mit Lehm gefüllten Holzkasten zu werfen. Nur wenn die Scheibe stecken bleibt, bekommt derjenige einen Punkt, der dem in der Mitte eingelassenen Metallring am nächsten kommt - also Boccia. Um es aber etwas kolumbianischer zu gestalten, sind auf der Metallplatte kleine Mengen Sprengstoff aufgeklebt. Wenn Deine Scheibe nun die Metallplatte trifft, zündet der Sprengstoff und es knallt ziemlich respektabel. Dazu trinkt man Bier, kommt mit jedem lässig ins Gespräch und auch das ist sehr kolumbianisch.

Dumme Fragen
Medellin nach Iquitos, Kolumbien, August 2010

„Es gibt keine dummen Fragen, nur dumme Menschen"
- Mr. Garrison, Lehrer an der Grundschule in Southpark/Colorado

Kennst Du das? Du hast Dir gerade das Knie oder den kleinen Zeh gestoßen, möchtest laut schreien und dann kommt jemand dazu und fragt: „Oh, tut das weh? Nein, tut es nicht, ich mache dieses Gesicht nur, weil ich dringend aufs Klo muss. Natürlich tut es weh, was ist denn das für eine Frage?

Dumme Fragen werden dir auch in Kolumbien gestellt. Militärisch knapp aber meinen Spanisch-Kenntnissen entgegenkommend, wird an den Checkpoints einfach: „Drogas?!" gebellt. Was soll ich sagen? „Klar, der Rucksack ist voll davon"? Aber um das Spiel etwas in die Länge zu ziehen antworte ich „nein", wobei ich natürlich weiß, dass ich um eine, mal mehr, mal weniger gründliche Durchwühlung meiner Sachen nicht drum herum komme. Warum dann also die Frage? Im Grenzgebiet zu Ecuador ist nicht nur die FARC besonders aktiv, sondern auch der kleine Grenzverkehr. Manch einer nimmt scheinbar nicht nur Andenken in Form von „Artesania", handgearbeitet von den indigenen Völkern Chinas, mit, sondern auch Muntermacher in Pulverform sind der große Renner.

Kein Geheimnis, dass man Drogen in Kolumbien einfach kaufen kann, schließlich umgeht man hier den Zwischenhandel und kann direkt vom Anbauer oder den „Pushern" des jeweiligen Kartells einen guten Preis bekommen. Zumal, wenn man dem trauen kann, was man hört, nämlich, dass die Drogen hier einen sehr hohen Reinheitsgrad aufweisen. Bis das hier hergestellte Kokain in den USA verkauft wird, hat sich seine Menge und sein Wert versechsfacht und seine Qualität um den gleichen Quotienten verschlechtert. Das und die Aussicht auf einen schnellen Dollar lassen wohl aus manchem Touristen einen Kleindealer werden, was hier aber ganz böse enden kann.

Ich hatte mich anfangs noch gewundert, warum mir Typen in San Augustin im Vorbeigehen „blanca, blanca" entgegen-nuscheln. Ein lokaler Gruß? Anspielung auf meine Hautfarbe? Aber dann hätte er ja „blanco" sagen müssen... Nein, es war das „vorübergehende

Angebot", Opium zu kaufen. San Augustin ist die Opiumhauptstadt Kolumbiens. Kein großes Wunder also, dass ich, der einzige Gringo im Bus zurück nach Popayan, meinen Rucksack präsentieren darf. Wirklich scharf ist die Kontrolle nicht, kein Drogenhund, für meinen Tagesrucksack interessiert sich überhaupt niemand und eigentlich wird mehr gefühlt kontrolliert und mein Pass ausgiebig begutachtet. Großen Anklang findet der Goldgräberstempel aus Kanada. Nachdem der gesamte Grenzposten den kleinen Goldsucher gesehen hat, darf ich wieder einpacken. Gut aufgelegt die Soldaten hier, sehr freundlich. Was man von ihren Kollegen weiter südlich, nahe der Grenze nicht sagen kann. Und hier kommen sie, die dummen Fragen.

„Dein Rucksack?" Nein, ich trage den nur weil es mir Spaß macht und man darunter so angenehm schwitzt. Natürlich mein Rucksack, darum bin ich auf deinen Wunsch hin, doch nun extra aus dem Bus gekommen. „Drogen?!" Die Frage schon wieder? Na klar, is randvoll aber ich sage spaßeshalber wieder nein, damit wir uns gemeinsam die Freude machen können, in meiner dreckigen Unterwäsche zu wühlen. Irgendwie muss ich bei der heute dritten Kontrolle wohl etwas gereizt geklungen haben, denn nun will mein Gegenüber, das ausschließlich den Imperativ beherrscht, alles sehen. Wir packen und probieren meinen Rasierer aus, öffnen meinen Schlafsack, begutachten das Zelt und riechen an den Brühwürfeln und der Zahnpasta. Zum Abschluss noch die unumgängliche Passkontrolle, mit der obligaten Frage: „Alemania?!" Nö, der Pass ist geklaut, ich bin aus dem Kongo, was für eine Frage, steht doch da. Und dann werde ich mit all meinen ausgepackten Sachen allein gelassen. Der Busbegleiter hilft mir beim Einpacken aber auf die Schnelle passt das ganze Zeug nicht recht in den Rucksack und unter den wachsamen Augen aller Mitreisenden, gebe ich eine Lehrstunde in „Kraftausdrücke auf Deutsch".

Eine lange, leidenschaftlich und international verständlich vorgetragene Lektion später ernte ich mitleidige Blicke und spüre förmlich die Frage im Raum stehen, ob ich „etwas genervt" sei. Stellte jemand diese dumme Frage oder verstünde ich sie, es könnte sein, dass ich ein bisschen ausrasten würde. Aber warum bist Du denn so sauer?
Dumme Fragen eben.

Südamerika fünf Sterne
Guayaquil, Ecuador, August 2010

Ich bin kein Morgenmensch, schon gar nicht vor sechs Uhr früh auf einem Flughafen und das bessert sich auch nicht, wenn Susan mir strahlend eröffnet, dass unser Flug gestrichen ist. Die Dame am LAN-Schalter macht es nicht besser. Sie arbeitet zwar für uns aber ich kann beim besten Willen nicht erkennen, was sie macht. Sie tippt wild auf ihrer Tastatur und das schon ewig aber sie kommt mit keinem Ergebnis über den Tresen. Vielleicht chattet sie ja mit ihrem gutaussehenden Kollegen gegenüber, frotzelt Susan. Nein, scheinbar muss sie ein ganzes Buch abtippen, um uns mitteilen zu können, dass das heute nichts mehr wird mit uns. Alles voll nach Cancun aber vielleicht wollen wir ja nach Lima? Nee, ganz bestimmt nicht, da kennt uns jemand aber ganz schlecht. Lima ist so ziemlich der letzte Ort, an den wir zurückkehren wollen, reicht schon, dass wir da nochmal umsteigen müssen.

Nach vierzig Minuten wissen wir, dass wir auch morgen nicht wegkommen, sondern erst übermorgen. Ein bisschen viel schlechte Nachrichten für einen Frühstücks-und vor allem Kaffee-losen Morgen. Und ein neues Ticket kann sie uns auch nicht ausstellen, das müssen wir am Check-in Counter holen, dort wo eine Schlange von über einer Stunde Länge wartet. Nach einer Stunde dann gute Nachrichten, LAN übernimmt die Kosten für ein Hotel und ein Shuttle wird uns dorthin fahren. Ich erwarte nicht viel, ein Bett, Wifi wäre schön und Frühstück sollte drin sein, oder? Als der Shuttle uns bei unserem Hotel vorfährt, greift jemand meinen Rucksack und das hasse ich. Niemand fasst meine Sachen an, das mach ich alleine. Hier ist es aber kein übereifriger Gepäckträger, der sich aufdrängen will, sondern ein Angestellter des Hotels, der sich seinen tadellosen Frack an unseren schmutzigen Rucksäcken versaut und sie mit weißen Handschuhen ins Hotel trägt.
Okay, ungewohnt aber okay.

Beim Check-in kann ich trotzdem nicht anders und muss dauernd schauen, ob sich niemand an unseren Sachen zu schaffen macht. Und dann, einmal nicht aufgepasst und schon sind unsere Rucksäcke weg. Ein Page trägt sie auf unser Zimmer, werden wir informiert. Weiterhin ungewohnt aber okay. Meine Sorgen sind völlig lächerlich, der Wert unserer Rucksäcke dürfte dem, der hier ausgeführten Gucci Täschchen, weit nachstehen. Zwischen den schwarzen, und blaumelierten Anzügen mit passenden Hemden, sehen wir in Shorts (mit Loch) und T-Shirts zu Flip-Flops bestenfalls aus, wie aus der New Economy, um es mal ganz freundlich zu formulieren. Die professionell-freundliche Dame an der Rezeption durchschaut die Situation sofort. Zwei abgerissene und heute mal wieder ungeduschte Backpacker in diesem fünf Sterne Tempel? Niemals habe ich mich schlimmer underdressed gefühlt, als hier in der Lobby dieses Hotels. Dreiteilige Anzüge, Business Kostümchen, Smartphones, Firmenkredit- und Visitenkarten, Parfüm und frisch gestylte Haare zu erfolgreichen Business-Gesichtern, die mit den gelackten Schuhen um die Business-Wette strahlen. Das alles erinnert mich an früher, der Automobilbranche ging es gut, die Hotels waren fein, die Anzüge im Koffer und das „Ich freue mich Sie kennenzulernen", beinahe oft gelogen, wie die Visitenkarte ausgeteilt.

„Euch schickt die LAN? Kein Problem, hier unterschreiben und das ist euer Zimmer." Unser Zimmer ist nicht gerade die Besenkammer des Hotels, sondern indirekt beleuchtet und die Definition von moderner Oberklasse. Flachbildfernseher, riesen Badezimmer – es wäre irgendwie unpassend, auf das 24-Stunden heiße Wasser hinzuweisen aber ich tue es trotzdem – und zwei Doppelbetten mit äußerst schlaffördernden Matratzen, Out- und Indoor-Pool, Fitnesscenter, Sauna und drei Mahlzeiten am Tag, die hier nicht Frühstück, Mittag und Abendbrot, sondern Wellness-Frühstück, Business-Lunch und Dinner heißen.
Wie es heißt, ist mir aber egal, weil es schmeckt wie es aussieht - nämlich sensationell. Ich muss in solchen Situationen ganz schnell ganz viel essen, weil ich befürchte, dass einer der dezenten Kellner zu uns an den Tisch tritt und auf ein Missverständnis hinweist. Und dann tritt unser Kellner tatsächlich zu uns, ich will schon schützend meinen Teller greifen aber er ist gekommen, um die leergegessenen Teller abzuräumen. Es werden viele folgen.

Da die Anzugträger mit ihrem Chef oder Kunden hier sind, können sie nicht tun, was wir machen, nämlich rücksichtslos zuschlagen, nachschlagen und jeden Gang zweimal antreten. Ich kann die neidisch-bohrenden Blicke in meinem Hinterkopf förmlich spüren, als ich ein drittes Mal die Dessert-Pyramide heimsuche, um acht von zehn

Desserts zu probieren. Neidisch, weil sie sich nur trauen, ein Dessert zu essen - wie sähe dass vor dem Kunden aus oder weil sie sich zu dick finden - wie sähe das im Spiegel aus? Gedanken, die uns in eineinhalb Jahren reisen fremd geworden sind.

Was uns in neun Monaten aber ans Herz gewachsen ist und wo wir uns gar nicht fremd vorkommen, ist Südamerika. Viele Dinge hier sind anders oder komisch, wie man wohl sagt, wenn man sich nicht oder nur noch nicht an sie gewöhnt hat. Bezeichnend, dass mir jetzt, wo ich das hier schreibe, nichts einfällt, was mir berichtenswert erscheint. Ich schätze, wir fühlen uns hier so wohl, dass uns all das normal vorkommt, worüber wir uns am Anfang noch gewundert haben.
Aber doch, eine Sache, an die kann und werde ich mich nicht gewöhnen und die finde ich auch nach neun Monaten noch komisch. Männer, die ihr T-Shirt bis zur Brust hochrollen und dann mit entblößtem Bauch durch die Stadt stolzieren. Bei diesen Männern handelt es sich aber nicht um das Modell „Chippendale", sondern eher um das Modell „Chips und Bier". Das Selbstverständnis mit dem dieser Bauch oder, um es im Fachterminus auszudrücken, Wanst, spazieren geführt wird, erinnert mich immer an das Cover von „Fat boy slim's" erstem Album.

Ursprünglich hatten wir gar nicht geplant, soviel Zeit auf diesem Kontinent zu verbringen aber andererseits dachten wir auch, dass wir langsam wieder zuhause sein würden. Das war aber auch bevor wir entdeckten, wie lang Chile und wie weit Argentinien ist, dass es ein sehr besuchenswertes Land namens Bolivien gibt oder wie ungesehen schön Ecuador ist und, dass man in Kolumbien auch ohne Drogen Spaß haben kann oder, dass man aus Peru nach Honduras fliegen kann.

Da passt es jedenfalls auch, dass wir länger in dem fünf Sterne Tempel bleiben als geplant. Aus zwei Nächten werden drei, da die LAN uns mitteilen muss, dass unser Flug wieder ausfällt. Eine weitere Nacht, um uns standesgemäß von Südamerika zu verabschieden und ein Fazit zu finden.

Ich schätze, meins lautet: Südamerika: fünf Sterne!

Der 20. September, ein Arschloch
Playa del Carmen, Mexiko, September 2010

„This is not America" singt David Bowie, aber nur in meinem Kopf, weil unser Auto kein Radio hat und das macht sich besonders auf langen Fahrten lautstark bemerkbar. Die Stille wird hörbar und es ist kein schönes Geräusch. Bowie besingt in seinem Lied ein Amerika, das er nicht wiedererkennt, ein Amerika im Wandel und zum Schlechten. Das war vor dreißig Jahren. Ich denke, es jetzt aber in einem anderen Zusammenhang. Wir fahren an Yukatans Ostküste entlang, wo Golfresorts sich an Ferienkomplexe reihen und sogar ein „Mexican Artesania Prime Outlet" passieren wir. Alles so, dass vor allem amerikanische Touristen sich bestens zurechtfinden, ohne von diesem „Mexiko" belästigt zu werden. Die Anlagen tragen irritierenderweise Namen aus der griechischen Antike. „Three Sirenas" und „Grand Olympic" fliegen an uns vorbei, gefolgt von „The Sphinx", Ägypter oder Azteken, Hauptsache antik und irgendwie ausgestorben - that's History. Dass es die Maya waren, die dieses Gebiet beanspruchten, weiß scheinbar nur noch ein neueröffneter Mega-Fun-Park namens „Xplor", „The newest, hottest and best fun park in Yucatan". Alles hoch umzäunt, eingemauert und von reichlich Sicherheitspersonal bewacht.

Kopfschüttelnd fahren wir an den Anlagen vorbei, die kilometerweit angekündigt werden und dann eine geschmackloser als die andere, unübersehbar mit Betonportalen um die Wette protzen. Geschmacklosigkeit kennt keine Grenzen. Während all dem Kopfschütteln war ich wohl etwas unaufmerksam und erwache erst aus meinem Ekeltraum, als hinter uns eine Polizeisirene aufheult. Oppala, war ich zu schnell? Bin doch wie alle anderen gefahren, oder? Rechts ran, Scheibe runter, lächeln. Hilft nicht, ich soll aussteigen, er will meinen Führerschein. 80 in der 40er Zone, das ist doppelt so schnell, da sind Ausfahrten und eine Schule... Auf einer vierspurigen Autobahn. Und jetzt will er den Gegenwert des Tauchausflugs zu den Zenoten, den wir morgen machen wollten. Ich tue so als würde ich nicht verstehen, hole Susan als Charmeoffensive dazu, hilft auch nicht.

Ich kann meinen Führerschein wieder haben, wenn ich jetzt bezahle, allerdings bekomme ich dann keine „Rechnung" – schon klar Kollege. Shit, also die Jammertour, alles zusammenkratzen, was wir haben, minus das was wir nicht entbehren können und behaupten, wir haben nur so viel. Er lässt uns ziehen, er bekommt also viele kleine Scheine, allerdings klaue ich mir noch was zurück, bin schließlich nicht erst seit gestern in Mexiko. Die Scheine kurz außerhalb seines Blickfeld geordnet und nochmal einen Hunderter abgezwackt. Scheiße, sind wir doch tatsächlich von einem korrupten Bullen beschissen worden. Das sind unsere Gedanken aber erst einige Stunden später, als wir die Strecke nochmal fahren und von einem „40er Schild" nichts zu sehen ist.

Tatsächlich sind wir erst einmal froh, dass wir noch halbwegs glimpflich aus der Situation gekommen sind und fahren weiter nach „Playa del Carmen", so was wie Cancun in klein. Also schrecklich aber hier kann man in Zenoten, unterirdischen Höhlen mit Zugang zum Meer, tauchen. Angekommen, parken, Hostel suchen, nach zwanzig Minuten gefunden, den Wagen geholt um die Rucksäcke auszuladen. Keine Rucksäcke im Kofferraum! Die locker 40 Grad werden nochmal heißer, viel heißer. Scheiße, das kann doch nicht sein. Wo sind die Packs? Wie sind die da rausgekommen und wo sind sie jetzt? Oh nein, das kann doch nicht sein? Kofferraumschloss unversehrt, Fahrertür okay, keine Erklärung und nun? Die Rucksäcke waren im Kofferraum nicht sichtbar, wie kann das sein?

In den Rucksäcken war nichts, was der Dieb gebrauchen oder verkaufen könnte, nur unser ganzes Leben, alles was wir hatten. Schlafsäcke, Isomatten, Kocher, Kochgeschirr, ungewaschene und ein bisschen frische Wäsche. Aber für uns steckt in zwei mal 75 Litern die ganze Reise. Den ganzen Tag fallen uns Dinge ein, die da drin waren und die nun auf irgendeiner Müllhalde landen werden. Mein Nagelknipser, den ich schon seit zehn Jahren habe, bei dem die Nägel nicht rumfliegen sondern im Nagelknipser bleiben. Susans Kontaktlinsen, die Pille, das Ladegerät für die Kamera-Akkus, die Thermowäsche, in der es kein Foto von Susan gibt, die aber so kuschelig warm hält, die Regenjacken, die sogar den Dauerregen in den Torres del Paine dichtgehalten haben, unser Super-Zelt - unser Zuhause. Die Schlafsäcke, in denen wir so viele schöne Träume hatten, die Outdoor-Dusche. Alle Medikamente, die wir nie benutzt haben. Alle Waschsachen, Zahnbürsten, Zahnpasta, die Flip-Flops, die Susan mir zum Geburtstag geschenkt hat. Der süße Bikini den wir in Argentinien gekauft baben, meine Zahnspange gegen Zähneknirschen in der Nacht, das kleine Notizbuch, das Susan von Carola geschenkt bekommen hat und in dem alle Namen und Adressen unserer Reisebekanntschaften stehen, meine Mountainbike Funktionswäsche, mein Rasierer, mein Personalausweis und eben die Rucksäcke, die wir über den ganzen Kontinent, durch Flüsse und über Berge getragen haben, in denen all unsere Schmerzen aber auch alle Glücksmomente stecken.

Wir lassen einen Polizeibericht anfertigen, sind aber nicht versichert, keine Ahnung warum wir hier unsere Zeit verschwenden, macht man halt so. Die Frau, die unser Gejammer eintippen muss, wiegt 250 Kilo und hat sich an so ein Stromstoß-Muskelaufbaugerät angeschlossen, wodurch ihre enormen Brüste und damit ihr ganzer massiger Oberkörper rhythmisch im Wechselstrom zucken. Sehr irritierend und hilft auch nicht dabei zu erklären, was passiert ist.

Und jetzt? Kopf aufrichten, Gedanken ausrichten, Tränen trocknen und dem Tag ein lautes „FUCK YOU" entgegen brüllen. Wir holen Bier und trinken am Strand, was nicht erlaubt ist. Sollte sich hier und jetzt jemand beschweren, es platzte eine Bombe, die Hiroshima wie Kindergeburtstag aussähen ließe. Susan findet in ihrem Tagesrucksack noch die Zigarren, die wir eigentlich für Las Vegas gekauft haben. Wir haben noch das Feuerzeug, das wir an der „Chevron" Tankstelle in Alaska gekauft haben, am Tag nach der „Stampede Road" und das seitdem jedes Feuer, jedes Mal den Kocher und nun unsere Zigarren anzündet.

Alles was wichtig ist, Maskottchen, Pass, Kreditkarten, Netbook, Kamera haben wir noch und so ist es wie Susan sagt: „Scheiß drauf, das ist nur Geld". Wichtig ist, uns ist nichts passiert, wir lieben uns, sind gesund und es wird unsere Reise nicht beenden.
Das sind nur Dinge, Dinge kannst Du immer wieder kaufen. Das habe ich ganz am Anfang geschrieben und so schreiben wir den kompletten Tag ab, blasen statt Trübsal Rauch in den Sonnenuntergang und lassen uns nicht unterkriegen.
Morgen kaufen wir uns Unterwäsche und Zahnbürsten, heute rauchen und saufen wir.
Der 20. September war ein Arschloch.

Mexiko durch den Magen ins Herz
Isla Holbox, Mexiko, September 2010

„Tio Nico's mas Salsas" ist eine Offenbarung auf der Isla Holbox, die nur verkehrstechnisch eine Insel darstellt – nur per Fähre erreichbar – in Wahrheit aber eine Halbinsel ist. Nur klingt Halbinsel so nach halbgar und das lockt keine Touristen an, genau wie Nico. In der niedrigen Bretterbude direkt am Dorfplatz empfängt dich der behagliche Charme von Plastikstühlen, Einwegbesteck und Neonlicht. Die Plastikteller sind in Plastiktüren eingeschlagen, ich nehme an, um den Abwasch einfacher zu gestalten oder weil die Salsas so scharf sind? Es war also nicht das Ambiente, das uns gelockt hat aber eine Eingebung, die uns gegen alle äußeren Umstände getrieben hat. Wir sind zu früh für Mexiko und Nico noch nicht fertig aber setzt euch mal. Zu früh bedeutet in Mexiko ziemlich spät für den deutschen Hunger. Also erst mal zwei Cervezas.

Während wir warten, bereitet Nico Salsas vor, viele und viel und das gefällt, besser auch als die Inneneinrichtung, denn die, wie sage ich das nett, soll nicht vom Essen ablenken? Zu nackten Holzwänden und Wellblechdach passt der Speisezettel. Übersichtlich und recht Tacolastig, um nicht zu sagen, es gibt gar nichts anderes - ein Spezialist also, fein fein. Flux ausgewählt, wovon wir keinen Schimmer haben aber die Wahl mit großer Bestimmtheit getroffen, ist ja klar. Mit Tacos ist das nämlich nicht so einfach, wie man bei Tortillas mit verschiedenen Füllungen meinen würde. Zunächst einmal die Gretchenfrage: Mais- oder Weizen-Tortilla? Für die Einheimischen klar Mais, für uns Weizen. Tortillas gibt es in jedem mexikanischen Restaurant und es gibt sie zu jeder Mahlzeit. Aber aus der Tortilla mehr werden kann, als nur ein Taco. Die zusammengeklappte Tortilla ist ein Taco, gerollt ein Rollito, mit Käsefüllung eine Quesadilla, mit Fleisch gefüllt und Soße übergossen eine Enchilada usw. aber bleiben wir mal beim Taco und seiner Füllung.

Ich glaube, ich habe in bisher fünf Wochen Mexiko nicht zweimal den gleichen Taco gegessen. Zunächst das Fleisch: Huhn, Rind, Schwein, Fisch oder Truthahn. Arme Vegetarier. Eingelegt oder ungewürzt, gebraten, frittiert, gekocht oder überbacken. Verschiedene Gemüse, meistens Tomate, Zwiebel, Avocado, Bohnen und dann mit Besteck und vollgekleckertem Hemd (Ausländer) oder Fingern. Das Wichtigste aber sind die Salsas. Ehrensache, auch für die kleinste Bude an der entlegensten Straßenecke, dass die Salsas selbstgemacht sind und in Schüsseln bereits auf dem Tisch stehen. Tabasco? Das ist doch nur ein schlechter Scherz. Es sind die Salsas, die dem Taco Leben einhauchen. Von feurig scharf über süßlich mild, fruchtig überraschend, bis raffiniert und „hätte ich nicht gedacht, dass das so toll schmeckt", gibt es sie alle.

Aber nur bei „Tio Nico" bekommen wir alle zusammen. Nico ist der König unter den Sauciers und tischt sechs verschiedene Salsas auf. Stolz erklärt er jede Einzelne, holt die Zutaten, damit wir verstehen, was dahinter steckt. Es gibt Jalapeno, tres Chiles, Sesam, Avocado, normale Chilis und eine Erdnusssauce. Unsere Mägen sind zu klein um all die Köstlichkeit angemessen erschöpfend zu kombinieren und zu würdigen, denn nach spätestens drei Tacos stellt sich ein nachhaltiges Sättigungsgefühl ein. Den angebotenen, vierten Taco, abzulehnen, wäre aber eine Beleidigung und das gehört sich nicht, sowas machen wir nicht – also Bauch, mach dich auf was gefasst. Unnötig zu erwähnen, dass es einige Salsas gibt, die auch mir den Schweiß auf die Stirn treiben.

Wer jetzt denkt, mexikanische Küche wäre hauptsächlich einfach und fast food, der irrt. „Mole Negro" ist eines der Nationalgerichte und kann aus über 60 Zutaten gemixt werden. Mole gibt es in mehreren Geschmacksrichtungen, als „negro" mit Schokoladennote, „verde" mit Jalapenos, „rojo" mit Chili und „almendras" mit Mandelaroma. Famos, welche Stellen im Gaumen durch die jeweilige Geschmacksrichtung gekitzelt werden. So famos, dass das Fleisch, das es dazu gibt, in den Hintergrund rückt. Dementsprechend bestellt man „mole negro con pollo", also die Sauce mit Huhn und nicht umgekehrt.
Die Getränke kommen in schweren Pokalen mit Strohhalmen und wenn die Tacobude sie nicht selbst anbietet, kommen sie vom Stand nebenan. Auf Märkten ist das super, weil dann frisch-gepresste Säfte die Schärfe mildern. Von den Tacobuden direkt gibt es eine mexikanische Spezialität. „Horchata" ist ein süßliches, aus Reis gewonnenes Getränk, das eisgekühlt und mit Zimt serviert, Susans Favorit geworden ist.

Und noch eine Besonderheit prägt die mexikanische Gastrolandschaft: Cantinas. Ein Mix aus Bar und Restaurant. Gesalzene Erdnüsse auf den Tischen - übrigens mit Limettensaft beträufelt eine neue geschmackliche Dimension - und Getränke mit ebenfalls gesalzenen Preisen, dafür ist das Essen umsonst. Dazu spielt ein Mariachi, der, wenn er gut ist, mit Trommeln auf den Tischen angetrieben wird und wenn er schlecht ist, uns die Stirn in Falten legen lässt. So bekommen wir eine amüsante Version von Green Day's „Basket case" präsentiert, die rein anhand der Phonetik der Sprache intoniert wird aber ohne ein einziges englisches Wort auskommt. Dem Publikum gefällts trotzdem oder vielleicht jubeln sie auch nur weil beim Fußball, das nebenbei läuft, ein Tor gefallen ist.

Auf jeden Fall ist es, wie überall in Mexiko, laut und trotz aller Fehler irgendwie gastlich und ganz sympathisch.

Ein Museum namens Mexiko
Yucatan Halbinsel, Mexiko, Oktober 2010

Hab ich schon mal erwähnt, dass Susan und ich keine Museumsgänger sind? Irgendwie funktioniert dieses sterile Ausgestellte für uns nicht. Man darf nicht laut reden, nichts anfassen und ausprobieren - bist Du wahnsinnig? Das ist antik! Und irgendwie riecht es in den klassischen Museen immer ein bisschen muffig. Ich weiß, dass das nicht pauschal stimmt aber der Muff ist eine gefühlte Komponente beim Museumsbesuch. Die Museumsbesuche oder -Versuche auf unserer Reise sind daher auch schnell aufgezählt:
Hammer-Museum in Haines/Alaska - mehr als 300 Hämmer.
Kartoffelmuseum in Idaho – Sonntag geschlossen, daher auch keine Verköstigung.
Automobilmuseum in Reno/Nevada – ein feuchter Jungen-Traum, sogar ein DeLorean steht dort.
Museum of modern Art in San Francisco/Kalifornien – wirklich toll und jeden ersten Donnerstag im Monat freier Eintritt.

Wie gesagt, Museen funktionieren für uns nicht, was aber überhaupt nicht bedeutet, dass uns Kultur egal wäre, wir sind sogar sehr interessiert aber bitte nicht hinter Glas, mit Halogenstrahler, gedämpftem Husten und leisen Schritten auf Parkett. Faszinierende und spektakuläre Museen bilden keine Lebenswelten originalgetreu nach. Gute Museen sind das Original. Sie sind an dem Platz, wo sie immer waren und keine Wanderausstellung. Gute Museen sind nicht in Städten zu finden. Gute Museen sind Städte. Sie kommen ohne rotes, samtiges Absperrband, Sicherheitspersonal und Souvenirshop aus und haben eine viel nachhaltigere, wenn nicht unvergessliche, Wirkung. In Mexiko sind einige dieser Museen zu finden und ich frage mich, wer die „Ausstellungen" wohl mal eröffnet hat, bevor es Museen wurden.

Verblendete, aber vor allem religiös verblendete Menschen sind mir ebenso suspekt, wie ich sie bemerkenswert finde. Sie sind wahnsinnig aber bekanntermaßen sind Genies das auch, nur eben auf gesellschaftlich anerkannte und manchmal höchst respektierte Art und Weise. Wahnsinnige hingegen möchte man nicht so gern um sich haben und darum steckt man sie in die Politik oder ins Militär, von wo aus sie dann die Politik übernehmen. Kommt dann eine übermäßige

Portion Religion hinzu, wird es interessant. Zumindest, wenn man mit dem Abstand von 2.000 Jahren drauf blickt. Im Moment des Geschehens sind solche Personen ja meist so beliebt, wie Herpes. Das Faszinierende an diesen Menschen ist aber ihre ungeheure Geltungssucht und das Verlangen, dass auch über ihren Tod hinaus zu manifestieren. Beim Betrachten ihrer Hinterlassenschaften kann man sich heute kaum vorstellen, dass sie mal mehr waren als Museen.

Steinmetze müssen bei den Maya und Inka vielbeschäftigte Leute gewesen sein. Keine Pyramide, kein Tempel, keine Anlage ohne abertausende Steinfiguren, Fratzen und was man sonst noch alles aus Stein hauen konnte.
Bei der Größe der Anlagen, wäre die Leistung schon unglaublich genug aber sie mussten das alles ohne Metallwerkzeuge, Nutztiere oder die Erfindung des Rades bewältigen. Sie konnten steinerne Säulen in runder Perfektion und bis zu sechs Metern Höhe herstellen und weil das für die Steinmetze bestimmt nicht nur eine Fingerübung war, ließ man in Chichén-Itzá davon gleich mal dreihundert aufstellen.

Die Leistungen, die einige Kulturen vollbringen, sind so bemerkenswert, dass wir uns heute kaum vorstellen können, wie die Menschen damals, ohne Internet oder Coffee to go diese Stätte errichten konnten. Um gleich von falschen Tatsachen abzulenken, steht auf erklärenden Tafeln, dass die Maya keine Hilfe von Außerirdischen hatten. So abwegig ist der Gedanke aber tatsächlich nicht. Oder wie erbaut man Pyramiden, bis zu 65 Metern Höhe, aus zweieinhalb Millionen Tonnen Steinen? Oder berechnet einen Kalender, der nicht nur die Ernte voraussagbar macht, sondern auch Einfluss auf die Architektur nimmt und zu bestimmten Sonnen- und Mondständen, die Monumentalbauten im Licht und Schatten wie eine Schlange aussehen lässt?
Aber die Idee mit dem Rad wollte ihnen einfach nicht kommen – warum? Diese und tausend weitere Fragen kreisen beim Betrachten der Maya-Stätte Mexiko in meinem Kopf - wirklich faszinierend was Wahnsinnige so anstellen, wenn man ihnen die Leitung eines Museums überträgt.

Wie wird wohl über die Wahnsinnigen unserer Zeit gedacht werden? Wie werden Menschen in 2.000 Jahren über die Elbphilharmonie, BER oder Stuttgart 21 denken?

Vergebung zur Mittagszeit
Von Yucatan zur Baja California, Mexiko, Oktober 2010

Wir haben es verloren oder es wurde uns genommen, auf jeden Fall ist es nicht mehr da. Ich schätze, wir haben unser Mojo verloren oder es wurde uns mitsamt den Rucksäcken gestohlen, jetzt jedenfalls ist es nicht mehr bei uns. Unser Mojo, das besondere Etwas, weg.

Mexikos Funken will einfach nicht überspringen und uns Feuer und Flamme werden lassen. Dabei hatte alles so großartig angefangen aber jetzt? Jetzt wissen wir auch nicht recht was es ist, was uns die Laune verdirbt. Die Wunde der gestohlenen Rucksäcke blutet nicht mehr und ist zur hässlichen Narbe geworden und irgendwann wird auch diese Narbe nur noch eine Geschichte sein aber im Moment scheint uns mit den Rucksäcken auch der Spaß vergangen zu sein. Die Mexikaner sind da auch kein Trost, uns will einfach keine Verbindung zu ihnen gelingen. Sind wir in Südamerika neugierig begutachtet und offen angelacht worden, so werden wir hier eher kritisch angeschaut und haben das Gefühl, die Blicke sind nicht immer unbedingt freundlich. Dazu empfinden wir die Mexikaner als sehr schrill und überdreht.

Haben sie mit ihren Nachbarn im Norden ein angespanntes Verhältnis, so versuchen sie doch den US-Lifestyle zu kopieren und sind dabei schriller und übertriebener sogar als das Original. Vor allem ist ihnen dabei aber die natürliche Lässigkeit und Freundlichkeit abhanden gekommen, die wir in Südamerika sehr gemocht haben. Hier wirkt die Lässigkeit gespielt und gar nicht cool sondern peinlich.

Frauen, die operiert und grotesk überschminkt in zu wenig Kleidung und zu viel Parfum durch die Städte stöckeln, Männer die sich wie Hähne im Hühnerstall aufführen, betont lässig und ultra-cool durch „ihr Gehege" stolzieren. Das Einzige was fehlt, ist, dass sie ihr Revier wie Hunde markieren, sehr pubertär. Am meisten stört mich am Imponier-Gehabe, dass die größten Angeber ja immer auch die größten Schwä... ähh Waffen haben. Die Polizisten und Soldaten, die sich hinter automatischen Gewehren und verspiegelten Sonnenbrillen verstecken, sind für mich immer wieder ein Grund angeekelt weg zu schauen. Sie hängen wie Straßengangs auf den Ladeflächen der Pick-ups, patrouillieren teilweise vermummt durch die Städte und halten ihre Shotgun mal nach unten und mal in Dein Gesicht.

In Mexiko City stehen in den Einkaufspassagen diese bewegungslosen silber-besprühten Straßenkünstler, wie selbstverständlich mit silberner AK-47. Was für ein Spaß, sein Kind zusammen mit dem Silbermann zu fotografieren, während es mit der Waffe bedroht wird – uns ist der Spaß vergangen. Wenn ich Waffen und vor allem solche Kaliber, in der Öffentlichkeit sehe, wird mir schlecht, wie auch von den Titelbildern der Zeitungen. Ich will nicht jeden Tag die Toten der Nacht in einer riesen Lache Blut sehen. In Mexiko sterben mehr Menschen durch Gewalteinwirkung als in Afghanistan und dem Irak.

Was mir schon an Peru übel aufgestoßen ist, ist das ständige Abziehen. Der Mexikaner an sich ist ja faul aber gerissen. Ich weiß, dass ich damit furchtbar nach „Stromberg" klinge, aber würden wir nicht jede Rechnung kontrollieren, hinterfragen und selber zusammenaddieren, wären wir arm. Natürlich alles nur Irrtümer und Missverständnisse, sind ja auch alles so schrecklich große Zahlen, schelmisches Grinsen, nennt mich „Amigo" und klopft mir auf die Schulter. Ja, ja, nee, nee, eben kein Versehen, Penner.

Bei Busfahrzeiten bekommen wir fast immer eine falsche Fahrtdauer genannt, um den Bus schneller und attraktiver aussehen zu lassen. Da werden aus sieben Stunden Fahrt dann gerne elf, ohne, dass es Gründe wie Stau oder Umleitung gegeben hätte. Damit kommen wir bei Dunkelheit in der unbekannten Stadt an, na toll. Was kostet denn ein Taxi? Ja nee, ist klar, für den Preis kann ich zum Mond fahren oder drei Blocks in Deiner Klapperkiste? Den Preis um zweidrittel gedrückt, immer noch zu viel bezahlt und dann kennt der Fahrer die Adresse nicht und findet sie auch trotz Karte nicht. Oh mann!

Im Hostel wird's nicht besser. Ob denn das Wifi funktioniere, war die Frage und fleißiges Nicken die Antwort. Nur hat er das Passwort nicht wie sich später rausstellt und der Typ, der es hat, kommt erst morgen, glaubt er. Er kommt nie. Wo fahren denn die Busse? Vage Vermutungen, in alle Himmelsrichtungen gedeutet, Blick gesenkt, genuschelt, geschämt aber nicht zugeben, dass man keine Ahnung hat. Setzen sechs! Wer in Mexiko nach dem Weg fragen muss, ist verloren. Wir irren umher und finden eine Haltestelle, einen Fahrplan gibt es nicht, auch steht nirgends, welche Buslinien hier fahren oder wohin. Also den ersten Bus ran-gewunken, gefragt, soll gehen. Wir fahren durch Straßen, für die der Bus einfach zu groß ist, beziehungsweise, die mit Autos, Mülltonnen oder Unrat zugestellte Straße zu klein. Und dann halten wir alle fünfzig Meter; der Bus hält auf Wunsch und Wünsche gibt es viele. So kommen wir nicht voran, dafür aber Nackenstarre, weil der Fahrer das Zusammenspiel von Gas und Kupplung nicht versteht und sich jeden Gangwechsel durch synchrones Kopfnicken seiner Fahrgäste bestätigen lässt.

Irgendwann kommen wir mit dem „Mercedes der kleinen Leute" tatsächlich dorthin wo wir hinwollten. Knalleheiß ist es und das Einzige was schlimmer schwitzt als ich, sind die Klimaanlagen an den Gebäuden. Überall tropf es kalt auf uns runter, ein schöner Schreckmoment, der uns auch beim Besuch einer Bank ereilt.
Der Automat rattert, spuckt aber kein Geld aus und viel schlimmer, er rückt auch die Karte nicht raus. Scheiße, in dem unterkühlten Vorraum der Bank wird es heiß und mir fällt mal wieder auf wie unglaublich laut Mexiko ist. Das zum Zerreißen gespannte Nervenkostüm wird dadurch nicht gerade besänftigt. Trucks donnern an der Bank vorbei, dass die Scheiben klirren, Sirenen jaulen seit Stunden, Händler brüllen ihre Angebote, Passanten schreien ihr Handy an, Popmusik dröhnt zu laut aus zu vielen Geschäften, eine Polizeistreife hupt vorbei.
Die Bank hat schon geschlossen aber drinnen hab ich noch einen Mitarbeiter ausgemacht und den zitiere ich mit energischen Gesten an die verschlossene Tür. „Schon geschlossen", deutet er auf die Öffnungszeiten. Lesen kann ich selber, du Clown. Durch exzessiven Gebrauch des spanischen Imperativs, den wir bestens beherrschen, können wir dem Mexikaner mit dem Arbeitszeiten-Verständnis eines deutschen Beamten trotz geschlossener Bank und Feierabend dazu bewegen, die Karte aus dem Automaten zu holen.

Es wird wieder leiser um uns herum, also nicht wirklich aber mit der Karte zurück in unseren Händen atmen wir mal ganz tief durch und während ich das tue, zieht so ein Opa den gesamten Inhalt seines verschleimten Nasen- und Rachenraumes hoch und rotzt es neben mir auf die Straße, dass es nur so klatscht. Ich spüre Susans Fingernägel in meiner Handfläche. Männer in Mexiko machen das gerne, vor allem morgens in Hostels mit dünnen Wänden.

Mexikaner sind in unserer Wahrnehmung so umsichtig und rücksichtsvoll, wie der „Crazy Frog Klingelton" und das lange bevor sie ihr Handy überhaupt zur Hand genommen haben. Lautstarke

Unterhaltungen während alle anderen versuchen zu schlafen und das als Radio genutzte Handy sind mexikanische Spezialitäten, wie sie rücksichtsloser nirgendwo eingesetzt werden aber es stört niemanden außer uns. Genau wie Radios, die auf voller Lautstärke laufen aber außer dem Rauschen der Stratosphäre nichts empfangen, Fernseher in Bussen, die über Stunden die Endlosschleife des DVD Menus dieser lächerlichen Filme zeigen oder eine der anderen Unmöglichkeiten, die wir einfach nicht liebenswert finden können.

Das ganze Aufregen hat hungrig gemacht und Essen in Mexiko bleibt eine Freude. Eine ganz große. Eines der Restaurants gewählt, die statt Türen raufgezogene Rolltore haben und deren Namen, wie auch die Schilder aller anderer Läden, Werkstätten oder Apotheken, mal mehr, mal weniger kunstvoll, an die Wand gepinselt sind.

Auf den Speisekarten kennen wir uns mittlerweile aus und wissen was kommt, wenn wir was auch immer bestellen aber eigentlich ist das auch egal, denn wir haben in Mexiko nie schlecht gegessen. Ich liebe die kleinen Buden, wo ältere Damen das Essen zubereiten und perfekt gegrilltes Fleisch mit Mund-wässernden Salsas und Tortillas servieren. In diesen Momenten vergebe ich Mexiko und bin zu einer Aussöhnung bereit und vielleicht gebe ich Mexiko sogar eine zweite Chance, später mal.

Was mein liebes Mexiko aber wärst Du ohne das fantastische Essen, das Traumwetter und die Postkartensonnenuntergänge? Und es tut mir leid aber es gibt keinen Weg, das nett zu sagen:
dann wärst Du... Peru.
Eine spektakuläre Kultur und viel Potential, leider völlig ruiniert durch die Einheimischen.

Zurück zu alter Stärke
Kalifornien, USA, Oktober 2010

Neuer Rucksack 200 Dollar
Neues Zelt 400 Dollar
Neuer Schlafsack 120 Dollar
Weltreise weitermachen... unbezahlbar

Es gibt Dinge, die kann man nicht kaufen, für alles andere haben wir die Magnetstreifen unserer „Visas" blutig gewetzt aber nun sind wir wieder vollständig. Die gleichen Rucksäcke, das gleiche Zelt, die gleichen Isomatten, der Kocher und das Topfset, alles nochmal genauso. Traumweh sieht wieder aus wie früher und macht weiter als wäre nichts gewesen.

Und was war schon? Nach fünfhundert Tagen beklaut worden. Na und, kann schon mal passieren und ganz ehrlich, außer Geld und Nerven hat es nichts gekostet also worüber reden wir?

Ach so, Du Dieb. Ich weiß, dass Du das hier nicht liest und selbst wenn, könntest Du es nicht verstehen aber wir wollen Dich wissen lassen, dass Du zu einer lächerlichen Anekdote geworden bist, über die wir mittlerweile sehr gut lachen können. Und wenn Du mal wieder versuchst, Reisende zu bestehlen, klau was wertvolles für Dich und nicht den Schrott, der nur für andere wertvoll ist, ja?

Ferne Freunde
Los Angeles, Kalifornien, USA, November 2010

„Weißt Du, was ich manchmal denke? – Es müsste immer Musik da sein, bei allem was Du machst. Und wenn es mal so richtig scheiße ist... dann ist wenigstens noch die Musik da. Und an der Stelle wo es am allerschönsten ist, da müsst die Platte springen und Du hörst immer nur diesen einen Moment"
- Floyd, Absolute Giganten

Eigentlich haben Janina und Gerrit einen super Musikgeschmack, ziemlich dicht an unserem und damit der „Benchmark" des guten Geschmacks. Dass wir jetzt aber mit heruntergelassenen Scheiben und „Nelly" auf dem voll aufgedrehtem Radio durchs glitzernde Las Vegas rollen, kommt mir im Nachhinein so vor, als wären wir mit runtergelassenen Hosen über den Strip gelaufen.

Klischeeblödsinn, genau wie die vermeintliche Doppelheirat auf dem Parkplatz der „chapel of the flowers", das Hotelzimmer im 27. Stock des Caesar's Palace, unsere kläglichen Versuche am Roulettetisch die Karten zu zählen oder Zigarre rauchend und Bier trinkend auf dem Dach des Hotels auf „Player" zu machen. Ausnahmen im Ausnahmezustand weil unsere besten Freunde uns besuchen kommen. Hotel statt Hostel, leckeres Essen in Restaurants statt „Was ist denn hier das billigste?" und Geländewagen statt zu Fuß. Der Concierge im Caesar's Palace muss sich die Frage gefallen lassen, ob das Hotel „pager-freundlich" ist und unser Hotelzimmer „really really awesome". Er beantwortet die Fragen jeden Tag und seine filmkenntnisreiche Antwort: „Yeah, it's pretty awesome", gilt nicht nur für das Zimmer sondern ganz besonders für die Zeit, die wir zu viert haben.

Als wir die beiden nach zweieinhalb Wochen im Zeitraffer wieder am Flughafen abliefern, ist die Stimmung im Auto wie nach einem Konzert: Das Dröhnen der Musik noch in den Ohren, sitzen wir still da und hängen unseren Gedanken nach, die nicht schneller fließen als der abendliche Verkehr durch die rush hour. Wir genießen unsere Zweisamkeit in besonderen Momenten, sind uns aber den Momenten umso bewusster, die erst mit Freunden wirklich Spaß machen und aus ganz banalen Situationen etwas sehr besonderes machen. Die Zeit mit vertrauten Freunden führt uns vor Augen, dass viele Dinge, die zuhause normal erscheinen, tatsächlich sehr besonders sind.

Die Eindrücke brauchen einen Moment um verarbeitet zu werden, es waren zu viele, in zu kurzer Zeit. Aber das Wichtigste, das gute Gefühl, ist geblieben, zusammen mit ganz vielen Erinnerungen, die zu „Wisst ihr noch Momenten?" werden, wenn wir uns das nächste Mal treffen. Wir freuen uns schon drauf. Sehr sogar.

Thanksgiving
San Francisco, Kalifornien, USA, November 2010

Bei Thanksgiving geht es im Grunde um einen Haufen Europäer, die in Amerika angekommen sind und ohne die Hilfe der Einheimischen nicht klargekommen wären. Ich denke also, ich kann sagen, bei Thanksgiving geht um uns.

Ohne die Menschen, die wir auf dem amerikanischen Kontinent getroffen hätten, wären wir heute nicht wo wir sind, sondern schon viel weiter – also geografisch. Die Begegnungen, wie zufällig und kurz sie auch gewesen sein mochten, haben sehr großen Einfluss auf unsere Reise und vor allem uns genommen. Sie haben uns an Orte gebracht, die wir nie vorhatten zu bereisen, uns mit Menschen zusammengebracht, die uns zu den verrücktesten Dingen inspiriert haben und sie haben uns Möglichkeiten eröffnet, um die man niemanden bitten würde.

Hätten wir diese Menschen nicht getroffen, wir würden uns beim Abflug aus San Francisco keine Träne aus dem Auge wischen. Und ganz bestimmt äße ich jetzt nicht dieses Truthahn-Sandwich. Gemäß Rex's Prophezeiung konnte ich der Versuchung, das Sandwich im Rucksack zu haben und nicht zu essen, nicht sehr lange widerstehen. Tatsächlich habe ich es nur durch die Sicherheitskontrolle geschafft - nicht gerade sehr willensstark. Zu lecker, denke ich und mit vollen Backen an den gestrigen Thanksgiving Abend zurück. Volles Programm, die ganze Familie und viele Freunde am Tisch und alles was die Tradition für diesen Tag vorschreibt auf dem Tisch und davon reichlich. Als nichts mehr geht, kommen noch fünf Desserts obendrauf. Reine Höflichkeit schreibt an dieser Stelle keinen Nachschlag vor aber wer will sich in so netter Gesellschaft noch an die Etikette klammern?

Ich schätze hingegen, dass wir uns noch lange an die Erinnerungen und Begegnungen zwischen Fairbanks und Ushuaia klammern werden. Wir haben auf diesen Kontinenten unverschämtes Glück gehabt und im zeit-gerafften Rückblick können wir kaum fassen, was wir erlebt haben. Wir haben die elterliche Stimme im Hinterkopf ausgeschaltet, die sagt: „Du sollst nicht mit Fremden sprechen" und können jedem nur zurufen: „Sprich mit den Fremden, versteh sie als Freunde, die Du noch nicht kennenlernen durftest und es werden verrückte Dinge geschehen."

„Du sollst gehen, wenn es am schönsten ist" und darum scheint mir der Tag nach Thanksgiving der logische Tag für unsere Weiterreise zu sein, auch wenn es traurig macht, Freunde schon wieder zurück zu lassen. Neue Begegnungen liegen vor uns, neue Orte und ein kopfstehendes Land. Klingt doch ziemlich gut oder wie Jan es gesagt hat: „Ihr ward letztes Jahr zu Halloween hier, dieses Jahr zu Thanksgiving, ich schätze, wir sehen uns nächstes Jahr zu Weihnachten".
Vielleicht noch nicht so bald aber wir kommen noch mal wieder, ganz bestimmt. Bis dahin erst mal, vielen Dank, thanks giving und bis bald.

Sunny und Cher
Auckland, Neuseeland, Dezember 2010

"Racing cars and sex, two things, men, for no reason think, they're good at."
- Jay Leno

Ganz ehrlich, ich habe das auch gedacht, bis ich gestern durch Auckland gefahren bin, wobei nicht direkt gefahren, eher geirrt.
Ich habe auf einem Nissan Micra autofahren gelernt. Der Fahrschulwagen war ein Golf aber tatsächlich fahren gelernt, habe ich mit dem Micra meiner Mutter. Nun ist es wieder ein Nissan mit dem ich fahren lerne, diesmal auf der falschen oder wie man es umgangssprachlich-schluderig auch nennen könnte, der linken Seite. Vielen Dank England.

Ich will mal die Dimension des Problems anreißen. Vor dem Einsteigen gehen Susan und ich gerne eine Runde ums Auto und lassen es wie eine Art Ritual aussehen. Tatsächlich liegt es daran, dass wir auf der gewohnten – und damit für mich – Fahrerseite, einsteigen wollen. In Kopfüber-Land ist es aber andersherum. Auf der Fahrerseite platzgenommen, beginnt das Desaster. Anschnallen von rechts, okay. Pedale, alles wie bei uns aber dann: schalten mit links!

Ich weiß nicht genau, warum ich den Kerl bei der Autovermietung, der mich andauernd „mate" nennt, darum bitte, mir einen Schaltwagen zu geben, schließlich lässt man sich bei seiner ersten Schwimmstunde ja auch keinen Stein umbinden aber ich tue es. Nun stehen wir also mit laufendem Motor am Beckenrand und sind bereit, ins kalte Wasser zu springen, also uns in den Verkehr einzufädeln. Scheibenwischer an und los. Regnet zwar nicht aber dort, wo wir den Blinker setzten, bedient man hier die Scheibenwischer. Kupplung treten und die rechte Hand geht automatisch Richtung Fensterheber, bis die rechte Gehirnhälfte zögerlich und mit leiser Stimme vorschlägt, den Schalthebel auf der linken Seite auch mit der linken Hand zu bedienen. Nun gut. Das Schaltschema ist wie bei uns, links oben erster Gang und so weiter. Für einen Rechtshänder, der den linken Arm aus reinen Symmetriegründen, nicht aber für irgendwelche tatsächlichen Aufgaben hat, ist das Führen des Hebels durch die Gassen eine wahre Herausforderung. Vor allem, weil das linke Bein im gewohnt schnellen

Rhythmus einkuppeln will, nur der Gang von der linken Hand noch nicht sortiert ist - Krachen aus den Tiefen des Getriebes, here is to you, England.

Während mein Gehirn auf Grund der neuen Bewegungsabläufe auf Höchstgeschwindigkeit rotiert, haben das Radio und Susan natürlich Sendepause. Multitasking ist nicht mein Ding und ich werde erst aus meiner Ernsthaftigkeit gerissen, als die Scheibenwischer wieder trocken über die Scheibe quietschen. Ich wollte den Gegenverkehr mit der Lichthupe durchlassen. Am zweiten Tag sieht die kopfstehende Automobilwelt aber schon viel freundlicher aus. Schalten geht, Abbiegen auch, nur das Abbiegen nach links trotz roter Ampel erscheint mir immer noch als Verrat an sämtlichen Verkehrsregeln, genau wie das Einfahren in einen Kreisverkehr im Uhrzeigersinn. Insgesamt geht alles schon viel entspannter und spätestens in den ersten Hügeln und Kurven, bin ich froh, den Wagen mit dem manuellen Getriebe genommen zu haben.

Und was für ein Wagen das ist. Ein Nissan Sunny, einundzwanzig Jahre alt und in jedem seiner Lebensjahre 10.000 Kilometer gefahren. Ich mag das, mild gesagt, ambitionslose Design. Es wirkt so, als hätte der Designer schon am ersten Tag mit den Worten: „Heute ist nicht mein Tag", einen Entwurf hin geklatscht, den die Marketingleute dann als „form follows function" verkauft haben. Atemlos dürfte der Besitzer bei der Abholung seines Wagens damals jedenfalls nicht gewesen sein aber vielleicht ist ihm aufgefallen, dass der Motor es ist. Laaaaangsam und durch ein viel zu lang abgestuftes Getriebe gehemmt, setzen wir uns in Bewegung. Muss ich wenigstens nicht so oft schalten, hat auch was und außerdem mag ich automobile Verlierer. Sie geben Dir beim Fahren das gute Gefühl, dem Auto in jeder Situation gewachsen zu sein und die, zugegebenermaßen, engen fahrdynamischen Grenzen nach Belieben austesten und überschreiten zu können. Welcher Porschefahrer kann das schon von sich behaupten?
Unser Nissan hat es als Langzeitmietwagen bisher nicht leicht gehabt und darum hat er etliche Teile ersetzt bekommen, genau wie die für unseren Wagen namensgebende Sängerin „Cher". Sunny und Cher eben. Der Eine hat immer auf die Andere eingeprügelt aber zusammen waren sie ein Hit. So wie wir und unser Nissan. Er wird es nicht leicht haben mit uns aber zusammen haben wir eine große Zeit vor uns.

Eifersüchtig auf Vegetarier
Te Urewera Nationalpark, Neuseeland, Dezember 2010

„Neid ist nur der Mangel an Gelegenheit zur Schadenfreude"

Ich bin kein neidischer Mensch. Dass ich nach über eineinhalb Jahren auf Weltreise trotzdem manchmal vor Neid platzen könnte, hat mit der schlimmsten Form des Neides zu tun: Futterneid. Was für dich mit vollem Kühlschrank, Pizzaservice auf Kurzwahl und internationaler Restaurant-Auswahl im Kiez vielleicht kein Problem darstellt, ist für mich eine, manchmal in Hass umschlagende, emotionale Bürde. Das passiert mir nicht in Normalsituationen und überhaupt habe ich mich eigentlich ganz gut im Griff aber auf Wanderungen kochen die Emotionen, geschürt durch hohen Energieverbrauch und -Bedarf schnell mal über.

Wenn wir wandern, hab ich immer Hunger und könnte wahllos alles in mich stopfen. Mein Bedarf an Salz, Zucker und Fett ist unstillbar. Die 300 Gramm Schokolade, die für die ganze Wanderung reichen müssen, könnte ich nach 27 Kilometern schon am ersten Tag alleine plattmachen. 350 Gramm Nudelfertiggericht gerade vom Teller gefegt und jetzt? Cracker und Käse danach und wann gibt es endlich Frühstück? Das verheerende an der Diät, ich kann sie auch rechtfertigen: Je mehr wir fressen, desto leichter werden die Rucksäcke.

Grundsätzlich bin ich jedem dankbar, der anders reist oder seinen Urlaub verbringt, als wir. Wenn es nach mir ginge, sollte jeder im „Club Med" urlauben oder pauschal irgendwo hin geflogen werden. Es ist ja kein allzu großes Geheimnis, dass ich es gerne etwas einsam habe und besondere Momente am liebsten unter Ausschluss größerer Menschenmengen genieße. Ich bin mir durchaus bewusst, dass ich Neuseeland nicht für mich alleine habe und mit anderen teilen muss. Auf Wanderungen ist man aber meistens herrlich für sich und trifft die Anderen erst in den Camps und Hütten entlang des Weges und das ist super. Man kocht zusammen, teilt und in Sachen Verpflegung macht uns kaum noch jemand was vor. Auf Wanderungen gibt es nicht zu viel Schokolade, ohne die extra Portion Nudeln gehen wir gar nicht erst los und auf anderer Wanderer Teller schielen wir nur sehr selten mit Neid.

Neidisch ist man aber auch nicht auf Nachbars Golf. Neidisch ist man auf Nachbars Ferrari, wenn es bei einem selber gerade mal zum klapperigen Damenrad reicht.

Auf der dreitägigen Wanderung um den See „Waikaremoana" steht Tischnachbars Ferrari auch noch in rot und weiß zur Auswahl. Er kommt in Form von Wein auf den Tisch. Wein aus Flaschen. Flaschen mit Korken. Wein, der in Weingläser aus Glas gegossen wird. Wein, mit dem angestoßen wird. Wein, der offensichtlich schmeckt. Das Kristall wird auf einer weißen Tischdecke platziert. Dann wird den Herrschaften die Vorspeise gereicht: grüner Salat, Tomaten, Dressing, Croutons. Anschließend geht man zum gepflegten Hauptgang mit frischem, pfannengeschmorrten Gemüse, Pilzen und Fisch an Rosmarin-Kartoffeln in Weißweinsauce über – meine Augen sind nur noch Schlitze. Dessert: Ich will nicht drüber sprechen und ich bin auch nicht neidisch.

Wir essen Fertig-Ravioli in Tomatensauce, knabbern Cracker mit Käse und Salami und zum Abschluss Schokolade. Kommt mit dem erstgenannten nicht mit, ist aber okay, macht satt und gibt Energie für morgen. In der Nacht in der Gemeinschaftshütte schnarchen die dickbäuchigen, weinseligen Herrschaften schlimmer als ein Rudel kanadischer Holzfäller und ich bin immer noch nicht neidisch oder böse. Ich bin stolz, denn ich habe mein Gepäck selbst hergetragen und lasse es nicht mit einem Boot transportieren. Ich hab selbst gekocht und mich nicht von einem sieben köpfigen Bespaßungs-Team von vorn bis hinten „pampern" lassen. Ich mache sogar noch den Abwasch.

Dann kommt aber der Morgen, an dem es reicht und sogar der, durch einen Gummizug dehnbar gemachte Kragen meines Pullis, platzt. Wir sitzen in der Küche, löffeln Früchtemüsli mit aufgelöster Pulvermilch, trinken Granulat-Kaffee, als das Brutzeln von Spiegeleiern den „Pavlovschen Speichelflussreflex" bei mir auslöst. Ganz tief durchatmen, weiterlöffeln, Du bist besser als die, Du machst es richtig, stark sein, weiteressen, nicht hingucken, weghören. Gläser werden mit Orangensaft und Tassen mit duftenden, frischen Kaffee gefüllt. Als schwerer Bacon-Geruch durch die Küche wabert, muss ich ganz schnell raus. Ich bin das erste Mal in meinem Leben eifersüchtig auf Vegetarier, die dieser Geruch wahrscheinlich völlig kalt lässt. Mich bringt er an diesem Morgen über die Grenze des Zumutbaren.

Ich könnte ein, für unerfahrene Touristen und Großstädter, sicherlich bedrohliches Szenario mit meinem Messer aufführen und ein etwas zu enthusiastisch den Morgen lobpreisender Luxusreisender bestärken mich auch in meiner Hass-Fantasie aber in Wirklichkeit, wo mir für so eine Aktion die Theatralik fehlt, gehe ich nur raus. Das Sättigungsgefühl setzt ein, als die Luxusreisenden aufgebrochen sind. Ihr Gepäck wird in ein Boot geladen, das Begleit-Team wäscht ab, plant die Bespaßungen für den Tag und verschwindet dann auch. Was bleibt ist der Geruch von Kaffee, Spiegeleiern mit Bacon und einer beleidigten Leberwurst.

Ich schätze, wir wurden zwischen all den Köstlich- und Annehmlichkeiten einfach übersehen, wie wir konzentriert auf unsere Teller gestarrt haben, die Lippen und Augen zu Schlitzen verengt, den Redefluss auf Minimal-Konversation gestaut.
Ich schätze, Reisestile sind verschieden und ich sollte alt und tolerant genug sein, das nicht nur anzuerkennen, sondern auch zu akzeptieren. Wir werden weiterreisen, damit ich das vielleicht lernen kann.

Wandern und Bier
Neuseeland, Dezember - Februar 2010/2011

Die „Great Walks" Neuseelands sind so etwas wie das „best of" der Rolling Stones. Offensichtlich gibt es nicht nur ein „best of" sondern mehrere und das muss daran liegen, dass die Stones bei ihrer Altersvorsorge geschlampt haben oder, dass ihre Musik recht gut ist.
Die Stones jedenfalls haben sich mir nie richtig erschlossen. Viele andere Dinge aber auch nicht, zum Beispiel, warum Susan durch Suggestivfragen versucht, mich von ihrer Meinung zu überzeugen, anstatt klar zu artikulieren, was sie will.
Ich muss aber auch nicht alles verstehen um es gut zu finden und neben Susan und meiner Steuerrückzahlung, die ich überhaupt nicht verstehe, gefällt mir Wandern ausnehmend gut. Im Gegensatz zu Susan, hat es beim Wandern aber recht lange gedauert, bis sich mir erschlossen hat, was daran toll ist.
Warum ich das jetzt mag? Keine Ahnung, einige Sachen mag man eben nicht von Anfang an, wie Brokkoli oder Bier. Nun ist es mit Bier mittlerweile mehr als nur Mögen aber egal, mochte ich nicht immer, jetzt dafür umso mehr und so ist es mit dem Wandern auch.

Die Great Walks jedenfalls sind das Konzentrat Neuseelands oder mit anderen Worten, das, was nach der Fermentation beim Bierbrauen übrigbleibt und die einen mögen das und die anderen sind einfach noch zu jung. Und auch wenn die ersten Erfahrungen gemischt waren, sind wir hungrig nach mehr. Oh und Susan mag jetzt auch das ein oder andere Bier, eher die milden, wie beim Wandern und ich hab es gern etwas herber, wie beim Bier.

Leider nicht beim Bier, dafür aber beim anstrengenden Wandern in der Grütze, lernen wir Katja und Jan kennen und, dass gute Gesellschaft wichtiger ist als eine gute Wanderung. Beim Bier ist das ja andersherum, da kann gutes aber eher viel Bier auch schlechte Gesellschaft erträglich machen. Vielleicht sollte ich die Analogie zum Wandern noch mal überdenken.

Überdacht hätten wir gerne auch den Beschluss, in diesem Wetter wandern zu gehen. Susan mag das Losgehen beim Wandern nicht, schon gar nicht bei schlechtem Wetter oder was sie dafür hält. Sie braucht eine Weile, um in Tritt zu kommen aber irgendwann geht es.

Doch im Gegensatz zu vielen anderen, die das Wandern um des Wanderns willen mögen, mag Susan am allerliebsten das Ankommen, das „Geschafft haben" und die Belohnungen, die damit einhergehen.

Ich erinnere mich an schreckliche Wanderungen mit meinen Eltern in der Spätkindheit. Die Pubertät war noch nicht richtig durchgebrochen, die allgemeine Grundstimmung ging aber schon stark in die Richtung und als Mädchen hat man ein tolles Repertoire an Stimmungsschwankungen. Was gibt's da Schrecklicheres als mit seinen Eltern im eh schon doofen Bayern-Urlaub – allein zu Hause bleiben durfte ich noch nicht – schlecht geplante Spontanwanderungen zu unternehmen? „Oh, so viel kostet die Seilbahn auf den Berg? Nee, dann laufen wir. Guck mal, hier geht ja direkt der Weg hoch", höre ich meinen Vater noch sagen bevor er den Marsch nach oben antritt und meine Mutter hinterher. Oben, das ist in diesem Fall ein veritabler Berg der deutschen Alpen, ich trage Sandalen weil es brüllend heiß ist und an was zu Trinken oder Essen hat mal wieder keiner gedacht. Ich latsche also meinen Eltern hinterher, nicht ohne sie mit jedem Schritt zu verfluchen. Warum können wir nicht wie zivilisierte Menschen die Seilbahn nehmen, die extra für diesen Zweck in die Landschaft gestellt wurde?

Nein, wir laufen wie Steinzeitmenschen den Berg hoch und über mir gaffen die Leute aus der Seilbahn runter auf das dürre, grimmig guckende Mädchen mit den Sandalen. Habt ihr eigentlich mal bedacht, dass hier auch was passieren könnte? Was wenn ich mir mit meinen blöden Sommerlatschen die Knöchel breche? „Du musst halt schauen, wo du hinläufst", mault mein Vater, den ich endlich mit meiner schlechten Laune angesteckt habe.

Genau an diese Situationen denke ich heute beim Wandern durch die Welt und lache in mich hinein. Dreizehnjährige Mädchen können so ätzend sein. Am Morgen der Wanderung um den Lake Waikaremoana schüttet es aus vollen Kübeln und das hat es auch schon die halbe Nacht getan. Ein Blick aus dem Zelt bei absoluter Windstille lässt vermuten, dass es auch noch Jahrhunderte so weitergehen wird. Wir hingegen wollen um den See laufen und zwei Nächte zelten. Ich hasse schlechtes Wetter beim Losgehen und stelle das Vorhaben – wie ich finde, völlig zu Recht – in Frage.

Warum sollte ich mir dieses Wetter beim Wandern antun? Ich habe jedenfalls keine Lust, bei diesem Wetter loszugehen, man wird eh nichts sehen und bei diesem Regen das Zelt auf- und abzubauen ist so widerlich wie ich mir eine Wurzelbehandlung beim Zahnarzt vorstelle.

Aber jedes Mal bin ich mit dem Infragestellen die Einzige. Tim will immer losgehen. So auch dieses Mal. Ehrlich gesagt, die Wanderung wird trotzdem super werden, weil wir Katja und Jan kennenlernen, zwei Ebenfalls-Hamburger mit der gleichen doofen Idee und der gleichen doofen Wanderroute. Mit ihnen entwickeln wir den nötigen Galgenhumor für diese Regenwanderung.
Ich weiß nicht mehr, wer angefangen hat, vom Essen zu sprechen aber die Konversation wird uns die nächsten drei Tage über die Berge tragen und die imaginären Köstlichkeiten über die entgangenen Aussichten hinwegtrösten.

Katja und Jan haben einen Musikgeschmack, dicht an der Bestmarke (unserer) und es passt einfach zwischen uns. Nach drei nassen und beschwerlichen Wandertagen weiß ich wieder, was ich als Teenager am Wandern „nur so mittel" gefunden habe. Dafür sind wir beim Thema Verpflegung neu inspiriert und Musik und Tipps für die Nordinsel haben wir auch getauscht. Nach einem fetten Pancake-Frühstück trennen wir uns, treffen uns durch Zufall an Neujahr zwei Wochen später auf einem Campingplatz und nochmal zwei Wochen später in Nelson auf der Südinsel wieder. Uns stecken drei Tage und 75 Kilometer vom „Queen Charlotte Trail" in den Knochen, als wir beschließen, übermorgen zu viert den „Abel Tasman Coastal Track" zu wandern. Vier Tage Sonnenschein, feinste Aussichten, tolle Buchten, Strände, klares Wasser und viele Tagesausflügler sind das Kontrastprogramm zur letzten gemeinsamen Wanderung.

Die Themen sind die gleichen: Essen und Trinken. Nach vier tollen Tagen auf dem Trail frühstücken wir, zurück in der Zivilisation und frisch geduscht den Campingplatz neidisch. Der Familienvater neben uns grillt Würstchen und ein Kilo Speck aber das lässt uns kalt.
Seit 9.30 Uhr wird „zurück-gefrühstückt!"
Wir frühstücken das Frühstück, von dem wir die letzten Tage gesprochen haben und das zusammen. Was gibt es besseres?

How many roads must a man walk down?
Neuseeland, Februar 2011

How many roads must a man walk down before you can call him a man?
Homer: "Drei?"
Lisa: "Dad, das ist eine rhetorische Frage."
Homer: „Okay, dann vier."
- Die Simpsons

Als ich das letzte Mal mit meinen Eltern Urlaub gemacht habe, war ich fünfzehn und wir sind mit einem Wohnmobil durch die USA gecruist. Nicht immer einfach in dem Alter aber wenn ich zurückblicke, cool. Vor allem von meinen Eltern. Ich hätte mich in dem Alter nicht mitgenommen aber vielleicht wollten sie mich auch nicht alleine zuhause zurücklassen und haben das kleinere Übel gewählt?

Wenn ich damals einen Tag in die Zukunft geschaut und uns heute gesehen hätte, ich hätte vermutlich den Schock meines Lebens bekommen. Ich bin dreißig und mit meinen Eltern im Urlaub, im Wohnmobil, in Neuseeland und meine Freundin ist auch dabei.
Oh mein Gott.

Als ich durch die beschlagenen Scheiben des Wohnmobils versuche, nach draußen zu spähen, wo Neuseeland im Regen versinkt, kann ich unscharf ein Auto erkennen. Im Wagen sitzen zwei, die in den Regen starren. Ich weiß was sie denken, ich kenn' das aber jetzt interessiert mich das gar nicht so wie meine Spiegeleier, die meine Mutter gerade brutzelnd mit Bacon auf Toast serviert. Heißer Kaffee, Saft, Avocados und Tomaten, danke Paradies.

Wir lassen es uns gut gehen, wie man es eigentlich nur Zuhause kann. Oder Dein Zuhause kommt Dich auf Reisen besuchen. Von Hamburg aus gesehen, so ziemlich am weitest entferntesten Punkt auf dieser Erde, treffe ich meine Eltern nach über eineinhalb Jahren wieder.
Wir schlüpfen für drei Wochen unter Mutters Rockzipfel, also zu meinen Eltern ins Wohnmobil und erleben Neuseeland gemeinsam von seiner feinsten Seite. Aus- und wirklich gut -schlafen auf richtigen Matratzen, mit heißem Wasser duschen, trotz Regen trocken im Wohnmobil essen, das schlechte Wetter mit 3D-Scrabble ausspielen

und bei gutem Wetter Grillen und Bier. Nachholen bei Geschichten und Neuigkeiten von den Lieben Zuhause und die gemeinsame Zeit aufsaugen. Fotos machen und einige der feinsten Ecken Neuseelands gemeinsam erkunden, so wie früher schon, nur, dass ich das heute besser verstehen und genießen kann.

Es war eine fantastische Zeit, damals schon immer, heute noch viel mehr. Danke, dass wir dieses Reisen so genießen können und danke, dass ihr so seid wie ihr seid.

Und um zu der eingangs gestellten Frage zurückzukehren, wie weit Du gehen musst, um ein Mann zu werden.

Ich schätze, als Kind Deiner Eltern lautet die Antwort: Du kannst so weit gehen wie Du willst. Für Deine Eltern wirst Du immer Kind bleiben und das ist etwas ganz besonders Schönes.

Tasmanien auf allen Vieren
Wineglass Bay, Tasmanien, Australien, März 2011

In Erinnerung an Frank Morley 1945-2000, Land-Rover-Fahrer.

Da kommt einer! Aufstehen, Daumen raus, lächeln, hoffen. Doch das Lächeln bleibt so versteinert, wie das Herz des vorbeifahrenden Fahrers. Die Sorge um die Polster im Auto überwiegt scheinbar das Mitleid. Der Daumen geht gar nicht mehr runter, die Finger sind klamm. Das Wetter spielt sein „Best of vier Jahreszeiten" und es ist kühl, meistens kalt. Wir sind an Tasmaniens Ostküste, hier soll das Wetter stabiler sein als in den Bergen, weniger Regen, wärmer. Im Moment fehlt mir die Fantasie dafür, wie es erst an der Westküste werden soll, sollten wir dort jemals ankommen. Der Regen sucht sich langsam einen Weg durch die Rucksäcke Richtung Schlafsack, Wasser findet immer einen Weg. Das Warten an autoleeren Straßen zerrt am Nervenkostüm, dazu der viertelstündliche Wechsel von Regen zu Sonne, Hagel, Graupel, Regenpause. Wessen Idee war es eigentlich, in Tasmanien zu trampen? Ach ja, unsere, von wegen Geld sparen und so.

In Tasmanien gibt es wenige Straßen, das ist gut für Tramper. Es gibt aber auch nur wenig Verkehr, das ist schlecht für Tramper. Trampen in Tasmanien hätte so schön sein können oder der eben, bis auf das Wetter, völlig frei erfundene, Alptraum. Doch wir werden es nie wissen, denn wenn Du mich fragst, geht nichts über selber-fahren. Und gegen nichts würde ich unseren Wagen auf Straßen wie diesen tauschen. Tasmaniens Straßen umkurven windige Buchten und schlängeln sich in das weniger erschlossene, wunderschöne Hinterland. Die Straßen folgen wunderbaren Rhythmen aus Kurven und Hügeln. Erinnerungen an Rennstrecken werden lebendig und das hat einen fundierten Grund. Auf genau diesen Straßen wird die „Targa Tasmania" ausgefahren, eines der letzten tatsächlichen Autorennen. Die Straßen sind so spektakulär, dass sogar in unserem Geländewagen Fahrspaß aufkommt. Was wir in einem Geländewagen machen? Geld sparen und das geht so:

Australien verlangt von unserer Reisekasse keine bloße Spende, sondern einen Aderlass. Das Preisniveau ist für Reisende, die durch Südamerika gekommen sind, unfassbar und selbst nach Neuseeland, wird uns bei den Preisen hier der Mund trocken. Not und – finanzielle im Besonderen – macht ja erfinderisch und darum verbünden wir uns mit Katja und Jan, mit denen wir schon in Neuseeland gewandert sind. Mietwagen und Benzin durch vier, Nationalparkpass durch vier, Einkaufen gemeinsam, die Entlastung kommt, anders als die Steuerreform, tatsächlich beim kleinen Mann und seiner Reisekasse an.

Das Campen auf staatlichen Campgrounds in Tasmanien zieht unseren Reisekassen dann aber dem Boden unter den Füssen weg. Zu viert sollen wir 52 Dollar bezahlen um im Dreck unser Zelt aufschlagen zu dürfen. Wohlgemerkt, wir müssen das Zelt selbst aufbauen; das erledigt, anders als der Preis vermuten lässt, keine Horde gutaussehender Bikini-Models. Bei den aufgerufenen Preisen „vergessen" Katja und ich bei der Registrierung prompt, dass wir mit Partner reisen und so bezahlen wir für die Nacht „just the two of us", trotzdem 26 Dollar. Es ist das erste und letzte Mal, dass wir für das Campen in Tasmanien bezahlt werden, alle anderen Nächte campen wir in der Wildnis.

Die Duschen funktionieren am nächsten Morgen nicht und das Wetter spielt weiterhin „Bilderbuch-April". An diesem Tag verlangt Australien 30 Dollar pro Person Eintritt zum „Port Arthur", einem ehemaligen Gefängnisdorf. Verdammt, die ganze Insel ist ein Gefängnis gewesen, warum sollte ich hier noch mal extra zahlen und warum kostet Trinkwasser beinahe so viel wie Benzin? Tasmanien erschließt sich mir auch an diesem Tag nicht recht, die Preise verderben mir den Spaß.

Spaß bringt mir aber unser Nissan X-Trail, der sich auf den geteerten aber vor allem auf den Offroad-Pisten Tasmaniens sehr zu Hause fühlt. Du kannst jetzt sagen, er sei kein richtiger Offroader, auf Straßenreifen unterwegs, keine Geländeuntersetzung, keine Sperren aber ich sehe das so: Wir sind in Alaska mit unserem Chevy zur „Kennecott Mine" gefahren, obwohl das verboten war, in Chile mit einem Peugeot 207 zum höchsten Geysirfeld der Erde ,obwohl das unmöglich sein sollte, dann fahre ich mit diesem „Stadteinkauf-Schönwetter-Geländewagen" auch ernsthafte Offroad-Strecken.

So wie die, nach unserem Besuch in der „Wineglas-Bay". Der Weg, der als vielversprechender Feldweg begann, sollte uns abseits der Hauptstraße eine Möglichkeit zum Zelten bringen, stattdessen fand ich eine perfekte Spielwiese um mich mit dem Wagen auszutoben.

Wurzeln, Steine, Furten, Bachdurchquerungen, Steilpassagen, gespanntes Lauschen, ob der Wagen aufsetzt – nie hat mich Schrittgeschwindigkeit mehr fasziniert. Anfangs hatte ich noch rausgeprotzt, dass wir den Vierradantrieb bestimmt nicht brauchen würden. Das nehme ich nach zwanzig Minuten mit einem verschämten Dreh am Knopf, der die hintere Achse mit antreiben lässt, zurück. Von hier an gehen wir Tasmanien auf allen Vieren an.

Der Weg ist verschwunden und ein Hindernis-Parcours geworden. In einem Labyrinth aus Steinen und Wurzeln suchen wir einen Weg, steigen aus, gucken ob es eine Möglichkeit gibt weiterzukommen. Der Weg soll über kurz oder lang ans Meer führen, sagt die Karte und da wollen wir heute übernachten. Für lau, versteht sich. Aber wird sich das lohnen oder müssen wir am Ende einsehen, dass der Nissan irgendwann nicht mehr weiter kann und werde auch ich das rechtzeitig erkennen oder erst wenn es zu spät ist?
Dann kommt da diese Stelle. In einer steilen Senke führt der Weg durch einen Bach, wo einige Felsbrocken eine Brücke improvisieren, danach kommt ein extremes Steilstück in einer Linkskurve nach oben, vergrabene Steine ragen verdächtig dicht an die Ölwanne und das wird jetzt tricky. Mein Beifahrer Jan zieht es vor, das alles filmisch zu dokumentieren, denn mit mir zu diskutieren. Susan hat die Weiterfahrt für unmöglich erklärt und irgendetwas an dieser Konstellation spornt mich an. Und warum? Ach ja, weil ich der Typ bin, der sich für einen guten Fahrer hält, näh? Susan jedenfalls vertraut mir und meinen Fähigkeiten blind, zumindest ist das meine Interpretation, denn während der Fahrt hatte sie die meiste Zeit über die Augen geschlossen. Ein Fehler und ich lande als Idiot bei Youtube. Schaffen wir es, haben wir vielleicht einen schönen Übernachtungsplatz.

Es wird die Mutter aller Duelle: Klugscheißer gegen Rechthaber, „hab-ich-dir-gleich-gesagt" gegen „ich-wusste-es", Optimisten gegen Pessimisten, der Nissan gegen die Steigung und die begrenzte Bodenfreiheit, die Haftung der Reifen gegen die Erdanziehung, Fahrer gegen Zweifler. Wenn es nicht klappt, wird es ein langer Marsch zurück in die Zivilisation und kurz höre ich mich, wie ich dem Autovermieter erkläre, wieso der Wagen mit aufgeschlitzter Ölwanne irgendwo im Nirgendwo der tasmanischen Wildnis havariert ist, dann lasse ich die Bremse los.

Der Marsch ist gar nicht so lang und ich genieße jeden Schritt. Nur bin ich es nicht, der geht. Es sind die Zweifler, die nun hinter dem Wagen die Steigung erklimmen und ich bin selbstgekürter „Tagestollster".

Nach knapp eineinhalb Stunden Schleichfahrt während der sämtliche Mietwagensprüche wie: „Das muss das Boot abkönnen", „Don't be gentle, it's a rental" und „Drive it like you stole it" strapaziert werden, passiert etwas Erstaunliches. Zunächst mal geht die Tankleuchte an aber dann steht da auf einem Holzschild „Frank's Camp". Mitten im Wald, mit Blick auf die „Freycinet Bay" liegt ein kostenloser, in keiner Karte und in keinem Reiseführer erwähnter Campingplatz, wie er schöner nicht sein könnte.

Der ortsansässige Land Rover Club hat den Platz gebaut und Frank, einem langjährigen Mitglied, gewidmet. Die Wolken färben sich golden, Papageien schreien in den sternenklaren Nachthimmel wie eine Horde Affen. Ein perfekter Tag, ein perfekter Platz, eine feine Insel, dieses Tasmanien. Es hat drei Tage gedauert aber nun bin ich völlig verzückt. Wie übrigens auch von unserem Wagen und der Idee, als Team zu reisen. Abends klappern zu einem perfekten Pasta-Gericht vier weingefüllte Plastikbecher zusammen, auf Frank.

Tasmanien ist kein Streichelzoo
Smithton, Tasmanien, Australien, März 2011

Zu den besten Plätzen auf diesem Planeten kann man nicht einfach mit dem Auto fahren, vom Nürburgring vielleicht mal abgesehen. Nach Tasmanien jedenfalls, kann man nicht einfach mit dem Auto fahren, von wegen Insel und so. Aber auch wenn du da bist, heißt das noch lange nicht, dass du einfach hinfahren kannst, wo du willst oder die Landkarte suggeriert, dass du es könntest. Denn was als Strich auf der Karte funktionieren mag, sieht in der Realität ganz anders aus. Und in Gegenden wo Handys keinen Empfang haben, musst du dich auf dein Auto und deine Intuition als Fahrer verlassen können. Im normalen Gelände mag der X-Trail noch funktionieren aber im Tasmanischen Outback brauchst du gröberes Werkzeug. Nicht mal in Alaska habe ich mehr Fahrzeuge mit Schnorchel, Seilwinde und Offroad-Reifen, als hier gesehen. Modeerscheinung? Vergiss es, das Zeug wird gebraucht und benutzt um... nun ja, da durch zu kommen. Und „da" ist Tasmanien.

Ich gebe nicht gerne nach, weil ich gerne Recht behalte und darum fällt es mir besonders schwer einzusehen, dass unser Nissan sogar auf Landkarten verzeichneten Straßen an seine Grenzen stößt. Frank's Camp war eine Sache, an der einsameren und raueren Westküste aber sieht die Insel noch einmal ganz anders aus. Fantastisch, vor allem im frühen Morgen- und späten Abendlicht aber ein Steckenbleiben hier und du hast ein echtes Problem. Der Marsch zurück in die Zivilisation würde Tage dauern und Handyempfang? Nein. Verkehr? Nein.
Tasmanien ist das, was ich mir mehr von Neuseeland gewünscht hatte. Weniger Menschen, ursprünglicher, rauer. Neuseeland war wunderschön und nicht umsonst haben wir unser 90-Tage-Visum um einen Tag überzogen aber irgendwas hat gefehlt. Der letzte Kick, die Kirsche auf der Sahnehaube, nenn es wie du willst.
Versteh mich nicht falsch und vielleicht stimmt das auch nicht aber für mich fühlt es sich so an. Kurz gesagt und aus Gründen, die unmöglich sind zu erklären: Neuseeland war nicht so spannend wie Tasmanien. Tasmanien ist weniger IKEA.

IKEA ist so praktisch und durchdacht, es müsste eigentlich deutsch sein und vielleicht ist das auch der Grund, warum IKEA nirgendwo mehr Umsatz macht, als in Deutschland. Drøllige Namen, zeitgemäßes

Design und in so ziemlich jedem Haushalt zu finden und seien es nur die Gläser oder Teelichter. Oh, und ich weiß nicht, ob es Dir beim letzten Mal, als du am Wochenende dort warst, aufgefallen ist, aber IKEA ist voll. Voll von Deutschen. Wie Neuseeland. Und daran ist nichts schlecht, ich bin ja auch dort um zu reisen oder meine Inbusschlüssel-Sammlung durch den Kauf von Presspappe-Möbeln zu erweitern. Aber mit zunehmendem Alter und Erfahrung, frage ich mich, ob IKEA noch das ist was ich will. Oder ob ich die Möbel für meine nächste Wohnung nicht etwas individueller möchte, vielleicht von einem ecuadorianischen Möbelbauer, aus Holz der alaskanischen Tundra in den Farben der chilenischen Flagge? Wie auch immer, Neuseeland jedenfalls kam mir teilwiese vor, wie ein Streichelzoo. Du fährst durch, guckst und alles ist so wie es sein sollte und damit wunderbar aber etwas fehlt.

Tasmanien jedenfalls ist kein Streichelzoo. Von den drei Großspinnen-Arten, die es in Tasmanien gibt, sind drei giftig. Aber nicht tödlich. Tröstlich? Nicht für Katja, denn die muss einen dieser handteller-großen-Achtbeiner gerade aus ihrem Zelt komplimentieren. Ob die Tiere gefährlich sind oder nicht macht die eine Insel nicht besser als die andere aber in Neuseeland haben sie schon gefehlt, die Tiere, die neben der tollen Landschaft für zitternde Finger am Auslöser sorgen.
In Tasmanien kommt hinzu, dass zwei Viecher durch gefühlte Abwesenheit glänzen. Sandfliegen und Moskitos zerklatschen nur selten an unserem Wagen, was man von anderen Tieren an anderer Leute Autos nicht sagen kann. Die Straßen sind gesäumt von Wallabys, Kängurus, tasmanischen Teufeln und Wombats auf Schildern und tot am Straßenrand. 300.000 Tiere sterben jedes Jahr auf Tasmaniens Straßen und in der Dämmerung wird klar warum. Dann nämlich sind sie überall und ein gesunder Fluchtinstinkt ist nicht jedermanns Sache.

Das dümmliche Wombat zum Beispiel, der Legastheniker unter den Fluchttieren. Es starrt dich so lange panisch aber völlig regungslos an, bis du zwei Meter vor ihm stehst. Letztlich aber wird auch ihm klar, dass du es auf der kurzgemähten, freien Wiese unmöglich übersehen haben kannst. Es blinzelt, du blinzelst zurück und in dem Wimpernschlag, in dem deine Augen geschlossen waren, ist es um 180 Grad herum gefahren und saust wie „Forrest Gump" im Schweinsgalopp mit Scheuklappen schnurgeradeaus weg. 40 Km/h kann es kurzzeitig schaffen, was ihm hilft, mir davon zu laufen, aber kaum für die 40-Tonner-Holzlaster reicht, von denen jedes Jahr 150.000 die tasmanischen Berge vom Wald befreien.

Wenn die so weitermachen, kann man vielleicht doch irgendwann überall mit dem Auto hinfahren und dann verkommt Tasmanien zum Ponyhof und die Geländewagen sind nur noch Modeartikel, von wegen bequemes Ein- und Aussteigen und hohe Sitzposition und so.
Mir gefällt Tasmanien wie es ist, undurchdringlich, ungeteert aber wunderschön.

Australien ohne uns
Sydney, Australien, März 2011

„Ihr fahrt drei Monate nach Neuseeland? Was wollt ihr denn da? Naja, aber dann kommt ihr nach Australien, für wie lange nochmal?"
„Tja, eigentlich hatten wir geplant, Australien auszulassen, also in Sydney umzusteigen aber viel mehr wollten wir da eigentlich nicht, Tasmanien vielleicht."

Selten habe ich eine größere „Gesichtsentgleisung" gesehen als jetzt. Wenn du einem Australier erzählst, dass du die „Kiwi-Nation" drei Monate besuchst, ihn aber nicht – das ist eine Todsünde. So, als würdest Du nach Köln fahren aber den Dom nicht besuchen, Oktoberfest aber kein Bier trinken, Deutschland-Tour aber Hamburg auslassen. Macht man nicht. Gehört sich nicht. Wie könnt ihr? Ja wie können wir?

Aber es war schlicht die Wahrheit als wir Evette und Diane auf den Galapagos Inseln kennengelernt haben. Australien war nicht geplant. Zu groß, zu teuer und von recht vielen Reisenden haben wir gehört, dass wir viel Neues vom Gefängniskontinent nicht zu erwarten haben. Die Distanzen zwischen den Sehenswürdigkeiten sind enorm, sogar für Roadtrip-Enthusiasten wie uns und dann würde man Australien auch nicht gerade als Schnäppchen bezeichnen, ach sagte ich schon? Kann man nicht oft genug sagen, Australien ist unverständlich teuer.

Um mir Länder begreifbarer zu machen, hilft mir oftmals die Vorstellung, die Welt wäre ein Dorf und die Länder meine Nachbarn. Italien: Gut aussehende Frau, Mann verrückt, spektakuläres Auto, Essen fantastisch. Denke ich an Australien, denke ich: Roadkill, Gefängnisinsel und „DAS IST EIN MESSER".
Wenn du bei Australien zu Besuch bist, sitzt Du aus irgendeinem Grund immer direkt am Grill und bekommst permanent die Hitze ab. Und Australien ist der Einzige in der Nachbarschaft, der keinen Sonnenschirm besitzt und darum musst du Dich mit Sonnencreme beschmieren und das macht alles klebrig und eklig und dann hast du Sand im Gesicht und alles riecht nach Nivea. Außerdem ist der Garten riesig und nicht, dass ich neidisch wäre, weil mein Grün bedeutend kleiner ist aber dafür ist es grün und nicht einfach nur ein Klumpen Dreck. Und dann hält sich Australien jede Menge Spinnen und andere

Krabbelviecher, aber nicht in Terrarien sondern einfach so im Garten, da musst du halt aufpassen. Genau wie in seinem Pool, in dem dich Haie fressen, Quallen vergiften und tückische Strömungen wegreißen. BBQ soll hier ganz toll sein aber leider wird die Fleischplatte gerade von Fliegen in Beschlag genommen. Außerdem fahren die auf der falschen Seite. Während du also in der Hitze schmorst und dir nichts sehnlicher wünschst als ein saftiges Steak, passiert mal exakt nichts. Du musst warten und zwar ewig. Hast du dann endlich Dein Steak (hoffentlich kein Roadkill) und damit den Hauptgrund deines Kommens, stellst du fest, dass die Zutaten im ganzen Garten verstreut sind und bis du Ketchup zu deinem Steak und das Salz gefunden hast, brauchst du ein neues Bier, weil Du quer durch den „Garten" irren musst, um alles zu finden was du suchst. Die Distanzen in Australien sind gewaltig. Bis du den ersten Bissen nimmst, hast du Sonnenbrand, bist immerhin betrunken, völlig satt von den widrigen Umständen aber immer noch hungrig. Weswegen bist du noch mal hergekommen?

Australien also klingt verheißungsvoller als es für mich ist, wobei ich keine Ahnung habe, denn ich war nie dort. Dafür waren wir in Australiens Schrebergarten, also Tasmanien und das ist für mich das bessere Australien. Tasmanien ist nur ein Hundertstel so groß wie Australien (kannst nachgucken, stimmt) und ich bekomme hier alles was ich will. Die Landschaften, die Tiere und das alles kompakt und nicht so gestreckt wie das Bier auf der Nordinsel, wie die Tasmanier den Rest des Landes „liebevoll" nennen. Beinahe die volle Vielfalt des Kontinents ist hier konzentriert. Tasmanien ist so wunderschön, es lässt uns Australien gegenüber versöhnlicher werden.

Wir fahren also doch auf die „Nordinsel" und schauen uns zumindest Sydney an, sowas wie der geleckte Vorgarten und nein, nicht die Hauptstadt, schau noch mal genau in deinen Atlas. Leisten können wir uns das nicht aber Einladungen darf man nicht ausschlagen und darum holt uns Evette am Flughafen ab und nimmt uns zu sich nach Hause. Eines konnten wir nämlich schon in Tasmanien feststellen, die Australier sind feine Kerle und Evette ist da keine Ausnahme. Selbstverständlich können wir für unseren Ausflug in die Blue Mountains ihr Auto nehmen, haben ein eigenes Zimmer mit Bad in ihrem Haus, werden zur Bahnstation gefahren und abends in der Stadt wieder eingesammelt.

Sydney kann was, Hafenstädte stehen mir gut, wird eine Freundin über Facebook kommentieren und sie hat Recht. Wir verstehen uns super mit Sydney.

Am letzten Abend sitzen wir im Botanischen Garten gegenüber der Oper, sehen der Sonne und dem Weinstand in der Flasche beim Sinken zu, während Sydney zu einer 80er Jahre Fototapete wird. Alles richtig gemacht, einer dieser Momente die noch lange nachbrennen werden.

Später am Abend, während wir vor Evettes alter Uni sitzen, spielen die Foo Fighters drinnen live ihr neues Album und „times like these". In diesem Moment ist es mir egal, dass wir keine Karten mehr für das Konzert bekommen haben, die Steine ein bisschen zu kalt werden und einige Karteninhaber lieber rauchend draußen stehen, statt sich drinnen den Arsch abzurocken. Im Zustand vollständigen Glücks wird mir bewusst: It's times like these...

Ein Land namens Vietnamkrieg
Phu Quoc, Vietnam, April 2011

Späte 60er Jahre Rockmusik, „Steppenwolf" oder so, die Kamera fährt entlang saftig-grüner Palmen, bewässerte Reisfelder, Bauern mit Reishut, Wasserbüffel, Berge im Hintergrund, prächtiger Sandstrand, blaues Wasser, Huey-Helikopter im Tiefflug und dann beginnt die Scheiße. Die Scheiße, die gemeinhin als Vietnamkrieg bekannt ist und die das nach ihm benannte Land einfach nicht gutaussehen lassen will.

Viele denken bei Vietnam zuerst an einen Krieg und dann an ein Land. Der Krieg hat das Land für viele überhaupt erst auf den Schirm gebracht und bei uns ist das so viel anders auch nicht. Was weißt du schon über Vietnam, wenn du nicht dort warst oder darüber und dann ja meistens auch über den Krieg, gelesen hast. Wenn du dich aber mit Vietnam beschäftigst, ist die Wahrscheinlichkeit hoch, dass du hinfährst, denn zumindest für uns klingt Vietnam wie die Blaupause eines Abenteuerspielplatzes. Aufregende Geschichte, faszinierende Kultur, leckeres Essen und bestimmt die ein oder andere Überraschung.

Der Brückenkopf für unser Vietnam-Abenteuer wird die Strandbar „Luciola" auf der Insel Phu Quoc, die früher zu Kambodscha gehörte, von wegen interessante Geschichte und so. Wir mieten uns in einen Bungalow am Strand ein, Hängematte auf der Veranda, Scooter vor der Tür, Bett mit Mückennetz, sehr romantisch das alles. In der Strandbar lernen wir Marc, Phillipp und Franzi kennen. Bier und Chicken Curry zum Sonnenuntergang unterm Palmenschirm, gute Gesellschaft, herzliche Bedienung, was willst du mehr?
Gemeinsam erkunden wir die Insel, Fotoapparat statt Gewehr und Händeschütteln statt Hinterhalt. Phu Quoc hat im Krieg als Gefangenen-Insel gedient, das zu besichtigen ersparen wir uns, ich will in Vietnam nicht die Schuldfrage klären oder ewig den Krieg vor Augen haben. Wir ersparen uns, in Tunnel zu kriechen und besuchen mal wieder keine Museen über den Krieg oder was anderes. Wir wollen das Vietnam und seine Menschen von heute kennenlernen und von denen haben die wenigsten den Krieg erlebt.

Vor allem die Kinder sind uns eine Freude, sie laufen auf uns zu, Hello, Hello, winken, Victory-Zeichen, High-Five, Fotos und überall Lachen.

Wenn Kinder so offen und neugierig auf uns sind, wie wir auf sie, macht mich das immer noch etwas zufriedener und glücklicher. Das gute Gefühl und die Freundlichkeit begleiten uns über die ganze Insel. Irgendwo zwischen Hängematte, Strandbar und den einsamen Sandbuchten mit den Palmen im Hintergrund werden aus drei angedachten Tagen auf einmal sechs. Vietnam hat es auf diesem kleinen Eiland, anders als sonst, noch überhaupt nicht eilig und wir erst recht nicht.

Ich habe so das Gefühl, Phu Quoc könnte im Kleinen das sein, was Vietnam sich anschickt, im Großen zu werden: ganz fantastisch.

Geld ist nicht alles
Saigon, Vietnam, April 2011

„Geld ist nicht alles, schließlich gibt es Immobilien, Aktien, Zertifikate, Anleihen, Pfandbriefe..."
- H. Nimz, Lehrer für Rechnungswesen

„Ich spiel doch gar kein Lotto?! Ach so, Du meinst, wenn ich so viel Geld hätte... dann würde ich eine Weltreise machen."

So oder ganz ähnlich hab ich das Thema Weltreise schon aus vielen Mündern gehört aber glaub mal, du brauchst kein großes Konto um eine große Reise zu machen. Millionär sein hilft da sicher ungemein aber mir reicht es, sich wie einer zu fühlen. Tatsächlich sind wir Millionäre, ich glaube sogar Milliardäre oder vielleicht sogar dass, was danach kommt, bei so vielen Nullen blickt ja keiner durch. Unser Konto sieht mal so richtig geil aus und unser Lebensstil erst.

Australien verteilt unserer Reisekasse zum Abschied noch mal einen Arschtritt. Sechs Dollar für zwei Scheiben ungetoasteten Toast mit einer Scheiblette Cheddar-Käse und Schinken. Erdreistet sich, Sandwich genannt werden zu wollen aber Wucher wäre wohl der treffendere Begriff. Da würg ich lieber die letzten zwei Müsliriegel runter. Ich kann die Dinger zwar nicht mehr sehen aber bei sowas mach ich nicht mit. Während der übereifrigen Flugrecherchen haben wir bei dem mit Abstand billigsten Angebot zugeschlagen und uns noch gefragt, ob der Preis stimmen kann. Kann er, er beinhaltet aber tatsächlich nur den Flug. Hunger oder Durst? Na dann hast du hoffentlich Deine Visa griffbereit und die Spendierhosen an, denn das wird jetzt nicht billig.

Ich krümele also mit Zornesfalten auf der Stirn die trockenen Müslibrocken in und auf mich und verfluche den Sandwichstand, der trotz der Preise regen Zulauf findet. Es braucht schon Chuzpe um diese Preise aufzurufen. Wir investieren unsere letzten Aussie-Dollar beim Nachbarstand in Schokoriegel und Kaugummis, mehr ist nicht drin. Fast Food war zu häufig die einzig erschwingliche Option der letzten Tage. Aber ich lache schon drüber, denn während ich das hier schreibe, sitzen wir, wie es sich für Vietnam gehört, in einem Thailändischen Restaurant. Im Botschafts-Viertel von Saigon lassen wir uns schmecken, worauf wir Lust haben, Belohnung muss sein, auch um zehn Uhr morgens, als unser Bauch beschließt, nach Mittagessen zu knurren, hallo Zeitverschiebung. Es kostet ein Vermögen, irgendwas mit 180.000 Dong oder so. Aber warte mal, kann es sein, dass das nicht mal sechs Euro sind? Zusammen? Ja geil.

Wir sind wieder wer, wir können wieder was kaufen und ich weiß jetzt, wie Ossis sich nach der Grenzöffnung gefühlt haben mussten. Ich geh erst mal zum Frisör. Wollen wir noch eine frische Kokosnuss, einen Joghurt, neues T-Shirt, frisch gepresster Saft, Massage, Eiskaffee? Warum nicht, wir sind doch Millio-dings-da. Zigaretten sind so billig, ich sollte ernsthaft überlegen, das Rauchen anzufangen. Ich werde bei einem „Saigon Green" drüber nachdenken. Bei der Hitze macht Bier Sinn.

Ah, und mir ist die Ironie, dass ich das in einem sozialistischem Land schreibe, sehr bewusst.

Im Zweitakt
Ninh Binh, Vietnam, Mai 2011

Wo früher Horden von Fahrradfahrern durch die Straßen geradelt sind, knattern heute Millionen Mopeds. In einem Land, in dem es seit gerade mal zehn Jahren Autos zu kaufen gibt, die mit einer zweihundert-prozentigen Einfuhrsteuer belegt sind, sind Autos beinahe unbezahlbare Statussymbole. Motorroller unterliegen dieser Steuer nicht und jeder hat eins, ohne bist du ein Niemand.
Motorroller übernehmen die gleichen Funktionen wie Autos bei uns: Familienkutsche, Lieferwagen, Handwerkswagen, Taxi, Firmenwagen, alles was bei uns auf vier Rädern gemacht wird, wird in Vietnam mit dem Zwei-Takter erledigt. Sie sind der Soundtrack zu Vietnam, immer und überall zu hören. Auf den Flüssen und am Meer knattern sie als Bootsmotoren und durch die Städte als röhrender Schwarm. Der Zweitakt ist der Pulsschlag, zu dessen Rhythmus sich Vietnam bewegt und oftmals haben wir den Eindruck, das ganze Land ist im Aufbruch. Motorroller sind der bezahlbare Traum jedes Vietnamesen und in lärmenden Schwärmen fließen sie durch jede noch so kleine Gasse. Motorroller sind das Transportmittel der Massen und nach einiger Zeit der passiv-staunend und kopfschüttelnden Verkehrsteilnahme, setzt die Gewöhnung ein und wir erkennen die Schönheit im Wahnsinn.

Die Städte sind das blanke Chaos. Ein undurchdringlicher Strom aus allen Richtungen anfliegender Motoroller, die keine Lücke auslassen, eine beständig die Richtung und manchmal auch die Fahrtrichtung ändernde, amorphe Masse dauerhupender Kamikaze-Piloten röhrt bedrohlich dicht an den wenigen Fußgängern vorbei und behauptet ihre Stellung, als Stärkere, im Verkehrsgefüge. Grundsätzlich hat man sich auf Rechtsverkehr geeinigt, das heißt aber nicht, dass man auf einer dreispurigen Einbahnstraße trotz roter Ampel nicht über drei Spuren gegen den Verkehr abbiegen – oder wie man in Deutschland sagen würde – einen Selbstmordversuch begehen kann. Die Verkehrsregeln sind so relevant wie Werbung am Straßenrand. Man nimmt ihre Existenz zwar irgendwie wahr, streitet jedoch die Wirksamkeit auf das eigene Handeln rigoros ab. Die Wirkung ist eher unterbewusst und so macht einfach jeder, wonach ihm ist und wir auch, denn unser Führerschein ist hier zum Beispiel gar nicht gültig.

Konzentriert solltest du also schon sein, wenn du das Abenteuer auf zwei Rädern suchst, vor allem weil über der anarchistischen Straßenverkehrsunordnung noch das Recht des Stärkeren gilt. Moped vor Fahrradfahrer, Auto vor Moped, Bus vor allen vorgenannten und LKW haben immer freie Bahn, weil auch die lauteste Hupe. Fußgänger? Vogelfrei. Generell lässt sich sagen: Man fährt mit der Annahme, ich hab doch gehupt und die anderen gucken doch auch, ganz gut. Und solange du bei deinem letzten Tempel- oder Pagoden-Besuch dem Buddha einen ordentlichen Batzen (extra für diesen Zweck käuflich zu erwerbendes) Falschgeld vor den dicken Bauch gelegt hast, kann ja auch nichts schiefgehen. Darauf ein Räucherstäbchen und ab geht's. Gott ist mit uns, wer soll schon mit den anderen sein?

Hinter der Stadt dann hört der Asphalt schnell auf, genau wie der Lärm und die Gegenwart. Mit Verlassen der Stadt fahren wir durch ein Land, in dem Wasserbüffel auf Feldern arbeiten, Fahrräder über die Straßen schlenkern und die Bewohner dich so erstaunt anblicken, wie du die Umgebung. Es ist ein völlig anderes Vietnam, das wir zehn Kilometer außerhalb der Städte erleben. Keine Hektik, kein Lärm, dafür Freundlichkeit und Gelassenheit. Reisfelder ziehen an uns vorbei und Büffel Pflüge über Felder. Winkende und rufende Kinder kommen auf uns zu: „hello, hello", die Unmittelbarkeit, macht den Roller perfekt. Keine Tür trennt uns von den neugierigen Kindern, keine Klimaanlage hält den Duft, vom Regen gewaschener Luft fern und kein Dach schützt vor Niesel, fantastisch. In den Bergen um Sapa, in denen sich Straßen wie Asphalt-gewordene Spaghetti durch die Flanken winden, denke ich beim Fahren zum ersten Mal nicht an mein Auto zuhause, sondern bin glücklich, mit einem kleinen Roller durch die Kurven zu schneiden. Der Fahrwind bläst ins Gesicht, während wir lässig an den bergauf kriechenden, russischen LKW vorbeifliegen.

„When in Rome…" Ich glaube Vietnam würde sich mir ohne Roller bei weitem nicht so erschließen, ich meine, mein Gott, die Vietnamesen erschließen sich ihr ganzes Land mit dem Roller. Er gehört zu Vietnam und steht in Verbindung mit so Vielem, was wir hier erlebt haben, genauso wie das Essen, die Menschen und die Landschaft. Der Motorroller ist Vietnam und gehört ganz fest hier her.

Und es ist ein großartiges Land, gerade durch den Kontrast der Städte zu dem, was du außerhalb erleben kannst. Das Leben in den Hütten am Straßenrand, mit Tieren auf dem Feld und gebückter Handarbeit, der lange Weg auf dem Fahrrad in das nächste Dorf. Das Leben im Landesinneren von Vietnam hat nichts mit der Realität oder Gegenwart zu tun, die ich mit Asien verbinde. Kein Telefon, kein Motorroller, die Menschen die hier leben sind Selbstversorger. Reisfelder wogen im Wind, weiter hintern ragen schroffe Karstfelsen aus dem Boden und hin und wieder knattert ein Motorroller über den Feldweg. Bauern treiben Büffel mit einem Stock an, Frauen in bunten Kleidern arbeiten auf dem Feld und Ochsenkarren werden langsam und stoisch über die Straßen gezogen.

Das einzige, was an die Realität erinnert, sind die Fugen in den Betonplatten, die den Asphalt ersetzt haben und neben dem Zwei-Takt vom Motor, den Rhythmus bilden, den wir abends im Bett liegend, noch spüren werden.

In einem Land vor meiner Zeit
Cat Ba, Vietnam, Mai 2011

Ich bin 1981 in Schwedt geboren und nicht in Schweden, wie oftmals erstaunt von Deutschen der alten Bundesländer nachgefragt wird. Jeder Ossi weiß, wo Schwedt liegt, wohingegen kaum ein Wessi den Sitz des ehemaligen Petrol-chemischen Kombinats kennt. Nun ja.
Schwedt ist also nicht das Land des Knäckebrotes sondern liegt in Brandenburg an der Grenze zu Polen, 100km nordöstlich von Berlin und das war 1981 noch zweigeteilt, wie auch der Rest von Deutschland. Für mich als Kind hatte das aber exakt keine Bedeutung und heute noch viel weniger, außer, dass ich einen, wie Tim findet, lustigen Akzent habe, wenn ich mich aufrege oder mit meinen Eltern spreche. Damals 1989 endete der Berliner Stadtplan meines Vaters einfach an der Mauer. Dahinter war alles grau. Für ein kleines Mädchen gab keinen Grund, das zu hinterfragen.

Meine Kindheit in der DDR also war so normal wie eine Kindheit sein kann und auch als sich 1989 alles änderte, hatte ich nicht das Gefühl, vorher großartig etwas verpasst zu haben. Obwohl, doch. Wir hatten damals ja sogar samstags Schule. Für mich in der ersten, zweiten Klasse waren das nur drei Stunden Deutsch, Mathe, Deutsch aber immerhin, Samstags. Das wurde dann zum Glück abgeschafft und die Wende stieg in meiner persönlichen Beliebtheitsskala zusammen mit Überraschungseiern und einer Blondine namens Barbie einen ordentlichen Schritt nach oben.
Wie auch immer, auf einmal waren die Geldmünzen schwerer und wir konnten endlich legal das Fernsehen des Westens schauen. Das A-Team durfte ich trotz Wende immer noch nicht sehen, denn das lief donnerstagabends um 20.15 Uhr und ich musste um 20.30 Uhr ins Bett, da half kein Betteln und Flehen.

Im kommunistischen Vietnam von 2011 begegnen mir einige, teilweise schon vergessene, Relikte meiner Kindheit plötzlich wieder. Tief schlummernde Erinnerungen sind auf einmal sehr präsent und lassen Gedanken an früher Karussell fahren: Hammer und Sichel hängen auf roten Bannern an den Straßen, wie gemalt wirkende Plakate mit Gesichtern der Arbeiterklasse, Bauern und Soldaten, Krankenschwestern und Polizisten, genormte Mutter-, Vater-, Zwei-Kind-Familien winken glücklich dem Betrachter entgegen,

Friedenstauben steigen auf, ach ja. Der alte Onkel Ho legt einer Jung-Pionierin das rote Halstuch um und Wahlplakate rufen zur Wahl auf. Nur hat man gar nicht die Wahl. Einparteienstaat, verstehste?
Die alten IFA LKW fahren in beige, grün und blau immer noch auf den Straßen Vietnams und auf den Märkten gibt es Tigerbalsam. Den hatte meine Mutter damals immer in ihrer Handtasche weil sie als Kindergärtnerin auch ab und zu vietnamesische Kinder aus dem Bruderland in ihren Betreuungs-Gruppen hatte und den als kleines Geschenk bekam. Ich fand den Tigerbalsam immer toll, weil er so schön nach Menthol roch und ich das rote Alu-Döschen mit dem gelben Stern drauf so hübsch fand. Du kannst dir also vorstellen, wie ich ausgerastet bin, als ich diese vergessenen Mini-Dosen hier auf einem vietnamesischen Markt wieder entdeckte.

Natürlich gibt es im Vietnam von 2011 auch den Schwachsinn von Mehrjahres-Plänen zu sehen. Um Ninh Binh fahren wir auf einer einsamen vierspurigen Straße durch Niemandsland und sie ist mit Straßenlaternen gesäumt, als wollte man eine Landebahn für einen A380 schaffen. Hier gibt es nur keinen Verkehr, der das rechtfertigen würde. Nun ja, hat halt auch seinen Grund, warum es das Land aus meiner Kindheit nicht mehr gibt. Zumindest nicht bei uns. In Vietnam kann ich es noch ein bisschen erleben und ein paar alte Erinnerungen wachrufen. Wenn es jetzt noch die leckere „Kettwurst" von früher oder die selbstgemachten Kartoffelchips, in der vom Fett durchweichten Papier-Spitztüte vom Kiosk am Platz der Befreiung in Schwedt geben würde...

Den Berlin-Stadtplan, aus der Zeit des geteilten Deutschlands, sah ich als ich achtzehn war übrigens noch mal wieder. Mein Vater gab ihn mir als Orientierungshilfe, weil ich meine Eltern ein paar Tage später vom Flughafen in Berlin abholen sollte. Vom Flughafen Tegel. Das ist im Westen. Ich frage mich noch heute ernsthaft, was mein Vater sich dabei gedacht hat oder ob er mich nur vom feinsten veräppeln wollte.

Vietnjam njam
Hanoi, Vietnam, Mai 2011

Ich habe nie mit Puppen gespielt und auf einer Tee-Party, zu denen kleine, zahnbespangte Mädchen ihre stummen Geschlechts-Genossinnen-Vorbilder und Kuscheltiere einladen, war ich auch nie. Darum komme ich mir wahrscheinlich auch so extra doof vor, wie ich mit dreißig Jahren im Puppenhaus am Tischchen auf einem Stühlchen sitze und mit Stäbchen mein Süppchen aus einem Schüsselchen löffele. Das Plastikstühlchen hat arg mit meinen 75 Kilo zu kämpfen und zurücklehnen sollte ich mich gar nicht. Ich habe das eben schon ansatzweise getan, wobei das gewölbte Plastik der Lehne unter meinem Kreuz derart strapaziert wurde, dass es drohte abzureißen, also schnell wieder vorgebeugt. Um mich herum lachen mich Vietnamesen an, ihnen gefällt, wie ich hier mit den Knien an den Ohren auf dem Mobiliar der Zwergenwelt kauere und versuche von dem lächerlich kleinen Tisch, der eigentlich nur ein Hocker ist, meine Suppe zu essen.
Ich sitze natürlich nicht im Puppenhaus, sondern esse Frühstück in einer vietnamesischen Garküche und frag mich nicht, warum die immer und überall gleichen Plastikmöbel, ausschließlich in rot und blau, so klein sind, aber so ist es. Wahrscheinlich hat sich irgendein Parteifunktionär bei der Festlegung des Zwanzig-Jahres-Plans zur Entwicklung, Herstellung und Vertrieb von Sitz- und Essmöbeln verrechnet oder er war sehr klein und das ist sein Vermächtnis, beziehungsweise seine Rache.

Auf jeden Fall prägen diese Puppenmöbel Vietnams Esskultur und wenn man schon so miserabel sitzt, ist es auch kein Wunder, dass es mit dem restlichen Benehmen nicht weit her ist. Es wird geschmatzt und geschlürft und gerotzt, dass die Schwarte kracht und das ist nur beim Essen. Außerhalb der geräuschvollen Nahrungsaufnahme werden noch ganz andere Saiten aufgezogen, von denen ich aber im Zusammenhang mit Essen lieber nicht sprechen will.
Nicht ganz drum herum kommt man oftmals um den Blick in die Küche, zumal sie nicht selten direkt auf dem Bürgersteig improvisiert ist. Da köchelt Suppe über einem Eimer Kohlen, wird Fleisch ungekühlt aber durch die Abgase des vorbeikriechenden Verkehrs bestimmt bestens konserviert, mit einem Hackebeil zerteilt und werden Teller in einer Plastikschüssel, aus der auch der Hund trinkt, abgewaschen.

Der Blick in die Küche ist ein Kontrast aus Dreck, geschwärzten Töpfen, Pfannen und frischem, buntem Gemüse, dass sämtliches Licht anzuziehen scheint und umso farbintensiver leuchtet.
Erheiternd sind dann die Preise in den Garküchen, die nämlich auch dem Kaufmannsladen-Spiel entsprungen sein könnten. Sechzig Pfennig für Reisnudelsuppe mit Gemüse und Hühnchen satt? Na, darauf noch ein Eis, wobei vielleicht lieber nicht. Eis muss gekühlt werden und ist eine, selbst für meinen Magen, sensible Geschichte. Vielleicht doch lieber einen Lutscher. Hier, bitte sehr und beehren sie mich bald wieder. Ja, danke, tschüss. Bimmel-limm geht die Türglocke. Und „knurrrr" macht mein Magen, denn trotz der, manchmal erst mit einem mentalen Anlauf aus „nicht so genau hinschauen" und „wird schon werden" zu überwindenden Bedenken-Hürde, schmeckt es jedes Mal.

Bekanntlich findet man Gold im Dreck und Vietnams Straßen sind aus Dreck gemacht und darum überrascht es auch nicht, dass Du in Vietnam einfach nicht schlecht essen kannst. Egal was, egal wo. Frisch und lecker geht Hand in Hand mit gesund und sieht toll aus. Was die Küche auf Tellern verlässt, lässt keinen Rückschluss auf den Zustand der Küche zu. Kurz blitzen Bedenken auf, welches Geräusch das jetzt auf meinem Teller kleingeschnittene Tier wohl mal gemacht hat. War es eher „muh" oder „wuff" oder hat es sich über den Boden geschlängelt und „zisch" gemacht? Alles nur Klischee-Gedanken, es schmeckt und nach Beseitigung der Bedenken durch Ignoranz stellt sich nur noch ein Luxusdilemma zwischen meinen Hunger und die Nahrungsaufnahme - die Auswahl.
Wenn wir bei „BOK" in der Schanze sind, brauche ich ewig. Bis ich was ausgesucht habe, ist das erste Bier geleert und das zweite wärmt sich auf. Und nach der Bestellung muss ich vielleicht noch mal umentscheiden. Hätte ich doch die Karte gar nicht erst wieder in die Hand genommen. Zu große Auswahl ist meine Stärke nicht. Ich bin Waage geboren, ich muss abwägen, Curry gegen Suppe, lecker gegen viel, scharf gegen exotisch, die sichere Bank gegen was Neues.
Was Neues war auch Vietnam für uns und hat sehr gefallen. Wir sind am Ende unseres Vietnamaufenthalts angekommen und haben in sechs Wochen geschafft, wozu die größte und modernste Streitmacht in zehn Jahren nicht in der Lage war. Wir haben Vietnam von Süd nach Nord durchquert, friedlich und beeindruckt statt gewalttätig und traumatisiert. Danke Vietnam, war großartig und richtig lecker.

Hot Pants und Berettas
Siem Reap, Kambodscha, Mai 2011

Jeder pubertierende dreizehn-jährige Junge weiß mehr über Angkor als du und ich. Er kennt den Weg durch die Labyrinthe, weiß wo man hintreten kann, wo Fallen versteckt sind und wo die verborgenen Schalter für die noch viel geheimeren Gänge sind, die zu den unermesslichen Reichtümern führen. Warum das so ist und du keine Ahnung hast? Das liegt an der besten Botschafterin Kambodschas. Und vielleicht auch ein bisschen daran, dass sie ultra-knappe Hot Pants und Tank Top trägt, ihr brünettes Haar streng in einem Zopf zurück geflochten und einen riesen Schmollmund hat. Ah und zwei Berettas hat sie auch.
Ich weiß was du jetzt denkst: Wo hat Susan zwei Berettas her? – aber ich rede nicht von Susan sondern von Lara Croft a.k.a. Angelina Jolie. Die nämlich hüpft als „Tomb Raider" als ultracoole Archäologin in Angkor von Stein zu Stein, drückt auf Mosaike, entdeckt Geheimgänge und knallt fiese Typen ab, die weniger wissenschaftliche Ziele verfolgen als sie.

Wenn du in Angkor stehst, solltest du dich von Angelina in ultraknappen Shorts und Tank Top aber verabschieden, weil du so keinen Zutritt zum höchsten Heiligtum Kambodschas hast. Mich beschäftigen aber auch andere Gedanken, als Angelinas respektabler Körper in unrespektabler Klamotte, zumal ich ja auch mit Susan da bin. Daher lobe ich Angelinas Entschluss, ein kambodschanisches Kind zu adoptieren und sich als UNO-Botschafterin gegen Landminen einzusetzen. Das ist nämlich mal top.

Mein bester Freund ist Bauingenieur und während ich durch Angkor streife, stelle ich mir vor, er riefe mich im 12. Jahrhundert an, um mit ihm Angkor Wat zu bauen.
„Hey Tim, wie geht's, sag mal hast du von morgen an für die nächsten vierzig Jahre schon was vor?"
„Ich bin eigentlich gerade bei der Reisernte..."
„Vergiss mal den Reis, ich soll für den König eine Grabanlage bauen und du und eine halbe Million deiner Freunde müsst mir helfen."
„Aha und was stellt sich der König sich so vor?"
„Alles in allem soll es die größte Tempelanlage der Welt werden, aber fangen wir mal vorne an, Angkor Wat soll ungefähr 3,6 Kilometer

Außenumfang haben und unser Universum, so wie wir es begreifen, mit dem Himalaya-Berg Meru als Zentrum und dem Urmeer drum rum darstellen."

„So so und für Innen, was schwebt dem König vor, ist er eher so der Raufaser- oder Waschbeton-Typ?"

„Ja, nein, wie wäre es, wenn wir in den Galerien, die Angkor Wat umgeben, die Geschichte unseres Volkes in Stein meißeln, ich weiß, das ist etwas anstrengender für dich, als es aufzumalen aber dafür hält es dann ja auch länger. Und für Innen dachte ich mir, verzieren wir jede Säule, Decke und Wand ebenfalls mit gemeißelten Bildern, Gedichten und Figuren. Oh und wie wäre es, wenn jede Figur individuell wäre und davon allein 1.600?"

So, oder ganz anders war das wohl damals. Heute ist Angkor Wat das Herzstück der Region Angkor, die sich auf 1.000 Quadratkilometern ausdehnt und zu ihrer Blütezeit zwischen dem 9. und 15. Jahrhundert wahrscheinlich einer Million Menschen als Stadt diente, mehr als jede europäische Metropole bis ins 20. Jahrhundert. Jeder Tempel repräsentiert den Stil einer anderen Epoche, Einflüsse aus Hinduismus und Buddhismus und ich kann mich gar nicht sattsehen, soviel haben die Anlagen bei unterschiedlichem Licht zu bieten. Beim Durchstreifen des Geländes kann sich jeder wie ein Archäologe fühlen und das alles würde noch viel mehr Spaß machen, wenn man Hot Pants und Tank Top anhaben dürfte, denn es ist bullenheiß. Ah und zwei Berettas, um die nervigen, riesen Reisegruppen jagen zu können, wären ebenfalls top.

Für diese Fantasie gibt es sogar eine Lösung. In Phnom Penh gibt es Shooting Ranges, wo man mit Berettas oder Maschinengewehren rumballern kann.

Mit einer Beretta schießen: 20$
Das Magazin eines Maschinengewehrs leeren: 50$
Eine Bazooka abfeuern: 500$
Mit einer Kuh als Ziel: 800$
Weltreise durch Kambodscha: unbezahlbar

Traumweh 2.0
Kampot, Kambodscha, Mai 2011

Ach übrigens, in achtzehn Tagen geht die Welt unter.
Was, echt? Ey näh, ich hatte noch so viel vor und jetzt das? Passt mir überhaupt nicht und schon gar nicht sobald.
Wir treffen diesen Typen, Amerikaner, bei einer Bus-Pause zwischen Saigon und Chau Doc, im Süden von Vietnam. Ich hatte das Typische woher, wohin und wie lange erwartet und jetzt das. Weltuntergang. Damit hatte ich nicht gerechnet aber mit etlichen anderen Dingen auf dieser Reise auch nicht. Zum Beispiel dachte ich nicht, das hier jemals zu schreiben, denn es geht nicht um Weltuntergang; und wenn du das hier liest, dann ist es nicht mehr der 21.5.2011 und der Weltuntergang mal wieder aufgeschoben. Und das ist auch ganz gut so, denn die Welt ist ein äußerst faszinierender und schöner Ort. Das haben wir in zwei Jahren nachdrücklich erlebt.

Traumweh hat heute Geburtstag, den zweiten schon. Wäre Traumweh ein Baby, wäre es mittlerweile ein Kind, könnte laufen, Fahrrad fahren, die erste Fremdsprache, Klavierkonzerte, Entscheider in der Weltpolitik und was Zweijährige von überambitionierten Eltern sonst noch so tun. Traumweh ist unser Baby und wir sind verdammt stolz darauf.
Traumweh ist 730 gemeinsame Tage.
730 mal überwältigt.
730 mal der glücklichste Mensch der Welt.
730 mal die richtige Entscheidung.
730 mal nichts bereut.
730... reicht nicht aus.

Zwei Jahre und noch immer nicht genug; oder soll man nicht gehen, wenn es am schönsten ist?
Leider weiß man ja nie, wann genug ist und wann war es doch gleich am schönsten? Weißt du beides nicht immer erst hinterher? Bevor ich zurückblicke und mich dieser Frage stelle, schaue ich lieber nach vorne, stelle mir andere Fragen und entziehe mich der Antwort. Wenn es danach ginge, hätten wir noch in Alaska nach Hause fahren können. Fuck, wir hätten überglücklich jeden Augenblick in 730 Tagen nach Hause fahren können. Direkt nach der ersten Nacht in Anchorage, als die Sonne um vier Uhr morgens in unser Zimmer ballert und wir vom

Jet-Lag in die menschenleere Stadt diktiert werden. Schlafen? Kannste wenn du tot bist. Reisen? Ich will gar nicht dran denken.

Aber es war noch nirgends so schön, dass ihr hängengeblieben wärd?
Doch, nur eben nicht für immer und hier kommt ein Beispiel: Olly's Place in Kampot, Kambodscha.
Nicht mal der Fluss, der an „Olly's Place" vorbeizieht, kann sich entscheiden ob er bleiben oder gehen soll. Der „Stoeng Keo" fließt mal landeinwärts und mal seewärts, je nach Lust und Laune. Okay, in Wirklichkeit hat es was mit Regen- oder Trockenzeit und den Gezeiten zu tun. Jetzt fließt er als Salzwasserfluss landeinwärts und so träge wie der Fluss, ziehen auch die Tage vorbei.
Meine Fragen des Lebens kreisen ums Essen und was ich bestellen soll. Ollys Freundin ist Thai und kocht, dem Klischee ihrer Landsleute folgend, fantastisch. Was also wählen? Im badewannen-warmen Fluss schwimmen und auf Surfbrettern stehend paddeln, von der Eisenbahnbrücke springen - sehr lässig das alles. Es gibt keinen Grund, den Bewegungsradius zwischen Bambus-Bungalow und Terrasse am Fluss auszudehnen. Ich nehm' das Kokosnuss Curry und noch ein Klang-Bier.
Ah, oh, doch ein Grund. Im Ort, fünf Fahrrad-Minuten entfernt, gibt es „Sisters II". Eine Bäckerei, in der eine sehr liebenswerte Khmer-Familie backt und sich von einer Amerikanerin hat zeigen lassen, wie man Brownies und Chocolate Fudge Pie macht, famos.
Die sprichwörtlichen Uhren ticken in Kamnpot nicht langsamer. Sie ticken einfach nicht. Wir bleiben eine Woche und außer zwei Motorrad-Ausflügen können wir in dieser Zeit nichts vorweisen. Aber wir sind angekommen und fühlen uns wohl. Und das ist uns wichtiger, als jede, noch so entfernte Attraktion mitzunehmen und überall gewesen zu sein. Man könnte sagen, wir sind fauler geworden, ich würde aber einwenden, auch bewusster.

Ist es bei euch zuhause nicht schön oder warum kommt ihr einfach nicht zurück?
Doch und sehr aber die Situation zuhause ist solide, Freundschaften halten Pausen aus, Beziehungen zerbrechen nicht an Distanzen und Optimismus qualifiziert uns für den Wiedereinstieg. Aber es gibt sehr viel fragilere Zusammenhänge, die die Zeit vielleicht nicht überdauern. Wir sind jetzt gesund, wir sind jetzt fit, wir sind jetzt ungebunden, wir

sind jetzt verantwortungslos. Traumweh ist unsere Chance, nicht einmalig aber sie ist jetzt greif- und realisierbar. Und dann gibt es Länder und Orte die sich verändern und vielleicht in zehn Jahren nicht mehr sind, was sie jetzt sind. Was heute noch unangetastet und wunderschön ist, kann in zehn Jahren überlaufen und verkommen sein. Eine Umweltkatastrophe bei den Galapagosinseln und von dem Paradies bliebe nichts übrig. Politische Situationen ändern sich und machen Reisen in bestimmte Regionen unmöglich. Darum reisen wir jetzt, darum reisen wir lange.

Wenn ich das lese, dann habe ich den Eindruck, alles ist immer toll?
Ich schätze, das ist es und das hat damit zu tun, dass wir nur das tun, was wir wollen. Das ist Teil der Freiheit, die ich als Reisender als Glück empfinde. Ich bin nicht gezwungen, irgendwas zu tun, gar nichts. Deswegen tue ich nicht nichts, an einigen Tagen schon aber die Möglichkeit der Wahl lässt mich nicht wahl- oder tatenlos zurück. Ich kann es mir eben aussuchen und meine Entscheidung, wie immer sie aussehen mag, macht mich seit 730 Tagen glücklich. Und wenn es uns mit Traumweh gelingt, einen Bruchteil dieses Glücks zu transportieren und wir einen Einzigen dazu gebracht haben, reisen zu gehen, dann macht mich das noch etwas glücklicher.
Ich stelle mir manchmal vor, in welchen Situationen und mit welchen Gedanken du das hier liest und dann hoffe ich, dass niemand dort sitz und denkt, er würde das auch gerne machen aber zweifelt, weil ihm der Mut für den ersten Schritt fehlt, er sich zu alt fühlt, er nicht das Geld hat oder eine Sprache nicht spricht. Vielleicht fragst du dich manchmal, was das wohl für Menschen sind, die das „einfach so" machen. Wie mutig sie sind, „das alles" hinter sich zu lassen, wie sie zurechtkommen und wie sie sich das leisten können.
Das ist recht einfach beantwortet: Wir sind Menschen wie du und andere Reisende sind Menschen wie wir. Das sind keine Draufgänger, das sind Bügeleisen-Verkäuferinnen bei Mediamarkt.
Die können keine Fremdsprache, das sind Amerikaner.
Die sind nicht unter vierzig, die sind schon lange Großeltern.
Die sind nicht reich, die sind Studenten.
Die sind nicht ungebunden, die haben ihre Familie dabei.
Die reisen nicht ein Jahr, die reisen solange das Geld reicht.
Die fahren nicht weit weg, die fahren in spannende Nachbarländer.
Die reisen nicht mit Partner, die haben jede Nacht einen anderen.
Und du?

Beatocello
Siem Reap, Kambodscha, Mai 2011

Der erfolgreichste Bettler Kambodschas unterscheidet sich nicht groß von anderen Bettlern, er will auch nur dein Bestes. Er ist Mitte sechzig, graues Haar und hat einen gehörigen Bauchansatz, seine Klamotten sind gepflegt. Er spricht langsam, gewählt und sein Englisch ist ganz passabel. Er hat sich dieses Leben ausgesucht, er ist Schweizer und mit Unterbrechung seit über dreißig Jahren in Kambodscha. Eigentlich ist er Arzt aber jetzt nicht mehr, meistens bettelt er, wie er es nennt. Ihn einen Bettler zu nennen, beschreibt was er tut aber nicht was er ist.

Beat Richner betreibt in Kambodscha die fünf „Kantha Bopha"-Kinderkrankenhäuser, in denen er 85 Prozent aller in Kambodscha erkrankten Kinder behandelt, mehr als 16 Millionen in dreißig Jahren. Kinder aus dem ganzen Land kommen in seine Krankenhäuser in Phnom Penh und Siam Reap. Keine Anreise ist zu weit, kein Hoffnungsfunken zu schwach. Wir ärgern uns über ausgefallene Klimaanlagen im Bus und schweißtreibende Plastiksitze, während Eltern mit ihren an Cholera, Dengue oder Hepatitis erkrankten Kindern auf offenen Ladeflächen von Pick-ups tagelang durchs Land fahren um sich bei Beat Richner behandeln zu lassen. 400 Kilometer Anreise bedeuten in Deutschland vielleicht drei Stunden, in Kambodscha kann diese Reise schnell zwei Tage dauern.

Kantha Bopha ist die einzige Hoffnung, die es im Land gibt, denn die Behandlung und alle Medikamente sind für Kinder und werdende Mütter kostenlos. Bei einem durchschnittlichen Familieneinkommen von weniger als einem Dollar pro Tag, sind medizinische Behandlungen unbezahlbar. Die Ausstattung der Krankenhäuser und die Ausbildung der Ärzte liegen auf europäischem Niveau und auf dem Gebiet der Tuberkulose-Bekämpfung ist sein Ärzteteam weltweit führend, Übung macht zynischer Weise auch hier den Meister. Alle Medikamente werden importiert. In Kambodscha erhältliche Medikamente sind zu 80 Prozent gefälscht und teilweise giftig. Die Ärzte in Richners Krankenhäusern verdienen zwischen 250 und 500 Dollar im Monat und auch das Reinigungspersonal verdient 250 Dollar. Alle Mitarbeiter sind Khmer und werden in den Kantha Bopha-Krankenhäusern ausgebildet. Mit den weit überdurchschnittlichen Löhnen geht das Krankenhaus gegen die lähmende Korruption im Land vor. Seine Patienten bekommen die Medikamente direkt vor Ort verabreicht, damit sie nicht auf Märkten weiterverkauft oder getauscht werden. Wenn eine Nachuntersuchung fällig wird, bekommen die Eltern die Anreise bezahlt. Die Not und der Bedarf sind so groß, dass seine Krankenhäuser zu 160 Prozent belegt sind, die Privatkliniken des Landes sind zu zehn Prozent ausgelastet. Jeden Tag kommen 3.000 Patienten in seine Kliniken. Ohne seine Hilfe würden jeden Tag 250 kambodschanische Kinder sterben. Jeden Tag.

Ohne Beat Richner läge die Kindersterblichkeit in Kambodscha immer noch bei sechs Prozent. Aktuell liegt sie bei 0,5%, das ist der Verdienst der Kantha Bopha- Stiftung und der Arbeit, die sie seit dreißig Jahren leistet. Behandlungen, Operationen und Impfungen, die ohne die Hilfe aus dem Ausland nicht möglich wären. Das alles kostet Geld, viel Geld. 35 Millionen Dollar benötigen die Krankenhäuser pro Jahr, von denen Kambodscha drei und die Schweiz zehn Prozent aufbringt. Den Rest, ca. 30 Millionen Dollar erbettelt Beat Richner bei seinen Reisen und auf seinen Konzerten.

Als „Beatocello" tritt er einmal pro Woche in Siem Reap auf, spielt auf seinem italienischen Cello, spricht über Differenzen mit der WHO und berichtet von der Arbeit in seinen Krankenhäusern in einem der ärmsten und korruptesten Länder der Welt.
Er selbst spricht von sich als Bettler, denn das tut er, betteln, aber er ist ein Edelmann, er erbittet nichts für sich, sondern alles für Kambodschas Kinder. Und die Kinder in Kambodscha sind uns eine besondere Freude, wenn sie strahlend und winkend auf uns zugelaufen kommen, neugierig und hinreißend freundlich. Es sind kleine Momente, ein Lachen, ein Winken, ein Blick und mit den Älteren eine lässige Pose fürs Foto mit den Exoten aus Germany. Diese Momente aber sind uns sehr wertvoll und haben sich tief ins Gedächtnis geprägt. Die Khmer haben durch ihre freundliche Art unser Herz gewonnen und einen dieser lachenden, mit großen Augen staunenden und mit der dreckigen Hand im Mund, am Straßenrand stehenden Bengel würde ich am liebsten mitnehmen.

Beat Richner will nur dein Bestes. Blut oder Geld, am liebsten beides. Wir kriegen Coke, Cracker, T-Shirts und Spenderausweise auf Khmer für zwei Blutspenden. Und wenn du diesen Monat einige Euro übrig hast, magst du ja vielleicht den zweiten Teil seiner Bitte erfüllen.

Kurzgeschichten
Quer durch Kambodscha, Mai bis Juni 2011

Erste Bürgerpflicht
Der Papst und ich, wir mögen uns nicht sehr. Wir kennen uns nicht aber wir könnten bei den meisten Fragen des Lebens nicht unterschiedlicherer Meinung sein. Wir sind beide deutsch aber das macht mich noch lange nicht Papst. Eine Gemeinsamkeit aber, die wir teilen ist, dass wir beide gern Winken und, dass das den Menschen Freude bereitet.
Ich fühle mich wie der nackte Brad Pitt, wenn wir durch Kambodschas weniger besuchtes Hinterland reisen und Kambodscha ist, von den offensichtlichen Touristenattraktionen mal abgesehen, immer wenig besucht. Auf dem Land werden wir überschwänglich freundlich willkommen geheißen. Mädchen tuscheln, zücken Fotohandys, winken, lachen und fahren ihr Fahrrad beinahe in den Straßengraben, weil sie uns nachschauen.
Aus dem Hinterhalt dunkler Häuser kommen Kinder gestürmt, kaum können sie laufen, rennen sie freudig lachend und winkend aus dem Haus. Hello, Hello! Winken ist in Kambodscha erste Bürgerpflicht und der Schlüssel zu den Menschen. Jedes noch so konzentrierte Gesicht lockert sich augenblicklich auf und wir winken gerne, nicht nur, weil es auf dem Fahrrad oder Motoroller die Hände lockert, wenn sie vom Gasgeben mal wieder eingeschlafen sind.

Der Tod und das Lachen
Das Land hat sein Lachen trotz seiner Vergangenheit nicht verloren, oder ist das der Umgang der Khmer mit ihrer Realität? Die Khmer lachen so viel, sie lachen noch über den Tod. Der Umgang mit dem Sense-schwingenden Knochenmann ist anders als bei uns und die Khmer sehen scheinbar keinen Sinn darin, traurig zu sein. Nach dem Besuch der „Killing Fields" in Phnom Penh, ist der Kloß im Hals noch nicht geschluckt, als „Peter Tuk Tuk", der uns eben noch über das Schicksal seiner Familie unter Pots Herrschaft berichtete, unvermittelt fragt, ob wir denn jetzt zur Shooting Range fahren wollen. Aber nach dem Besuch von Massengräbern ist mir nicht nach rumballern.
Vielmehr frage ich mich, ob ich die „beautiful souvenir skulls", die es im Souvenirladen zu kaufen gibt, irre lustig oder irre geschmacklos finden soll. Wer bringt sich, oder besser noch, seinen Lieben so was mit? Hey Mama, ich hoffe du hast noch Platz im Regal, hab dir einen

Totenkopf gekauft. Musste an dich denken, als wir bei den Killing Fields waren und fand, der passt zu dir – hoffe du freust dich?

Das Krankenhaus aus „Schöner Wohnen"
In Kep steht eine wunderschöne, französische Villa in einem verwunschenen Garten. Der Garten wuchert Richtung Märchenbuch und ich bin mir sicher, dass der Gärtner nur für die penibel gepflegte Auffahrt bezahlt wird. Mit deutscher Gründlichkeit wurde mit einem Lineal eine Grenze gezogen, die die Vegetation nicht überschreiten darf und verhindert, dass das Haus unter Ranken verschwindet. Wären da nicht überall Einschusslöcher in der Fassade und die notdürftig, von Balken gestützten Räume und wäre es nicht das ehemalige Krankenhaus von Kep, die Villa könnte auch in einem Bilderbuch oder „Schöner Wohnen" stehen.

Gute Mine zum bösen Spiel
Millionen Landminen sind das unsichtbare Erbe Kambodschas gewalttätiger Vergangenheit. Minenfelder wurden oftmals nicht in Karten verzeichnet und etliche, vor allem grenznahe Gebiete zu Thailand und Vietnam bleiben no-go-areas. Die ausgetrampelten Pfade zu verlassen, kann in Kambodscha schlimm enden. Täglich werden immer noch drei Menschen von UXO, nicht explodierten Objekten, verletzt oder getötet, die meisten sind Kinder. Dabei haben die Minen zynischer Weise auch eine gute Seite. Sie verhindern nachdrücklich, dass Bauern jeden Wald roden. Die Holzwirtschaft boomt in einem Land, wo Korruption keinen Respekt vor Tropenhölzern kennt. Ein kleiner und teuer erkaufter Trost.

Bank- statt Schulnoten
Kambodscha steht auf der Liste der korruptesten Länder auf Platz 166. In der Liste sind 176 Länder gelistet. In Schulen führt die Korruption dazu, dass Schüler von ihren Eltern Steine an den Kopf geworfen bekommen und das kommt so:
Lehrer verdienen im Monat fünfzehn bis zwanzig Dollar, das reicht auch in Kambodscha nicht zum Leben. Daher können Schüler ihre Noten verbessern, wenn sie ihrem Lehrer helfen, besser über die Runden zu kommen. Beim Fortkommen auf eine höhere Schule zählen also eher Bank- als Schulnoten. Zeitungsberichte, die auf diesen Umstand aufmerksam machten, führten dazu, dass die Prüfungskommission überwacht wird und das bei den Khmer eher

unbeliebte Leistungsprinzip eingehalten wird. Schulen werden an Prüfungstagen nun zu bewachten Festungen. Irgendwie gelangen Prüfungsfragen aber immer wieder aus den Prüfungsräumen. Die Antworten werden von Freunden oder Familienangehörigen recherchiert, auf einen Zettel geschrieben, um einen Stein gewickelt und zurück in den Prüfungsraum geworfen. Die genaue Opferzahl ist nicht bekannt.

Schwule Mönche
Bei Asiaten vor-urteile ich, dass sie alle Martial Arts beherrschen und nur deshalb so sanftmütig sind, weil sie sich ihrer Überlegenheit bewusst sind. Und Mönche, diese edelmütigen, in orange Tücher gehüllten, vom Aussterben bedrohten Fabelwesen, sind für mich wie Einhörner. Ich kann nicht sagen warum aber ich glaube, wenn niemand hinsieht, schweben sie über dem Boden. Aber nur dann, ansonsten geben sie sich ernüchternd normal.
Ich spreche im Königspalast in Phnom Penh das erste Mal mit einem Mönch. Abrasierte Haare und Augenbrauen, sind nur die äußeren Merkmale, von vielen Regeln, denen sie ihr enthaltsames Leben unterwerfen. Es ist natürlich ein Klischee, genau wie, dass alle Asiaten Martial Arts beherrschen aber wenn ich die Mönche sehe, muss ich mir einfach vorstellen, dass unter den bunten Tüchern die Weisheit in Tüten steckt. Etwas, wovon jeder profitieren kann, stellte er nur die richtigen Fragen. Ich stelle sie nicht, denn tatsächlich bin ich ein bisschen nervös, als ich das erste Mal mit einem Mönch spreche, auch wenn mir sein Glauben oder das Thema allgemein, nicht allzu nahe gehen.

Der Mönch ist jünger als ich und während wir uns unterhalten, klingelt ununterbrochen sein Telefon. Ich hatte mir von dem Mönch eine eindeutige, einfache „Glückskeks-Weisheit" erhofft, etwas wie: „Tim, geh und kauf' den Sportwagen den du immer wolltest", aber da kommt rein gar nichts in die Richtung. Erst, nachdem er verschwunden ist, wird mir bewusst, er hatte die Weisheit in Tüten gar nicht dabei. Er wollte einfach nur Englisch üben, wahrscheinlich ein Test morgen in der Mönchsschule. In deutlich lockereren Gesprächen in ganz Kambodscha stelle ich fest, dass Mönche die gleichen Fragen wie uns umgeben, nur dass sie halt keine Schuhe tragen, nach zwölf Uhr Mittags nichts mehr essen dürfen und, dass sie keine Freundinnen haben dürfen. Das macht sie für Frauen natürlich besonders attraktiv und das weiß auch mein junges Gegenüber, als er mich, auf die Frage angesprochen, anstrahlt und meint: „I think, girls find monks kind of cute and today is my last day as a monk, tomorrow I'm free." Mönche sind ein bisschen wie Schwule, sie werden von Frauen gemocht weil von ihnen „keine Gefahr" ausgeht und es ziemlich hip ist, mit ihnen auf Facebook befreundet zu sein. Er weiß das und morgen wechselt er die Seiten, kluger Bastard.

Ich möchte mal wissen, welche Klischees in den Köpfen der Khmer oder Asiaten allgemein über uns existieren und ob sie enttäuscht sind, wenn sie sich nicht bewahrheiten. Ich jedenfalls war nicht enttäuscht, feine Typen diese Mönche, sehr nett und hilfsbereit. Ich frage mich aber, welche Vorurteile wohl in Bezug auf meine Herkunft nicht stimmen. Mit einem kann ich ja mal aufräumen. Ich bin Deutscher aber ich kann nicht Fußballspielen und als mir in Da Lat, Vietnam, ein Hostelmitarbeiter irgendwelche Namen an den Kopf wirft, dauert es bis Piotr Trochowski, bis ich realisiere, dass er gerade den aktuellen HSV-Kader beinahe vollständig aufzählen kann, während ich wie ein Trottel dastehe.

Der Khmer-Faktor

Der Khmer-Faktor ist eine recht feste Größe, von ungefähr 1,5 und wird mal multipliziert oder dividiert.
Wie lange dauert die Fahrt? Vier Stunden.
Der erfahrene Kambodscha-Reisende multipliziert an dieser Stelle den Khmer-Faktor und erhält die tatsächliche Dauer von sechs Stunden.
Wie weit wird das sein? Fünf Kilometer.
Hier muss differenziert werden. Kommt die Antwort von einem Tuk-Tuk-Fahrer, muss der Khmer-Faktor dividiert und das Ergebnis manchmal noch halbiert werden. Also ca. 2,5 Kilometer. Kommt die Antwort von einem Khmer ohne Fahrgeschäft-Angebot, musst du multiplizieren. Du solltest in diesem Fall also von 7,5 Kilometern ausgehen.
Hat der Bus bequeme Sitze? Ja, sind große Sitze.
Geh davon aus, dass groß für ihn bedeutet, dass er leidlich sitzen kann. Von deiner Körpergröße musst du bei seiner Antwort den Khmer-Faktor dividieren, für mich heißt das 1,94 dividiert durch 1,5 ist gleich bequem bis zu einer Körpergröße von 1,30.
Werde ich davon satt? Ja, ich mach große Portion.
Ich denke, du hast verstanden, dass du besser noch eine Vorspeise bestellen aber bei der Hitze vielleicht lieber mehr trinken solltest.

Sir Sir...SIR?
Ich habe den Knigge nicht erfunden, Susan kann Türen alleine öffnen und ich rücke ihr auch nicht den Stuhl zurecht, sie ist groß genug. Ich mach all diese Dinge, die ein Mann laut diesem „Nummer eins Ratgeber der Geschenkliteratur" tun sollte aber nicht übertrieben. Nicht übertrieben ist auch gelinde gesagt das Verhalten der Khmer Susan gegenüber. Wie ein Furz im Fahrstuhl wird so getan als wäre sie gar nicht da. Susan bestellt ihr Essen, während die Bedienung mich anschaut und scheinbar darauf wartet, dass ich ihre Wünsche genehmige. Mein Essen steht dann auch konsequent vor Susans auf dem Tisch und mein Getränk wird zuerst gebracht. Die Rechnung, obwohl von Susan geordert, geht ausnahmslos an mich, genau wie das Wechselgeld, auch wenn Susan bezahlt. Feine Macho-Welt.

Du warst in Kambodscha, wenn:
9mm für dich der Abstand zweier Gegenstände ist, die als „fest miteinander verbunden" gelten.
Du findest, dass der aktuelle Honda Wave Motorroller viel cooler ist, als das Vorjahresmodell.
Du dich wunderst, dass man Kaffee auch warm trinken kann.
Es für dich nur zwei Autohersteller gibt, Toyota und Lexus.
Du dich fragst, warum du das Fleisch von Kokosnüssen essen solltest.
Du den Unterschied zwischen Angkor und Anchor schmecken kannst.

Kambodscha also, viel mehr als das Geräusch, das man beim Niesen alternativ zu „Hatschi" machen kann und eine Perle unserer Reise. Land, Leute und Kultur haben großen Spaß gemacht und wer immer ein paar Wochen in der Region hat, sollte Kambodscha gerade wegen der vielen und oftmals falschen Vorurteile besuchen.

Disarm you with a smile
Yangon, Myanmar, Juni 2011

Bei unserer Reise setzen wir alles auf eine Karte, genauer: zwei. Unsere Visas versorgen uns mit Cash in Landeswährung und sollten alle Stricke reißen, boxt uns Western Union raus. Beides funktioniert in Myanmar nicht, Geldautomaten gibt es nicht und „Kyat" sind nicht außenkonvertierbar. Du musst im Land Geld tauschen, wobei der offizielle, von der Regierung festgelegte Wechselkurs von einem US-Dollar zu acht Kyat nicht so besonders ist und bedeuten würde, dass ein einfaches Essen im Restaurant ungefähr 200 Dollar kosten würde. Besser wird es auf dem Schwarzmarkt, wo du zur Zeit für einen US-Dollar 750 Kyat bekommst, was den Preisverhältnissen im Land auch eher angemessen ist.

Du musst sämtliches Geld, das du für deinen Aufenthalt gedenkst zu benötigen, mit ins Land bringen und zwar in US-Dollar. Wenn du schon mal US-Banknoten in der Hand hattest, ist dir vielleicht der oftmals schlechte Zustand aufgefallen. Genknickt, schmutzig, eingerissen und in Myanmar komplett wertlos. Der Grund, die Myanmaren können mit US-Dollar nichts kaufen. Die Regierung kauft damit bei den Chinesen ein und nur eine privilegierte Minderheit darf das Land verlassen und hat überhaupt Verwendung für US-Dollar. Die aber haben kein Interesse daran, dass das Geld in irgendeiner Weise zurückverfolgt werden kann und nehmen nur saubere, ungeknickte, am liebsten druckfrische Dollar und machen aus Aberglauben einen Bogen um einige Seriennummern.
Die Machenschaften dieser Herrschaften kann man sich bei ihrer Paranoia, das Geld könnte zurückverfolgt werden, vorstellen. Geldscheine haben in Myanmar tatsächlich den aufgedruckten Wert und repräsentieren ihn nicht nur. Entsprechend vorsichtig wird mit Geld umgegangen. Ein lässiges aus der Hosentasche zuppeln, Glattstreichen und über die Theke schieben, funktioniert hier nicht.

Dann öffnet sich die Flughafentür in Yangon, der fünf-Millionen-Metropole und ehemaligen Hauptstadt. Den Rucksack voll Dollar, allein am Flughafen einer Militärdiktatur, es ist Regenzeit und es wird dunkel. Unser Budget für die nächsten vier Wochen entspricht einem guten myanmarischem Zweijahresgehalt. Jeder weiß, dass Reisende hier sämtliches Geld bar, in kleinen nicht-nummerierten Scheinen dabei haben. Wir sind ein leichtes Ziel, schwer beladen und langsam, verstehen die Sprache nicht, können die Schrift nicht lesen, nicht mal die Zahlen. Reiche Analphabeten, auf Hilfe und guten Willen angewiesen.

Es bedarf nicht sonderlich viel Fantasie, um aus Myanmar den Drehort eines verzweifelten Versuchs zu machen, ausgeraubt das Land zu verlassen, während Einheimische in einer sonderbaren Sprache auf dich einschreien, dein Zimmer von Ratten überrannt wird, du das Essen nicht verträgst und arrogante Militärbehörden deinem umgehenden Ausreisewunsch nur geschmiert nachkommen.
Zugegeben, ein Streichelzoo kommt mit weniger Warnungen als Myanmar aus aber das sagt nicht unbedingt etwas über deine Situation als Reisender und vor allem nichts über die Menschen aus. Denn die Wirklichkeit ist eine andere, eine ganz andere. Die myanmarische Wirklichkeit spricht englisch, trägt Rock und ist keine Frau, sondern interessiert daran, wo wir herkommen, wie es uns gefällt und überhaupt, jeder will ein paar Worte mit uns wechseln. Die myanmarische Realität kommt über die Straße gelaufen, um uns in der Mittagshitze eine Flasche Wasser zu schenken. Kinder wollen meine Hand halten, im Bus neben uns sitzen oder wenn sie mutig sind, ein Foto mit uns. Wobei, wenn ich von Myanmaren als Volk schreibe, schere ich mal eben die 135 Ethnien dieses Landes über einen Kamm. Die Grenze zwischen Buddhismus, Hinduismus und dem Islam, Indien, dem nahen China, hat eine prickelnde Mischung hervorgebracht, die für uns mindestens so exotisch und interessant ist, wie wir für sie.

Aber zunächst mal sind wir in der Regenzeit hier und suchen Schutz unter einem Vordach. Der Regen überschwemmt die Straßen, füllt die Schlaglöcher und ein nackter Bengel tanzt ausgelassen durch sie hindurch. Eine Frau holt mit einem Seil einen löcherigen Eimer aus einem Brunnen an der Straße und wäscht ihre Wäsche und anschließend sich im Rinnstein. Zum Trocknen legt sie die Klamotten an die nahen Bahnschienen. Frauen und Kinder tragen eine gelbliche Creme im Gesicht, Thanakha, zur Haupflege und als Sonnencreme. Ein Lastwagen wird auf die doppelte Höhe beladen, ganz oben steigen ein paar Kerle auf und „der fahrende Turm" fädelt sich schwankend in den niemals abreißenden Strom aus Mopeds und 70er-Jahre Toyotas ein. Der Verkehr ist hier weniger und ruhiger als in Vietnam, dafür gibt es eine spannende Besonderheit. Es herrscht Rechtsverkehr aber praktisch alle Fahrzeuge kommen aus Thailand und sind somit linksgelenkt und das führt zu sehr spannenden Momenten und interessanten Manövern auf den Straßen.

Viele Myanmaren haben weniger asiatische, denn vielmehr indische Züge. Das dritte Auge auf der Stirn und die Art wie sie sich kleiden, kommt vom Subkontinent nebenan. Muslimisch verhüllte Frauen, Mönche in dunkelrot, tiefbraune Haut, Röcke (Longyi) bei Männern und Frauen, mit denen sie größer und graziler wirken. Tatsächlich sind sie die größten Asiaten, die wir getroffen haben. Von Vietnam nach Kambodscha haben die Menschen und ihre Körperumfänge zugenommen, bis wir in Thailand auch mal wieder richtig fette, vor allem Kinder, gesehen haben. Hier trägt man sein zuhause gekochtes Essen wie in Indien, in runden, blechernen Containern. Das Essen ist der geographischen Lage angepasst. Currys aus Indien und Süd-Ost-Asien, je nach Herkunft der Familie, Suppen und meist vegetarisch. Die Menschen sind so dünn, dass es ein Kompliment ist, eine Frau mit den Worten: „Schau, wie fett du bist", zu grüßen.

Während wir unter dem Vordach den Monsun abwarten und all das fasziniert beobachten, lädt uns ein Mann in die trockene Teestube nebenan ein. Tee, Kaffee und zwei Milchbrötchen später hat der Regen aufgehört und unser aufmerksamer Gastgeber (ob ich eine Tüte für die Kamera bräuchte, damit sie nicht nass wird) uns restlos für Myanmar begeistert. Mit dem Ende des Regens kommen die Menschen zurück auf die Straße und dann ist es wieder da, dieses Lachen, bei dem der Kopf in den Nacken geworfen wird und das schiere Freuen über die Andersartigkeit des Anderen.
Blicke aus allen Richtungen finden uns magnetisch und mustern uns gespannt. Ein Gruß, ein Wink, ein Lächeln aus diesen tollen, funkelnden Augen, ein neugieriges Gespräch, nie hatten wir mehr Aufmerksamkeit. Ich könnte wie der kleine Junge, meine Klamotten ausziehen und vor Freude durch die Pfützen tanzen – es gucken ja eh schon alle.

Selten habe ich mich so gefreut, in ein Land gekommen zu sein. Selten hat man uns einen Empfang wie hier bereitet und mit einem Lächeln alle Zweifler stumm gemacht.
Die Smashing Pumpkins haben das mal aber in einem anderen Zusammenhang auf den Punkt gebracht: „Disarm you with a smile."

Die halbe Stunde zum nächsten Jahrhundert
Yangon, Myanmar, Juni 2011

Alle anständig durchgeknallten Diktatoren und wirklich verrückten Regime haben sie. Iran, Afghanistan, Venezuela, und auch Myanmar. Jeder Diktator, der was auf sich hält, braucht sie als Ausdruck des Wahnsinns. Die halbstündige Zeitverschiebung zum Nachbarland ist das ultimative Accessoire, um als weltlich entrückt zu gelten.

Eine halbe Stunde zwischen Myanmar und Thailand, die sich anfühlt wie ein halbes Jahrhundert. In Bangkok 24/7 gestaute Highways, die vom „Skytrain" genannten ÖPNV überflogen werden, LED-Werbetafeln, klimatisierte Einkaufspassagen, Glas-Beton-Fassaden, filialisierte Geschäfte, Fast Food Ketten.

In Myanmar die bröckelnde Fassade vergangener Schönheit. Yangon muss einst eine wunderschöne Stadt im britischen Kolonialstil gewesen sein. Zwischen den nachträglich außen installierten Klimaanlagen und den, wie Fühler ausgestreckten Fernsehantennen, können einige Häuser noch den Stuck und die aufwändigen Fassaden vergangener, besserer Tage halten. Heute durchziehen schwarze, aderartige Geflechte aus Stromleitungen die Straßenzüge. Der Lebensspendende Saft fließt aber nur wechselhaft im Wechselstrom und ist immer wieder unterbrochen. Stromausfall ist die Regel, darum wird das Stadtbild von PKW-großen, Öl-triefenden Dieselgeneratoren weiter verschandelt. Hunde fressen die Reste der Straßenmärkte und wenn es dunkler und ruhiger wird, übernehmen die Ratten.

Yangon hat keine Fassade, die Stadt ist außen so verrußt und verkommen wie im Inneren aber es gibt Leuchttürme in dieser Stadt und die leuchten auch ohne Strom. Sie strahlen und funkeln sogar. Nicht jedes Land kann sich eine Verkehrsinsel aus Gold leisten und Myanmar, eines der ärmsten Länder der Welt, kann es natürlich erst recht nicht und dennoch fließt der Verkehr in Yangon um die Sule-Pagode als wäre es das normalste der Welt.
An den Pagoden wird gebetet, meditiert, gelehrt und Geld gespendet, viel Geld. Das gespendete Geld ist Zeichen der Hoffnung und, dass sie in Myanmar noch nicht erloschen ist. Mit ihren Spenden erhoffen sich die Gläubigen göttlichen Beistand, Gesundheit, gute Geschäfte, Sicherheit und Geld. Dadurch, dass es von allem so wenig gibt und

ihnen so vieles genommen wird, sind die Wünsche besonders vielzählig. Und weil sie so wenig haben, spenden sie so viel, damit ihre Wünsche wahr werden. Wenn nicht in diesem, dann vielleicht im nächsten Leben.
Es ist ein nur durch Glauben zu erklärendes Hamsterrad-Phänomen. Die Hoffnung auf Wiedergeburt in ein besseres Leben ist der Antrieb für so viele Taten. Der Glaube aber, dass sich Veränderungen durch Beten und Spenden einstellen, verhindert die Veränderung, denn dafür müsste man etwas ändern aber der Glaube verhindert es.
Es ist sicherlich nicht an mir, zu be- oder verurteilen, erst recht nicht, da ich gar nicht genug über die Umstände und Hintergründe weiß aber einige der heitereren Dinge, die uns aufgefallen sind, hier:

Du kannst also Geld spenden, was gerne und viel gemacht wird. Ihr Buddhismus verlangt es nicht aber sich ein bisschen göttlichen Beistand zu kaufen, kann nicht schaden. Und wenn man schon Geld spendet, dann doch bitte mit ein bisschen Spaß. In der Botataung-Pagode kann man gefaltete Geldscheine jahrmarktgleich auf ein rotierendes Modell der Stupa werfen. Auf dem Modell sind Töpfe aufgestellt, die jeweils einem Wunsch zugeordnet sind. Wenn man es schafft, seinen Geldschein in einen der Töpfe zu werfen, geht der Wunsch in Erfüllung. Ein bisschen wie Ringwurfbude, nur ohne Plastikrose, sondern mit göttlichem Beistand. Gefällt uns gut und macht auch viel mehr Spaß als Knöpfe in einen Klingelbeutel fallen zu lassen. Susan faltet einen Hunderter und trifft beim ersten Mal. Da wir die Schrift auf dem Topf nicht lesen können, bleibt der Wunsch geheim aber an diesem Wochenende haben die Dallas Mavericks mit Dirk Novitzki gegen Miami die NBA-Play-Offs gewonnen...

Zwei Studenten erklären uns in der Sule-Pagode buddhistische Zeremonien und ganz selbstverständlich dürfen wir teilhaben. Wir erfahren, dass Susan durch den Tag ihrer Geburt dem Tierkreiszeichen Tiger und ich der Ratte zugeordnet sind. Dass beide sehr gut zusammen passen, war uns schon klar. Wir übergießen den Buddha vor unserem Tierkreiszeichen, in meinem Fall 31 Mal, mit Wasser um für das kommende Jahr Glück zu haben und dann unser Tier mit einer persönlichen Glückszahl, berühren Buddha und Tier und haben einen Wunsch frei. Und weil der Buddhismus nicht so streng wie andere Religionen ist, kannst du, wenn du nur wenig Zeit hast, die Prozedur auch auf fünfmal Gießen beschränken und es wird trotzdem helfen.

Großartig, oder? Das Wasser, dass nach der Zeremonie an deinen Händen bleibt, ist heiliges Wasser, mit dem Susan ihre Nase berührt um den Schnupfen zu vertreiben. Morgen wird es ihr deutlich besser gehen.

In einem anderen Tempel, mit wie selbstverständlich ebenfalls goldener Stupa, erklärt uns ein alter Mann mit Glatze und ebenso vielen Zähnen, was an diesen heiligen Stätten passiert. Es geht nicht darum, eine Statue anzubeten oder das Gebäude. Die Gläubigen ehren mit ihren Gebeten und Spenden, die Lehren Buddhas. Um eine Stupa zu erbauen, muss ein Relikt Buddhas vorhanden sein. Das sind oftmals Haare, Zähne oder Knochen, die in den Stupas aufbewahrt werden. Zu wichtigen Stupas gehört ein Teich, in dem Schildkröten leben und viel wichtiger, die Stupa sich spiegeln kann. Zum Abschluss gibt er uns noch eine der wichtigsten Weisheiten Buddhas mit auf den Weg:
„Keep your cool". Ein Buddhist sollte immer ruhig und besonnen sein, sich niemals aufregen oder laut werden. Er sagt das so sympathisch, wie der zottelige alte Mann aus der Milka-Werbung.

Ich denke noch lange über ihn und das Gesagte nach und glaube, manchmal wäre es vielleicht besser, die Buddhisten hier würden diese Regel mal missachten und alles laut rausschreien, was in diesem Land falsch läuft. Vielleicht würden sie besser gehört, als wenn sie noch einen Geldschein falten und sich einen stummen Wunsch wünschen.

Geldanlage
Yangon, Myanmar, Juni 2011

Die Feinunze Gold geht heute mit 1.510 Euro aus dem Frankfurter Handel und notiert damit ein Prozent oder 15 Punkte stärker als am Vortag.

Die Shwedagon-Pagode in Yangon steht auf einem siebzig Meter hohen Hügel, ist selber etwa 110 Meter hoch und damit überall in der Stadt zu sehen. Ah und sie ist aus Gold. Ich weiß was du denkst aber nein, sie ist nicht gold-lackiert oder mit einer hauchdünnen Schicht Blattgold überzogen. Die Pagode ist, wie ich sagte, aus Gold, vom Sockel bis zur Spitze und die wertvollste der Welt. 66 Tonnen wurden verbaut und ich weiß nicht, aber von einem Element, das nicht nachwächst und recht rar ist auf diesem Planeten, 66 Tonnen als daumendicke Platten auf ein Gebäude aufzubringen, ist für mich der ultimative Ausdruck von Dekadenz. Oder nein, wenn ich es mir recht überlege, ist es das Beste was man machen kann. Ich meine, du kannst dein Gold in Fort Knox wegschließen und dich am steigenden Preis erfreuen aber beziehst du daraus wirklich Freude?

An der Shwedagon-Pagode kann sich jeder erfreuen. Und was das für eine Freude ist, die wir hier erlebt haben. Wir haben uns nie einen Guide genommen, wir erkunden lieber im eigenen Tempo, informieren uns im Vorfeld oder lesen bei Bedarf nach. Auf Guides mit Ablaufplan, immer gleichem Repertoire an Witzen und gelangweilten Ausführungen haben wir keine Lust. In Myanmar aber hatten wir fast immer einen oder gleich mehrere Guides an unserer Seite. Einheimische, die wissen wollen wo wir herkommen und ob es uns gefällt, erklären spontan und begeistert, zeigen uns Dinge, die wir übersehen hätten. Wie die verschiedenen Farben, in denen der 76 Karat- und zweitgrößte Diamant der Welt, ganz oben auf der Shwedagon-Pagode reflektiert. Je nachdem ob man einen halben Meter vor- oder zurücktritt. Das kann man aber nur aus einem bestimmten Winkel in einer Ecke des Areals beobachten. Wenn ich nach oben sehe, passiert mal exakt nichts. Gehe ich aber ein bisschen in die Knie und auf Augenhöhe mit unserem Insider, funkelt es und wie. Nachdem er uns dieses Geheimnis gezeigt hat, verabschiedet er sich und wird zu einem Einheimischen auf dem Weg in den Feierabend. Eine halbe Stunde später stehen wir umringt von drei myanmarischen Studentinnen, die uns auf Deutsch Tipps für unsere weitere Reise durchs Land geben und auch noch die ein oder andere Geschichte über die Pagode und die umgebenden Tempel zu erzählen wissen. Überhaupt, können viele Myanmaren einige Worte deutsch und deutschen Fußball finden sie das Größte überhaupt. Bundesliga wird auch hier gesehen und Champions League ist Ehrensache, wenn Strom da ist.

Langsam wird es dunkel, der tägliche Regen hat noch mal den letzten Staub vom Gold gewaschen und nun reflektiert auch der Fliesenboden den Glanz der Pagode. Etwas Schöneres als das habe ich noch nie in einem Abendhimmel gesehen. Wie ein eingefrorenes Feuerwerk steht die Shwedagon- Pagode gegen den dunklen Nachthimmel, explodiert still auf der Netzhaut und wird unvergesslich. Mönche beten und meditieren vor der Pagode, Besucher schlendern vorbei, verweilen einen Augenblick, Mönchsgesänge wehen aus den umliegenden Pagoden. Der schwere Hall einer 23-Tonnen Glocke vibriert über den Platz, die Aura der Pagode projiziert sich in den Nachthimmel, Räucherstäbchen verwehen im Wind, Kerzen flackern, über 3.000 goldene Glöckchen an der Pagode klingeln leise im Wind und sind die akustische Übersetzung der funkelnden Edelsteine.

Oh, und wenn du dich gerade gefragt hast, was das Gold auf der Pagode wert ist, hier die Auflösung. Den aktuellen Kurs zugrunde gelegt, musst du nur noch wissen, dass der Goldpreis in Feinunzen angegeben wird und, dass eine Feinunze 31,1 Gramm sind. Multipliziert mit 66 Tonnen und violà: 3.204.501.607 Euro.
Achso und dann kommen noch 80.000 Diamanten und andere Edelsteine hinzu, die auf den obersten Ebenen der Pagode für den letzten Kick sorgen aber da habe ich die Tagespreise gerade nicht parat.

Aktives Vergessen
Bagan, Myanmar, Juni 2011

Ich möchte das Unmögliche schaffen. Ich möchte aktiv vergessen können. Ich möchte diese Busfahrt vergessen. Strg+Alt+Entf. Ich will nicht, dass kostbarer Gehirnspeicher mit diesem Unsinn belegt ist und das vielleicht noch mein Leben lang. Ich möchte diese Busfahrt ungeschehen machen.
Wir sind in Pyay, einer Stadt sechs Stunden nordwestlich von Yangon. Die nächste Station soll Bagan sein, weitere zwölf Stunden Busfahrt. Der Reiseführer ruft für die Fahrt 18.000 Kyat auf, um die 25 Dollar, das ist viel, besonders in Myanmar. Die Fahrt wird über Nacht gehen, ich packe was Langärmliges und ein Tuch ein. Oft sind die Klimaanlangen in Überland-Bussen auf Temperaturen jenseits von Stalingrad ´45 eingestellt und da gehe ich kein Risiko ein. Übernachtfahrten. In Argentinien fand ich die dufte. Nicht nur, dass man eine Hostel-Übernachtung spart, nein, man reist formidabel in Liege-Sesseln, spielt eine Runde Bingo mit der Stewardess, bevor sie das nächste Glas Rotwein einschenkt, warmes Essen wie im Flugzeug bringt und dann noch ein Kissen und eine Decke für die Nacht anbietet. Am nächsten Morgen steigt man gut gelaunt aus dem Bus und startet in den Tag. Argentinien ist lange her.

In Myanmar sieht kein Bus auch nur annähernd aus, wie argentinische Reisebusse. Und ich habe viel Zeit, mir alle Busse anzuschauen und kann nicht so ganz glauben, was ich sehe. Unser Bus ist ein Bus ja. Er ist alt und in schlechtem Zustand aber das war klar. Was ich nicht wusste, ist, dass er bereits mit sechzig Leuten besetzt ist, und das, obwohl ich nur zwölf Sitz-Reihen zähle, von denen die letzten beiden mit Kram und Gerümpel vollgestellt sind. Die Leute, die keinen Sitzplatz haben, sitzen im Gang. Wobei das eigentlich nicht stimmt. Denn der Gang und sämtliche Fußbereiche zwischen den Sitzen sind mit Säcken, Kisten, Boxen, Körben und sonst was vollgestellt und darauf sitzen die, die keinen Sitzplatz haben. Während ich mich frage, ob das alles ein schlechter Scherz sein soll und ob es die „Versteckte Kamera" auch in Myanmar gibt, zeigt der Busgesellschaftsangestellte auf zwei leere Sitzplätze hintereinander in den ersten beiden Reihen. Tim klettert über einen Kubikmeter Kartoffeln in den Bus. Ich kann da nicht einsteigen und zwölf Stunden über Nacht fahren. Ich hasse Tims Pragmatismus, entweder einsteigen oder hierbleiben. Ich finde, hierbleiben ist eine Option, die überdacht werden sollte. Ich kann nicht fassen, dass ich für das hier überhaupt bezahlt habe. Wahrscheinlich habe ich den Bus aus Versehen gekauft, und wenn wir ankommen, falls wir jemals ankommen, wird der Fahrer mir die Schlüssel überreichen.

Es stinkt. In meinem Fußraum steht ein Karton Trockenfisch und müffelt vor sich hin. Ich krieg einen zu viel, ich hasse Fisch. Tim faltet seine Beine in den Gang über pralle Säcke und Kisten hinweg. Neben mir im Gang sitzt eine Frau, da kann ich meine Beine nicht hinstrecken. Ich atme schwer. Als der Busfahrer Tim dann bittet, seine Schuhe auszuziehen, überlege ich, ob ich Streit anfangen soll. Dieser Bus hat ernsthaftere Probleme, als Tims Boots an dem Sack Kartoffeln. Überladung zum Beispiel, defekte Scheinwerfer oder die stinkende Kiste Trockenfisch. Bringt ja aber nichts. „Keep your cool", erinnere ich mich an den zahnlosen Opa in Yangon.
Unsere Rucksäcke werden mit einem Seil neben die offene Bustür gebunden, die die gesamte Fahrt über offen bleiben wird. Unnötig zu sagen, dass der Bus keine Klimaanlage hat, bei der ich mich verkühlen könnte. Meine Beine zucken schon bevor wir endlich losfahren, wie soll das bloß in ein paar Stunden werden?
Ein Stück nördlich von Pyay – wir sind immerhin auf der Bundesstraße 2 in Myanmar – hört der Asphalt auf und die Straße wird zu einem Acker, der vom Regen richtig schöne Furchen bekommen hat. Wir fahren lange Zeit Schrittgeschwindigkeit. Ich hatte überschlagen, dass die Strecke ca. 400km lang ist. Macht bei zwölf Stunden Fahrt eine Durchschnittsgeschwindigkeit von 30km/h. Es muss also bald wieder Asphalt kommen, denke ich, sonst schaffen wir das nie. Ich überlege, ob ich aussteigen und nebenher gehen soll, dann tue ich wenigstens was für meine Beine und muss die Fischluft nicht atmen. Die Frau, die neben mir am Fenster sitzt, rülpst laut. Ich wünsche „Mahlzeit". Sie lacht. Ich könnte mal auf die Uhr schauen, wie spät es ist. Lieber nicht nachschauen, nachher bin ich enttäuscht. Stattdessen überlege ich mir, was trotz allem, gerade gut ist.
Der Fahrer fährt immerhin nicht wie eine besengte Sau. Das ist gut. Er könnte aber auch gar nicht schneller. Wir haben Sitzplätze. Das kann ich für den Preis ja wohl auch erwarten. Und ich gehe nach wie vor davon aus, dass der Bus mir ist. Es ist nicht kalt - auch gut. Unsere Rucksäcke sind nicht auf dem Dach, wo sie nass werden würden. Auf dem Dach war aber auch kein Platz mehr. Da ist ja schon der

Hausstand von halb Myanmar festgezuckelt. Es gibt schlimmeren Geruch als den von Trockenfisch, auch wenn ich mir das grad nicht vorstellen kann.
Es gibt schlimmeres als Rülpsen. Zum Beispiel Schleim-Hochziehen. Für mich der endgültige Beweis, dass Menschen nicht von Gott gemacht sind. Kein Gott hätte dieses markerschütternde, unmenschliche Geräusch erfunden. Es ist das ekligste, was es gibt auf der Welt aber scheinbar tut es die halbe Welt. Neulich werde ich wach, weil nebenan, im wunderbar nachhallenden, gefliesten Gemeinschaftsbad einer sein Innenleben nach oben rotzt und das ganze Hostel dran teilhaben lässt. In Myanmar wird in einer Quantität gerotzt, dass mir der kalte Schauer nicht nur den Rücken runter- sondern auch wieder hochläuft. Auf dieser Busfahrt halten wir drei- oder viermal, damit sechzig Myanmaren aus dem Bus klettern, zum Pinkeln und zum Rotzen. Der gemeine Myanmare hat im Bus auch eine Tüte dabei, in die er nicht nur sein rotes Betelnuss-Gekautes reinspuckt sondern auch reinrotzt, wenn er nicht die Möglichkeit hat, es aus dem Fenster zu spucken, wie Tims Sitznachbar es andauernd tut.
Ich versuche meine Beine durch leichte Positions-Variationen vom Zucken abzuhalten aber es klappt nicht. Ich bin völlig fertig und nicke irgendwie mit dem Kopf auf den Knien weg. Vom Platten, den wir unterwegs haben, bekomme ich kaum was mit, zu routiniert wird der Reifen gewechselt, passiert andauernd bei diesen Straßen, Feldwegen mit Asphalt-Klopsen. Wir müssen dazu nicht mal aussteigen. Ich versuche, mir mit guten Gedanken die Zeit zu vertreiben. Was für einen schönen Gewitter-Sonnenuntergang wir gestern Abend in Pyay hatten. Über der goldenen Pagode und dem dahinter sitzenden riesigen Buddha zwei perfekt halbrunde Regenbogen gegen den dunklen Regenhimmel.
Die Stunden vergehen scheinbar. Ich schlage die Augen auf. Es dämmert. Das heißt es ist morgens, das heißt, ich hab den Großteil dieser unmöglichen Fahrt irgendwie rumgekriegt. Ich quetsche mein rechtes Bein irgendwie in den Gang neben die Frau. Sie nimmt ein Tuch als Kopfkissen und legt ihren Kopf auf mein Knie. Bevor ich überlegen kann, ob mir das zu viel Nähe ist, nicke ich wieder ein. Irgendwann sind wir tatsächlich in Bagan, stolpern wie Zombies aus dem Bus, lassen uns von Trishaw-Fahrern zum Guesthouse fahren. Ich dusche mir den Trockenfischgeruch aus den Haaren und falle direkt ins Bett für ein paar Stunden Qualitätsschlaf. Wir benötigen den ganzen Tag um uns von dieser Busfahrt zu erholen.

Freiheit der Person
Pyay, Myanmar, Juni 2011

Grundgesetz; Artikel 2 Abs. 2 Satz 2, Freiheit der Person
Selbstverständlich reise ich. Ich habe ein Recht darauf, ein Grundrecht sogar, so wichtig ist dieses Thema dem deutschen Staat. Mein Reisepass garantiert mir Zutritt zu allen Ländern, in die ich reisen möchte. Erster Klasse, denn ich bin nicht Kolumbianer, mein Visaantrag für die USA wurde genehmigt und zwar umgehend. Ich muss keine Extragebühr zahlen, um in Südamerika Grenzen zu überqueren, mein Visum für Myanmar habe ich innerhalb von drei Stunden bekommen und weil ich nicht nur Bürger Deutschlands, sondern Schengens bin, brauche ich in Europa nicht mal einen Reisepass. Ein deutscher Pass ist der VIP-Backstage-Pass unter den Reisedokumenten. Zutritt überall, immer.

Bist du aus Amerika?
Nein, Deutschland.
Oh, Deutschland... Ich will man nach Amerika. Nach New York. Am liebsten im Winter, wenn Schnee liegt. Habt ihr Schnee in Deutschland?
Ja, manchmal.
Hier, ich habe ein Foto.
Er fingert aus seinem Portemonnaie zwischen dem Foto eines Kindes, ein Bild von Weihnachtsmarkt in Manhattan heraus. Er gibt es mir.
Warst du schon mal in Amerika?
Ja.
Ist es schön dort?
Sehr...
Ich will auch mal hin aber weißt du, ich kann nicht reisen. Ich darf nicht reisen... vielleicht irgendwann mal. Was meinst du?
Ich weiß nicht...

Der Kloß in meinem Hals wird immer dicker. Auch als er das Foto wieder hinter dem Kind zurücksteckt, sich freundlich verabschiedet und mich anlächelt. Es ist ein bitteres Lächeln. Ich fühle mich wegen meiner, durch Geburt im zufällig richtigen Land, erworbenen Privilegien schlecht. Für mich ist es nicht mal ein Privileg. Ein Recht ist kein Privileg, ein Recht ist ein Standard, ein Mindestmaß. Zumindest solange wie du es besitzt. Hast du es nicht, wird es zu einem Privileg.

Für dich und mich ist New York vielleicht ein Monatsgehalt und sechs Stunden Flug entfernt. Für ihn aber nicht. Für ihn ist es unerreichbar. Und als er mir das so erzählt, kann ich nur denken: Du wirst da wahrscheinlich nie hinkommen. Sagen tue ich nichts. Ich fürchte, er hat mich trotzdem gehört.

Speziell beim Reisen wird mir der Wunsch nach Freiheit und dem „einfach mal machen" sehr bewusst. „Einfach mal machen" als Ausdruck von Freiheit. Ich fahr da jetzt hin und schau mir das an. Weil mir ein Bild und eine Erzählung nicht ausreichen. Es ist ein Bild gewesen, dass uns nach Myanmar reisen lies, es ist ein Bild, das er wieder eingesteckt hat.

Ein Polizist will wissen warum wir über eine Brücke in „Pyay" gehen wollen und wohin. Der Rebell in mir faucht: „Was geht's dich an, verpiss Dich!", aber wir sind nicht in Deutschland. Du darfst nicht hingehen wo du willst. Wir dürfen die Brücke überqueren aber nicht anhalten und er will wissen, wo wir untergebracht sind. Dann knallt er die Hacken zusammen, sein Chef ist gerade vorbeigefahren.
Du darfst dich als Reisender in Myanmar nicht frei bewegen und musst dich, im Hotel angekommen, registrieren. Das ist immer noch first class im Gegensatz zu einigen myanmarischen Völkern, die eine offizielle Genehmigung brauchen, um ihr Heimatdorf verlassen zu dürfen. Als Ausländer, sollst du die Zwangsarbeiter-Camps nicht sehen, den Drogenanbau und die Gebiete, in denen die Militärdiktatur keinen „stabilisierenden Einfluss" ausüben kann, erst recht nicht. Die Prachtbauten, die sich ranghohe Militärs bauen lassen, bekommen wir nicht zu sehen. Trotzdem sehen wir den Steinbruch, dreißig Minuten östlich von Mandalay, wo hunderte mit Spitzhacken und Flechtkörben im Tagebau gegen den Fels kloppen. Mit Stacheldraht eingezäunten Baracken erinnern an Auschwitz. Die Steine werden mit bloßen Händen auf Lastwagen geladen und ebenso umgeladen. Und wir sehen Kinder, die Steine in Säcken schleppen und auf dem Kopf balancieren.

Die Armut und die gegensätzliche, bizarre Realität soll von uns ferngehalten werden, was auch meine Interpretation des Vorfalls auf der U-Bein Brücke ist. Eine alte Frau bettelt uns an, ein Mann mischt sich ein und geht die Frau grob an, dass sie das zu unterlassen hat. Was geht's ihn an, wenn er nicht dafür sorgen soll, dass hier alles schön so läuft, wie sich das Regime das vorstellt? Die Regierung gibt die Hälfte der Staatsausgaben für Militär und Geheimpolizei aus. Im Moment sind so wenig Touristen hier, uns könnte uns eine ganze Division den lieben langen Tag folgen und für Ordnung sorgen.

Touristen sollen auf dem angeblichen Schwarzmarkt Geld tauschen, überteuerte Kombi-Eintrittstickets kaufen und die scheinbare Normalität genießen. Für das gute Gewissen die vermeintlich oppositionellen „Moustache Brothers" in Mandalay anschauen und denken, damit die Regierung zu untergraben. Wenn man den Rikscha-Fahrern glaubt, sind die Bärte sind nicht das Einzige, was bei denen nicht so ist, wie es scheint. Wir haben sie nicht gesehen.

Myanmar Rail
Hspi Paw, Myanmar, Juni 2011

Die Strecke zwischen „Hsi Paw" und „Pyin U Lwin" gilt als eine der zehn Must-do-Eisenbahnreisen der Welt. Landschaftlich kann ich das nicht so nachvollziehen, es gibt einen anderen Grund, warum ich zustimme. Die Fahrt mit Myanmar Rail ist eine Reise zurück in die Zeit der Britischen Besatzung oder Kolonialzeit, das klingt schöner. Myanmar hieß noch Burma und wurde von den Briten ausgenommen. Sie stahlen alles, was das Land reich machte: Kultur, Bodenschätze, Tropenhölzer. Um das Land effektiver ausnehmen zu können, bauten sie Eisenbahnstrecken und die existieren noch heute, unverändert.

Wir betreten das Bahnhofsgebäude, in dem eine mit Kreide beschriebene Tafel die aktuellen Zugabfahrzeiten angibt, ein Schaltplan der fünf Gleise im Bahnhof, von denen aber nur eines benutzt wird. An Schreibtischen sitzen zwei Männer und füllen Papierkram aus, ein Dritter sitzt in einem Käfig und blättert in Unterlagen. Stempel und -Kissen, Kohlepapier, Lineal, akkurat ausgefüllte, karierte Hefte mit Passagierdaten und natürlich die Trillerpfeife. Eine Autobatterie versorgt das Funkgerät mit Strom und ist der einzige Beweis für das 21. Jahrhundert. Wir sind eine Stunde vor der geplanten Abfahrtszeit hier, das war Ansage. Na dann, zwei Fahrkarten, bitte.

Zwanzig Minuten später halten wir das Dokument in den Händen. Eine richtige Fahrkarte, in Schönschrift auf offiziellem Papier und all unsere Daten versammelt. Damit wir Zugfahren dürfen, muss unser Reisepass abgeschrieben werden, per Hand. Der Stationsvorsteher studiert unsere Pässe, legt sie auf seinen Schreibtisch und ruft nach einem Angestellten. Der nimmt sie sehr vorsichtig und bringt sie dem Mann im Käfig. Studium der Pässe und der Aufenthaltsgenehmigung, nicken und er beginnt das Abschreiben. „Was ist Duschländ? Ah, Germany!" Er freut sich, scheint nicht so häufig deutsche Pässe abschreiben zu dürfen. Weil die Schrift für ihn fremd ist, muss er jeden Buchstaben einzeln abmalen aber er verschreibt sich nicht, alles korrekt. Er überträgt unsere Daten auf das Zugdokument und in ein Heft, in dem Kohlepapier für den Durchschlag sorgt. Alles noch mal kontrollieren, dann stempelt er mit großem Enthusiasmus unser Zugticket und sein Heft und lässt unser Ticket und die Pässe zum Stationsvorsteher bringen. Der hat in der Zwischenzeit seinen Schreibtisch aufräumen und wischen lassen. Alle Hefte liegen im exakten Abstand zu einander und zwei Zentimeter von der Tischkante entfernt. Er prüft noch mal unsere Pässe, Aufenthaltsgenehmigung und das Zugticket, schreibt die Daten in sein Heft, Kohlepapier Durchschlag, Stempel, Hefte ordnen, Übergabe. Das Ticket wird wie eine Urkunde überreicht. Hinter dem Schreibtisch des Stationsvorstehers steht auf einer Tafel: „I will always be sure". Er informiert uns, dass der Zug heute vierzig Minuten Verspätung hat, wegen dem Regen.

Macht nichts, kennen wir aus Deutschland aber hier gibt es mehr zu entdecken als auf den sterilen Bahnhöfen der Bahn AG. Mehr Passagiere sind eingetroffen und die Anzahl von Bahnangestellten zu Reisenden ist beinahe ausgeglichen. Sie warten geduldig und schauen zu, wie der Eimer, der die Inkontinenz des Daches kaschieren soll, sich füllt und überläuft. Eine Glocke ertönt, alle stehen auf und lassen sich von dem Käfig-Mann geduldig ein Ticket ausstellen. Der Stationsvorsteher streckt sich genüsslich und übt sich im Smalltalk. Wir dürfen drinnen bei ihm sitzen.

Hinter dem Bahnhof rostet eine antike Waage vor sich hin. Alte Holzkisten mit geschmiedeten Schnappverschlüssen und Schlössern davor sehen aus wie Waffenkisten. Die Theorie wird von schwerbewaffneten Soldaten gestützt, die nun auch auf den Zug zu warten scheinen. Die Nachrichten beginnen. Auf Englisch, also nur für uns, mal wieder die einzigen Touristen weit und breit. Sie beginnen mit den sozialen, religiösen und wirtschaftlichen Grundsätzen Myanmars, dann die Hymne. Es folgen Jubelmeldungen aus Wirtschaft und Bildung. Wir lernen über eine Stofffabrik, in der eine Frau, die sehr glücklich ist, dort arbeiten zu dürfen, den Betrieb und die Produkte erklärt.

Der Zug kommt, nicht so alt wie ich gehofft habe und wie man bei sieben Stunden Fahrt für 150 Kilometer annehmen würde. Ein Ruck geht durch den Zug und das Schreien von Metall auf Metall bis ins Mark. Die Wagen schwanken bedenklich, lehnen sich von einer auf die andere Seite und hüpfen wie bei einem Pferderitt auf und ab. Die Gleise sind beinahe zugewuchert, die Schneise wird vom Zug geschlagen. Äste und Büsche Wischen durch die offenen Fenster in den Wagen, Blätter reißen ab und landen geraspelt auf mir. Sie riechen gut, die Toilette hinter uns nicht.

Wir fahren durch überschwemmte Reisfelder und vorbei an Dörfern, die sich durch Müll entlang der Gleise ankündigen. Wir sehen vom Zug aus direkt in die offenen Unterstände, in denen die Menschen leben. Wäsche liegt zum Trocknen an den Gleisen, man sitzt auf den Gleisen und unterhält sich. Hunde begleiten den Zug, warten darauf, dass Abfälle aus dem Fenster geworfen werden. Kinder laufen mit, winken, Händler springen auf den fahrenden Zug, gehen durch die Wagons und verkaufen warme und kalte Snacks. Nudeln, Maiskolben, Betelnüsse, Zigarren, Wasser, Tee und Kaffee. Nach einigen Kilometern springen sie wieder ab und warten auf den Zug in die Gegenrichtung, die einzigen beiden Züge, jeden Tag.

Im Zug wird geraucht und mit Schnaps Mut angetrunken. Göttlicher Beistand in Form eines Mönchs sitzt in der Reihe vor uns und hört iPod. Typen bieten ein paar Spritzer Schnaps an, soll Glück bringen. Wir werden es brauchen. Die Fahrt führt an ihrer spektakulärsten Stelle über ein ebenso altes, wie hohes Viadukt. 110 Jahre ist es her, dass die Briten die Brücke gebaut haben und erst in den Neunzigern, wurde sie das erste Mal renoviert. Sind wir bisher höchstens dreißig gefahren, kommen wir nun beinahe zum Stillstand. Mit Schrittgeschwindigkeit befahren wir das ächzende Viadukt. Natürlich darf man die Brücke nicht fotografieren, aus Sicherheitsgründen aber ich denke, solange ich den Blitz ausgeschaltet lasse, kann wenig schiefgehen.

Lichtspielhaus
Mandalay, Myanmar, Juni 2011

Ich wollte immer mal in ein richtiges Kino. Eines, das noch mit Theatern konkurriert und nicht mit dem Internet. Ein Kino mit Samtvorhängen, Kartenabreißern und Zauber – ein Lichtspielhaus. Ich kenne praktisch nur Multiplexe und da war das „Win Lite Cinema" in Mandalay schon ganz großes Kino. Allein die Anzahl der Mitarbeiter, die größtenteils rumstehen aber in ihren Uniformen eine gute Figur machen. Mal wieder ist das Verhältnis Gäste zu Mitarbeiter nahezu ausgeglichen. Nachdem uns drei Mitarbeiter zwei Karten verkauft haben, werden wir am Metalldetektor vorbei, in den ersten Stock geführt. Ehrbare Gentlemen, die sich Plätze auf den Balkonen leisten, haben keine Waffen dabei, die hat nur der Pöbel auf dem Parkett. Die 15cm Klinge, die ich sich seit Alaska in meiner Beintasche trage, ist somit kein Problem, genau wie der Fotoapparat, den ich beim zweiten Besuch des Kinos dabei habe, denn es gibt was zu filmen. Wir werden an den Kartenabreißer, der vor jedem der vier Zugänge zum Saal steht, übergeben und der schafft den galanten Übergang zum Platzanweiser. Der Platzanweiser in strahlend weißem Hemd, mit Weste, dunkler Hose und Lackschuhen wäre ein Foto wert, wie er uns im Stechschritt mit der Taschenlampe zu unseren Plätzen führt und auch der Saal im Charme der Siebziger, mit Samtvorhang ist ein gutes Motiv aber mein Highlight kommt noch.

Als sich der geraffte Vorhang hebt, kommt nach einigen, teilweise schiefen Werbedias, die Hymne Myanmars. Alle aufstehen und Hand aufs Herz. Wobei ich mir erst die Augen reiben und dann den Bauch vor Lachen halten muss. Die instrumentale Hymne läuft zur wehenden Miniaturflagge, die offensichtlich mit einem Fön zum Flattern gebracht wird. Der Hintergrund ist eine, aus zwei Teilen mit Tesafilm zusammengeklebte Fototapete mit blauem Himmel und Schäfchenwolken. Davor flattert die Flagge der „Republik der Union von Myanmar". Hurra und alle aufstehen. Nicht nur die Kulisse wirkt laienhaft, auch die Hymne ohne Text hat halbgaren Charakter. Das Ganze ist ja auch erst seit Oktober 2010, als Flagge, Hymne und Staatswappen geändert wurden, aktuell aber so? Ach ja, und seitdem ist es ja auch keine Militärdiktatur mehr, sondern eine Präsidialrepublik, klar. So kommt es, dass wir nach „X-Men First Class" noch zu „Fast and Furios Five" gehen, nur um die Hymne zu filmen, ganz großes Kino.

Alles Gold was glänzt?
Quer durch Myanmar, Juli 2011

Myanmar wird in meiner Erinnerung besonders hell strahlen, weil das mit dem Strahlen haben sie hier raus. Ob es nun die Mädchen sind, die uns frech anstrahlen oder die goldenen Stupas. Myanmar – das goldene Land. Wobei, war wirklich alles Gold was glänzte? Vier Wochen Myanmar sind zu Ende, die Maximaldauer unserer Visa ist ausgenutzt. Schnell ging die Zeit vorbei, sehr schnell. Aber wir wissen auch, wo die Tage geblieben sind. Wir können sie spüren, sie stecken uns noch in den Knochen. Die Schmerzen im Hintern von den unmöglichen Fahrrädern aus Bagan sind da noch die harmlosesten. Mit Bagan hat alles angefangen.

Ich sehe dieses Bild. Dschungel, Sonnentiefstand, Gegenlicht, Türme die als Schatten gegen die Sonne stehen – Bagan. Wie das schon klingt, Bagan, Myanmar, Goldenes Land. Das muss ich sehen. Myanmar stand für mich innerhalb eines Augenblicks fest und dabei hatte ich nur ein Bild gesehen.
Bagan ist ein überdimensionaler Musterhauspark für religiöse Bauten in Südostasien. In nur 230 Jahren wurden 4.400 Stupas gebaut. Das sind mehr, als es Kirchen in Europa gibt, konzentriert auf die Fläche von Manhattan. Einflüsse aus Buddhismus und Hinduismus, monumental, in der Größe des Dunkers am Hamburger DOM und daneben das Vorgarten-geeignete Modell. Reich verziert und mit Schätzen im Inneren oder schlicht und scheinbar ohne jede Inspiration. Und dann braucht es Glück und trotz Regenzeit und aussichtsloser Wetterlage findet die Sonne ein Loch in der Wolkendecke und zündet die Stupas an wie Leuchtfeuer im regendunklen Himmel.

Natürlich denkst du in solchen Momenten nicht an den gemeinen Rückweg auf diesen unmöglichen Rädern. Bergauf mit Gegenwind und Regen, der dich bestimmt wieder einholen wird. In diesen Momenten bist du dankbar für die fünf Minuten feinstes Fotolicht und dafür, dass du diese Aussicht alleine genießen kannst.
Zurück im Hostel wird dann aber alles gut, raus aus den nassen Klamotten, duschen, lecker Essen und ab ins Bett. Denkste. Die Hostels in Myanmar waren die teuersten, die wir in Südost-Asien bezahlen mussten und die schlechtesten. Einige unserer Zimmer entsprachen

dem Krimi- Klischee eines Tatortes. Vergitterte Milchglasfenster, löcherige Fliegengitter und Fetzenvorhänge. Halbverschimmelte Pappwände trennen die Betten von der dauerfeuchten Nasszelle und Neonlicht sorgt zusammen mit dem quietschend-eiernden Deckenventilator für Wohlfühlatmosphäre. Dazu riecht es, als hätte die Säuberungseinheit, die am Tatort nach der Beweissicherung sauber machen muss, ein paar Brocken Hirn und Schädeldecke übersehen. In solchen Zimmern bist du nie allein. Krabbeltiere, die zu jedem Ekel-Tatort gehören, verkriechen sich in den Ritzen des morschen Holzes und rascheln zusammen mit größeren Nagetieren durch die Zwischenwände. Die Hostelsituation hat manchmal verhindert, dass wir länger oder überhaupt geblieben sind. Unsere Ansprüche sind nicht hoch aber in Myanmar wurden wir oftmals direkt weiter getrieben. Zimmer: kaum erträglich und der Zustand der Gemeinschaftstoiletten kann nicht ernstgemeint sein.

Das Essen ist oftmals auch kein Trost und die hygienischen Zustände am Limit für europäische Mägen. In Deutschland würde ich mein Auto nicht in eine Werkstatt bringen, in der es aussieht, wie in den Küchen einiger Restaurants in denen wir gegessen haben. Aber auf Märkten isst man überall auf der Welt gut und günstig, auch in Myanmar. Wenn du deinen Ekel überwinden kannst. Die Nudeln, sehen richtig gut aus, frisch und knusprig, zusammen mit Gemüse, macht man nichts falsch mit. Die Marktfrau nimmt die Nudeln mit bloßen Händen aus den Töpfen, Falten des Zweifels auf Susans Stirn. Verschiedene Saucen, Kräuter auf den Teller und leichte Entspannung bei Susan. Doch dann gibt sie den Teller an die Tochter weiter, die nun mit ihren Händen alles durchmischt, zwischen den Fingern durchdrückt und noch mal sicher geht, wirklich alles gut vermengt zu haben. Dann fingert sie sich wieder in den Ohren rum. Im Eistee schwimmen mehr Ameisen als Eiswürfel und es tut dem Verkäufer leid, aber die Ameisen sind im Zucker, da kann er nichts machen.

Wenn wir dann ein Restaurant gefunden haben, hat unser Exoten-Status manchmal dafür gesorgt, dass es nicht so entspannt war, wie wir uns das vorgestellt haben. Wir werden angestarrt. Fünf Kellner stehen im drei-Meter Radius um unseren Tisch und warten darauf, dass wir die Kaffeetasse leeren, das letzte Toast nehmen oder sie den vierten Salzstreuer bringen können, weil die ersten drei verklumpt sind. Bei Blickkontakt springt sofort einer an den Tisch und fragt mit einem Lächeln: „You alright? What can I do for you?" Nee, nichts, ich musste nur irgendwo hingucken. Ich starre wieder auf meinen Teller, nur nicht zu lange, sonst kommt er und fragt, ob mit dem Teller was nicht in Ordnung ist. Oh, die letzte Mango genommen und schon ist einer da. „You want more Mango?" Aber sicher, denn die kann was.

Genau wie der Sonnenuntergang an der U-Bein Brücke, der längsten Teakbrücke der Welt. Wir rudern auf den See raus und betreiben people-watching, was nur die nette Umschreibung von Angaffen ist, was wir eigentlich tun. Die Myanmaren sind aber auch fotogen und vielfältig, ich kann gar nicht genug bekommen, von Menschen, die einfach tun, was sie tun. Die Brücke überqueren, auf dem Weg nach Hause, zum Bus oder was auch immer.

Und im Bus treffen wir sie dann wieder. Diese wunderbaren Menschen, die uns mit ihren, von Betelnüssen rotgefärbten Zähnen, anstrahlen und einfach mal hören wollen, wie es geht, wer und woher wir sind. Die Benutzung der lokalen Busse und Sammeltaxis bringt uns die Anerkennung der Einheimischen ein und mit ihrer Hilfe, zu einem Zehntel des Preises, zum Ziel. Da es keine ausgeschriebenen Preise gibt, verdienen sich die Sammeltaxifahrer gern mal was mit Touristen wie uns dazu, aber nicht mit der lokalen Frauenwelt, die sicher geht, dass wir den korrekten Tarif bezahlen. Eigentlich sitzen Männer auf dem Dach aber bei uns ist es okay, dass ich unten sitze, da haben die Mädels auch mehr zu tuscheln.

Auf einer dieser Fahrten auf der Ladefläche eines Pick-ups schaffen wir einen neuen Reiserekord. Die Fahrt mit 31 Personen auf einem ebenso alten Toyota Hilux Pick-up ist auch für uns Rekord. Bergab wird der Motor abgestellt um Benzin zu sparen und unten am Pass, die kochenden Bremsen mit Wasser gekühlt. Ich weiß genug über Autos, um zu wissen, dass das genau das Falsche ist. Aber eine Novizin ist ebenfalls an Bord, was soll da schon schiefgehen? Die Pause dauert mal wieder ewig und wir fragen uns, warum wir vorher so gerast sind, wenn wir jetzt scheinbar wieder alle Zeit der Welt haben. Wir werden unseren Anschluss eh verpassen.

Was auf Landkarten in wenigen Zentimetern und im Busfahrplan in einigen Stunden ausgedrückt wird, entpuppt sich oftmals als sehr viel länger. Zwei Verbindungen aufeinander abstimmen, mit dem Zug ankommen, in den Bus umsteigen mit nur drei Stunden Puffer? Geh davon aus, dass es nicht klappen wird. Das einzig zuverlässige in

Myanmar ist die Unzuverlässigkeit. Aber das ist nicht schlimm, denn es gibt irre viel zu entdecken.

Wir sitzen an der „Chapatti-Corner" in Mandalay, wo die Currys unter einer Zentimeter-dicken Ölschicht vor Ungeziefer und Dreck geschützt werden, während sie den ganzen Abend in offenen Töpfen auf der Straße vor sich hin köcheln. Am frühen Abend werden Stühle und Tische zusammengeschoben, Holzfeuer-Herde braten Chappatis im Akkord und der Rest kommt aus Töpfen, die ebenfalls über offenem Feuer stehen. Es herrscht Betrieb wie zur Mittagszeit in einer Großkantine. Satt und zufrieden lassen wir Mandalay auf uns wirken, anders ist die Stadt auch nicht zu ertragen.
Mandalay... Mandalay, das kenn ich vom Hamburger Pferdemarkt als Disco und hätte geschworen, dass es in Indien liegt. Nun liegt es genau vor mir und Indien stelle ich mir nicht so viel anders vor. Wie kann eine Stadt, die so schön klingt, nur so hässlich sein? 60er-Jahre Lastwagen und Busse donnern vorbei, pusten uns ihre Abgase ungefiltert ins Gesicht und machen das Atmen schwer. In Deutschland gab es mal eine Feinstaubdiskussion? Dass ich nicht lache aber dann muss ich husten. Mopeds hupen sich ihren Weg, Lotteriewagen haben ihre Boxen aufgedreht, die Bürgersteige sind mit Mopeds, Dieselgeneratoren und Ständen vollgestellt. Betelnüsse, Thanakha-Creme, einzelne Zigaretten, Obst, alles direkt von der Straße, aus der ungewaschenen Hand. Holzfeuer lassen Töpfe überkochen und überdecken den Gestank von Abfall und offenen Abwasserkanälen. Überall Müll, wird fallengelassen, wo man gerade steht. Die Schilder, die für eine Plastiktüten-freie Zukunft werben wirken noch utopischer, als die Samsung Banner, für LED-Fernseher. Der Regen wird die Straßen überschwemmen, den Müll irgendwo hin schwemmen und dann passiert irgendwas damit.

Irgendwas ist auch mit uns passiert, so beeindruckt von einem Land und seinen Menschen waren wir selten oder nie? Das manchmal schlechte Essen, die unmöglichen Zimmer – alles egal. Du kannst Bilder der Bauten und Menschen sehen und staunen aber viele Länder beeindrucken auf Bildern. Dieses Land lässt sich nicht in Worten und Bildern erklären, vielleicht auch der Grund, warum es so schwierig war, in diesem Land Postkarten zu bekommen.
Du kannst über Myanmar und seine Geschichte lesen, dass Yangon einst eine florierende Metropole war mit mehr Einwanderern als New

York, Warenhäusern nach englischem Vorbild, Theatern und überbordendem Leben und dich fragen, wo all das hin ist. Die Erklärung, dass jahrelange Misswirtschaft und politische Isolation dafür verantwortlich sind, ist schier unglaublich. In nur hundert Jahren sind sämtliche Beweise dieser Vergangenheit getilgt worden. Von den Dinosauriern gibt es mehr Spuren. Myanmars Geschichte ist so tief unter Dreck und maroden Fassaden verborgen, selbst wenn du weißt, wie es mal gewesen sein muss, du kannst es nicht glauben.

Der Absturz dieses Landes ist beinahe beispiellos und die Regierung setzt alles daran, auch die letzten Zeugnisse der Vergangenheit vergessen zu machen. Die Zeitungen setzten furchtbar plump und offensichtlich auf die Verdummung ihrer Leser, das Fernsehen sendet heitere Banalitäten, schleimige Soaps und die immer gleichen Auftritte einer Komiker-Bande. Das Internet, wenn es denn funktioniert, wird überwacht und zensiert, der Zugriff auf etliche Seiten ist nur über Umwege möglich.

Myanmar kennt nur Gegensätze aber sie ziehen sich nicht an. Armut und konzentrierter Reichtum. Wofür Geld ausgegeben wird und was das Land benötigen würde. Die Menschen und die Regierung. Myanmar ist sicher nicht das goldene Land, dafür sind die politische Situation und die Umstände unter denen die Menschen leben, zu beschissen. Aber Myanmar ist das Land der goldenen Menschen.

Buddha bei die Fische
Koh Tao, Thailand, Juli 2011

Thailand, in vielerlei Hinsicht, erinnert mich an den Hamburger DOM. Für alle Nicht-Hamburger, der Hamburger DOM hat nichts mit Kirche zu tun, sondern ist ein Rummel, ein Jahrmarkt. Billige Klamotten, Chart-Musik, Stroboskop-Blitze, donnernder Bass. Stimmen mit Echo versprechen Gewinne, Gewinne, Gewinne und jetzt einsteigen, jetzt mitfahren, wer will noch mal wer hat noch nicht. Liebesbeweis am Schießstand, Glücklosigkeit an der Los-Bude, Kuss im Riesenrad, Proletengehabe am Autoscooter, Männlichkeits-Beweis mit dem Vorschlaghammer. Zwielichtige Gestalten drücken sich herum und Freaks zelebrieren das Begafft-werden. Zu junge Mädels tragen zu knappe Klamotten und die Kerle Bomberjacken, Oberlippenbärte und Goldkettchen. Zu viel Testosteron in der Hose und die Frage: „Ey, willst du Stress oder was?", in der Luft.

Der DOM jedenfalls und Thailand auch waren mal verrucht, ein bisschen gefährlich, ein Abenteuer. Ein Platz, wo Aussteiger auf Gleichgesinnte trafen, Hippies zum Kiffen am Strand und junge Männer zum Mitfahren waren gesucht. Heute sind Thailand und der DOM ein Business und ich scheine der Einzige zu sein, der etwas sentimental einem Paradies nachtrauert, für das er aber einfach mal zwanzig Jahre zu spät gekommen ist. Die meisten Touristen scheinen auf Koh Tao zu bekommen, was sie erwarten. Jeden Abend Party, Saufen bis zum Umfallen und einmal im Monat den Höhepunkt, die Full Moon Party, nebenan auf Koh Pangan.

Das Publikum auf Koh Tao ist schon speziell, genau wie auf dem DOM und wir mittlerweile ein bisschen zu alt. Wir sind es, die hier nicht so recht hinpassen. Unser Inselleben ist das Gegenteil von Party und schon mal gar nicht Full Moon. Tiefenrausch um sieben Uhr morgens statt Vollrausch bis zur gleichen Uhrzeit. Wir leben den komplett gegenteiligen Rhythmus der Feierwütigen. Wir wollen maximale Entspannung, Ruhe und genießen süßes Nichtstun, gehen ins Bett wenn die anderen sich zum Feiern fertig machen und springen ins Meer, wenn sie ins Bett fallen. Unser Schulabschluss liegt schon ein paar Jahre zurück und wir sind auch nicht das erste Mal ohne Eltern im Urlaub. Wir wissen um die schützende Wirkung von Sonnencreme am Strand und Helmen auf Motorrädern. Aber es ist scheinbar schick,

Mitglied im „Club der Bekloppten" zu sein und in Badeklamotten, ohne Helm und eben so viel Erfahrung über die Dirt roads zu ballern, um dann im Krankenhaus Schlange zu stehen. Zu erkennen ist der „Club" an den Verbänden, die vor allem um Beine, Schultern aber teilweise auch im Gesicht getragen werden. Sieht scheiße aus und wir verzichten auf Mitgliedschaft. Wobei die Bandagen mir fast lieber sind als die Klamotten, die sie sonst tragen. Das soll die aktuelle Sommermode sein? Und die Sonnenbrillen? Ist das euer Ernst und habt ihr mal in den Spiegel geschaut? Ich bin sicherlich nicht aufgerufen, über Klamotten anderer die Nase zu rümpfen aber Jungs in knappen neon-pinken Badeshorts mit gras-grünen Sonnenbrillen und schräg aufgesetzten Basecaps... Ich fühle mich alt, wie ich im Schatten und durch Sonnencreme geschützt, in der Hängematte schaukele, während die Kiddies in der prallen Sonne langsam Verbrennungen ersten Grades erreichen. Macht aber nichts, wird ein super Kontrast zu den Bandagen und dem neuem Tribal-Tattoo.

Gott bin ich alt. Die Helden meiner Jugend, Cobain, Corgan und Grohl werden auf der „Old School Party" gespielt und ich werde das Gefühl nicht los, das ist nur die nette Umschreibung für scheintot. Immerhin versucht man uns noch Flyer in die Hand zu drücken, was mir beweist, dass wir noch nicht völlig abgeschrieben sind aber tatsächlich liegen wir schon im Bett, wenn die Partys beginnen. Ein entspanntes Lager und eine myanmarische Zigarre zum Sonnenuntergang und wenn der Bass über den Strand wabert, schlafen wir ein.

Der frühmorgendliche Tauchgang ist der einzige Termin, den wir uns auferlegen und der ist das Aus-dem-Bett-Gequäle allemal wert. Die Tauchbedingungen sind bestmöglich, mit warmem Wasser, guter Sichtweite und viel, viel Fisch. Unsere spanische Tauchcrew lässt uns aus gegen einige Spanisch-Sprech-Versuche eine Sonderbehandlung zukommen. Tauchspots, die sonst nicht angetaucht werden, das ein oder andere Unterwassergeheimnis und Tauchzeiten so lange die Luft hält.
An Deck frühstücken wir Ananas und zurück an Land jeden Tag ein anderes Curry. Eine der schwierigsten Aufgaben ist es, aus den Speisekarten eine Thai-Spezialität nach der anderen auszuwählen. Ach, das Inselleben ist fein und Koh Tao bestimmt nicht hässlich. Aber – und ich fürchte es gibt dieses aber – nach so langer Zeit des Reisens

haben Strand und Meer etwas an Reiz verloren und das ist nicht das Einzige.

Der Promoter vor der Disko kann es schier nicht fassen, dass wir die kostenlosen Vodka-shots stehen lassen. „Guys, you're walking away from free shots…!?" Tja nun, dünne Mix-Getränke haben ihren Reiz verloren, genau wie Saufen aus Eimern oder „All you can eat Buffets". Wir haben das alles schon mal gehabt und nach ein paarmal ist irgendwie gut.

Das Beste am DOM und Thailand ist und bleibt das Essen. Ich kann an Schmalzgebäck und gerösteten Mandeln nicht vorbei. Wobei gerade könnte ich, denn Curry, also das thailändische Pendant zu Zuckerwatte und Liebesapfel, in grün, rot, scharf, mild oder exotisch ist, zusammen mit Tauchen, das Beste was Thailand für uns zu bieten hat und so bekommen am Ende auch wir genau das, was wir wollen.

Dieses Gefühl von...
Koh Tao, Thailand, Juli 2011

„Ach übrigens, wir sehen uns in weniger als 100 Tagen, stay funky."
Weniger als 100 Tage. Knapp drei Jahresurlaube. Urlaub. Arbeit. Deutschland.

Wenn wir in ein neues Land gefahren sind, kreisten die Gedanken oft schon vorher um das neue Ziel. Orte, die wir besuchen wollen, wie kommen wir dorthin, was kostet es und was wollen wir da eigentlich? Ganz normale Gedanken und so waren die letzten Tage in einem Land schon von der Vorfreude auf das Nächste geprägt. Ein letztes Mal das Essen, die Sprache und das Geld. Vertraut und dann ab über die Grenze und alles neu, fantastisch.

Mit der Mail von meinem Bruder wird mir etwas sehr bewusst. Deutschland ist nah und nicht bloß neun Stunden Flug entfernt. Vielleicht brauchte es die Mail um mir zu zeigen, wie nah. Die Gedanken sind schon oftmals dort, bei unseren Familien, Freunden. Vorstellungen vom Wiedereintritt in die Atmosphäre eines geregelten Lebens mit Arbeit. Aufstehen mit dem Wecker, Abfahrt nach Fahrplan, leben mit Uhrzeit und Kalender. Termine, Verpflichtungen, Verspätungen, Urlaubsanträge und Feierabend.

All das löst ein Gefühl aus, dieses Gefühl von... Heimweh? Würde ich nicht sagen. Vorfreude. Deutschland wird eines dieser Länder sein, in das wir reisen und über das wir, schon oder besser gesagt noch, einiges wissen. Es wird spannend werden, diese Erinnerungen mit der Realität abzugleichen, weil was wissen wir schon?
In Neuseeland habe ich in einer Bücherei über dieses interessante Land gelesen. Ein Land, das uns mal vertraut war, in dem sich aber Einiges getan hat. Ein Polit-Star wurde gemacht und Verteidigungsminister, schrieb seine Doktorarbeit ab und trat zurück. Das Land wurde Dritter bei der Fußball-WM, gewann mit Lena den Eurovision Songcontest, zitterte durch einen Jahrhundert-Winter, verlor den Status des Exportweltmeisters, ließ St. Pauli eine Saison in der ersten Liga spielen. Dann traten sein Bundespräsident und Hamburgs Bürgermeister beleidigt zurück, protestierten in Stuttgart hunderttausende gegen einen Bahnhof, stieß Thilo Sarazzin mit ausländerfeindlichen Thesen eine Integrationsdebatte an, verlor

Hamburg seine bedeutendste Ehrenbürgerin Loki und jetzt plant dieses Land den Ausstieg aus der Atomenergie.

Ein komisches Land ist das auf das wir uns freuen. Auf „Deutsche Welle TV" haben wir eine Sendung über die Fahrradstaffel der Hamburger Polizei gesehen. Ein Polizist – natürlich mit Bart – klärte über die Gefahren im Straßenverkehr auf, während er Fahrradfahrer anhielt um sie zu belehren und -strafen. Warum die Kontrolle an der Kreuzung auf meinem ehemaligen Arbeitsweg stattfindet, beantwortet er im perfekten Beamtendeutsch, dass es an dieser Stelle vermehrt zu „Beinahe-Unfällen" käme. Susan und ich können uns vor Lachen nicht mehr halten. Ganz Südost-Asien ist ein einziger Beinahe-Unfall und in Südamerika hat einfach noch niemand den Knall gehört.

Der Polizist hält jetzt eine Frau mit Helm an, weil sie einhändig, mit einem Strauß Blumen in der Hand, auf dem Radweg gefahren ist. Sie kommt mit einer Verwarnung davon und ich muss mal kurz raus, das hält ja keiner aus. Unter unserem Balkon fährt eine vierköpfige Familie ohne Helm auf einem Motorroller vorbei. Vater fährt einhändig und raucht. Mutter hat die Einkäufe in der einen und die andere Hand um den jüngsten Spross geschlungen. Die Tochter ist vielleicht sechs und hält sich alleine fest. Sie winkt mir und ich winke zurück. Tschüss regelloses Leben, tschüss „Ich-mach-das-jetzt-einfach", tschüss „Soll-sich-erst-mal-jemand-beschweren", tschüss „Das-klappt-schon-irgendwie". Bye-bye.

Deutschland ist geregelt, vorhersehbar, berechenbar, verlässlich und das stelle ich mir auch mal wieder ganz gut vor. Manchmal musst du eine Weile weg, um Altes neu zu erleben. Deutschland jedenfalls erscheint mir ungeheuer lebenswert, auch und gerade wegen der Dinge, die ich nie gedacht hätte zu vermissen. Ich mag dich rechter Winkel, Fahrplan, DIN A4, Mülltrennung, Zebrastreifen, STVO, ÖPNV, und sogar dich, TÜV. MFG, TIM.

Traumweh
Singapur, August 2011

Traumweh - der Traum und der Schmerz.
Kennst du das? Du wachst aus einem Traum auf und hast nur noch Gedankenfetzten im Kopf, von dem, was gerade noch da war aber nun ungreifbar und unecht in den aufkommenden Gedanken des Tages zu versinken droht.

Wann bist du das letzte Mal aus einem Traum aufgewacht, konntest dich nicht mehr genau erinnern, was du geträumt hast und hattest nur noch das unbestimmte Gefühl von Glück in dir. Vielleicht versuchst du, dich an deinen Traum zu klammern, ihn zurück zu bekommen, versuchst etwas aufzuschreiben, weil du diese Momente schon zu oft verloren hast und dir das nackte Wissen, etwas Schönes erlebt zu haben, nichts zählt, wenn davon, außer in deinem Kopf, nichts bleibt. Das Gefühl, das auf dem Weg ins Badezimmer zu einer diffusen Idee wird, die du während des Zähneputzens schon in Frage stellst, weil du dich einfach nicht erinnern kannst, was dich so glücklich in den Tag starten ließ. So verwirrend und unzusammenhängend wie Träume schreibe ich meine letzten Gedanken zu unserem großen Traum auf. Unser Traum, der zu Ende geht und dessen Gefühl ich versuche, mit aller Macht zu konservieren.

Ich liege im Bett und mein Kopf dröhnt. Dröhnt vor Momenten, Erinnerungsschnipsel laufen wie Filme vor meinen Augen ab. Feuermachen in Alaskas Tundra, über der die Sonne nicht untergehen mag, Susan, wie sie sich die letzen Schritte am Taapaka quält und mir von dem Schmetterling erzählt, der sie begleitet. Der Teufelsrochen auf den Galapagos Inseln, der als Schatten durch das hereinflutende Licht über uns gleitet. Sonnenuntergang auf der Osterinsel. Late-night-kitchen-talk mit Jan. Das Wandbild in Valparaiso, das ich noch fotografieren wollte, das dann aber schon wieder übermalt war. Hunderte flüchtige Momente, deren einziger Zeuge wir wurden und von denen nie jemand erfahren wird, weil sie nur zwischen uns bestehen. Ich kann mich an wenige Tage so erinnern, wie an jeden Einzelnen der letzten 803.

Ich denke an die Menschen, die wir getroffen haben, die uns ein Stück begleitet haben und das in Gedanken immer noch tun. Fremde, die

Freunde und Familie wurden. Und jetzt, jetzt heißt es Abschied nehmen. Ein Abschied von einer Zeit, die nun zur Erinnerung wird. Ein Abschied von einem wir, das uns immer wieder überrascht hat und wenn ich auf einige Situationen zurückblicke, wundere ich mich heute, wie wir manches geschafft haben und was es war, dass uns nie zweifeln lies.

Ich erinnere mich an die Momente, in denen ich dachte, von hier an könnte es nicht schöner werden aber da kam noch so viel. Es sind diese Momente, an die ich mich gierig klammere, Momente so unerwartet und unwahrscheinlich, dass Kneifen nicht ausreicht, um sich der Realität bewusst zu werden. Die Gegenwart weniger Momente lässt sich in ihrem Geschehen erfassen und sie werden erst durch den Weichzeichner der Erinnerung zu dem, was sie dann scheinen, gewesen zu sein. Wir wussten um diese Momente und sind uns ihrer Einmaligkeit bewusst. Traumweh ist einmalig und einmalig ist schmerzvoll.

Du sollst gehen, wenn es am schönsten ist und ich denke, das ist jetzt.
Jetzt, wo ich mit dröhnendem Schädel auf diesem Bett liege.
Jetzt, wo ich mir nicht vorstellen kann, wie es sein wird, das nicht mehr zu haben.
Jetzt, wo mir Tränen in die Augen steigen.
Jetzt, wo der Schmerz am größten ist, wird mir bewusst: das ist der schönste Moment.
Der Schmerz, der schon in unserem Wort, Traumweh, steckt, muss so groß sein, sonst wäre es nicht gewesen was es war.

Traumweh: Am Anfang steht der Traum, der Schmerz kommt später aber er kommt. Immanent, Teil des Ganzen. So schön es war, der Schmerz, der mit der Schönheit einhergeht, der Schmerz, das jetzt nicht mehr haben zu können, er würde kommen und nun ist er da. Wir konnten an ihm vorbei schauen aber je schöner unsere Zeit war, umso größer würde der Schmerz werden. Traumweh war ein Luftschloss auf Sand gebaut, eine Leihgabe und wir wussten, dass wir nicht ewig so weitermachen könnten. Traumweh würde irgendwann zu Ende gehen. Wir wussten, dass es ein Leben gibt, das nicht bloß aus Eiscreme mit Schokostreuseln und einer extra Portion Sahne besteht. Unsere Reise war wie ein Kredit aufs Leben, den wir voll ausgekostet und überzogen haben, dessen Hypothek wir nun aber schmerzhaft zurückzahlen müssen.

Vor die Wahl gestellt, es anders zu machen... mal ganz ehrlich, würden wir? Sicher nicht und was ist schon dieses Gefühl, dass sich in den letzten Tagen breit macht, gegen die Zeit die wir hatten? Der Schmerz wird vergehen, wir werden ihn vergessen, er wird überschrieben mit neuen Eindrücken. Das Wichtige, der Traum, aber bleibt und wird uns begleiten. Denn wir haben das gemacht und nicht nur geträumt.

Mein Vater hat mir zum Anfang der Reise einen ziemlich klugen Spruch mit auf den Weg gegeben und mittlerweile glaube ich, recht gut zu verstehen, was dahinter steckt. Ich finde die meisten Sprüche, das Reisen betreffend, furchtbar und unpassend, dieser aber hat mich begleitet: „So much of who we are is where we've been" - William Langewiesche. Wenn ich heute an mir herunterschaue, möchte ich auf diesen Spruch gemünzt sagen, dass ich mir nach wie vor offenhalte, wer ich bin aber, dass ich sehr genau weiß, wo ich gewesen bin und vielleicht am wichtigsten, wo ich herkomme.

Und nun kehren wir zurück. Zurück dorthin, wo wir hergekommen sind und in das Leben, das uns eigentlich gehört. Dieses, das wir vor 27 Monaten zurückgelassen haben, ausgesetzt wie einen Köter am Straßenrand. Angebunden für die unbestimmte Dauer einer Reise, mit dem Versprechen irgendwann zurückzukehren und ihn dann wieder aufzunehmen. Da wo wir den Köter angebunden haben – oder war es vielleicht da, wo er uns losgelassen hat? – da jedenfalls, das ist dort, wo an guten Tagen Heimat draufsteht und an den Schlechten einfach nur Hamburg.

Wenn ich versuche, mir unsere Rückkehr vorzustellen, kommt es mir nicht so vor, als würde unsere Reise in Deutschland enden. Wenn wir in ein neues Land geflogen sind, haben wir uns oftmals für die ersten Tage ein Hostel reserviert und uns am Flughafen abholen lassen. Auch für unsere ersten Tage in Deutschland haben wir es so geplant. Ich werde bald 31 und ziehe wieder bei meinen Eltern ein. Hätte auch nicht gedacht, das mal zu schreiben.

Die ersten Tage werden wir langsam angehen. Uns an Land und Leute gewöhnen, Wiedersehen feiern und dann, wenn wir uns an Klima und Essen gewöhnt haben werden wir loslegen. Nur die Abenteuer werden andere sein. Sie heißen Bewerbungsgespräch, Wohnungssuche und Behördengänge statt Bergsteigen, Höhlentauchen und Busfahren. Und ich kann dir sagen, ich bin schon sehr gespannt was dabei rauskommt. Wer hätte gedacht, dass nach all den verrückten und exotischen Plätzen, die wir besucht haben, der Neustart in Deutschland unser größtes Abenteuer sein würde?

Wir kehren nach Hamburg zurück und machen weiter. Machen weiter, wo wir vor über zwei Jahren aufgehört haben, nur anders. Mutiger, besser, neuer. Wir haben aus unserer Zeit eine Menge Ideen mitgebracht und seid versichert, einige spannende sind dabei und die wollen wir Realität werden lassen. Für diesen Teil unserer Reise gibt es keine Landkarte oder Reiseführer, von hier an, mehr denn je: unter eigener Regie. Die Richtungen, in die uns das führen wird, sind völlig offen und lassen wir uns gehen oder lassen wir uns treiben, wir werden sehen, welcher Weg von den beiden.

Wir werden unser Ziel finden und genau wie am Anfang unserer Reise, sind wir nicht auf der Suche aber zuversichtlich zu finden, was wir brauchen. Wir haben nicht viel aber wir sind das, was die meisten Menschen ihr Leben lang gerne wären: zufrieden.

Wir haben uns und wir sind glücklich. Wir brauchen nicht mehr oder irgendwo hin, zumal das Leben großer Fan von uns zu sein scheint und das beruht auf Gegenseitigkeit.

Ich frage mich dieser Tage, ob wir das Vermissen vermissen werden. Vermissen ist in über zwei Jahren zum Normalzustand geworden. Freunde, Brot, Auto, Klamotten, Familie, Käse, geregelter Tagesablauf, Bett, Raum und Zeit für sich allein. Und dann wird mir klar, dass wir einfach andere Dinge vermissen werden. Ich werde San Francisco vermissen. Alaska. Chile. Ecuador. Bolivien. Tasmanien. Kambodscha. Myanmar. Ich schätze aus jedem Land werden wir irgendwas und oftmals irgendjemanden vermissen. Aus Vermissen wird Sehnsucht und aus Sehnsucht Schmerz. Ein Schmerz, der zu Fernweh wird, ein Schmerz, der sich irgendwann nicht einfach weglachen oder ignorieren lässt. Wir haben nichts vermisst als wir vor über zwei Jahren aufgebrochen sind. Während unserer Reise haben wir viel gewonnen und werden viele und vieles davon vermissen. Und vielleicht war das der Sinn unserer Reise.

Traumweh ist eine Idee, ein Antrieb. Vielleicht haben wir mit den Menschen, die wir überall auf der Welt kennen und lieben gelernt haben, ein Perpetuum Mobile geschaffen. Ein Antrieb, der sich selbst antreibt und Motor immer neuer Ideen und Reisen ist.

Traumweh steht da wo es angefangen hat, dort wo der Traum und dort wo der Schmerz ist.
Traumweh also und wie das so ist am Ende von Träumen, stehen wir mit leeren Händen aber dem Kopf voller Ideen da.

Danke
Weltweit, Mai 2009 bis August 2011

Günther: für ALLES, du hast einen Wahnsinns-Job gemacht und bist der Beste von allen; Moni und Bernd: Aufzählen lässt sich das nicht aber ihr wisst es und wir auch; Gabi und Norbert: fürs Loslassen; Marie: Du weißt wofür und das Einlagern unsere Sachen; Nina und Marc: für die tolle Zeit in Roatan, das Mitfiebern; Jan, Rex, Allie, Brandon, Rita, Rita und Chica-dog: für so viel und, dass ihr unsere Familie in San Francisco seid; Janina und Gerrit: für den Roatrip durch Kalifornien und, dass ihr die Freunde seid, die man sich nur wünschen kann; Gina und Jerry aus Haines, Alaska: Wenn wir euch nicht getroffen hätten...; Katja und Jan: für beste Gesellschaft auf dem verregnetem Great Walk in Neuseeland, auf dem Abel Tasman und für drei Wochen in Tasmanien. Ach und etliche Gigabytes in Musik und Film; Jared: für das kürzeste Bar-Hopping in der Geschichte aber wunderbare Erinnerungen; Andrea und Leighton: für die Geburtstagsfeier und Carsharing nach Downtown; Michelle und Lance: für die Motorboottour durch die Bay und King Crab satt; Lynne und Brian: für die Halloweenparty und die MTB-Tour den Mount Tamalpais hoch; Der ganzen Benton-Street-Connection; Garrett aus Chicken/Fairbanks: für das Teilen der gleichen Idee und den besten Brownie in AK; Ron & Dee aus dem Denali Nationalpark: für die beste Fahrt aller Zeiten, der Musik und der Einladung in die coolste Bar in Alaska, „Skinny Dick's half way inn"; Der Arizona White-Pick up-Connection: für die Flasche Rotwein am Northrim vom Grand Canyon; Rob und Sterre aus den Niederlanden: dass ihr unser Zelt im Death Vallye gerettet habt; Andrea: für die Assistenz beim Kaufen von Bus Tickets in Buenos Aires und die schönen Tage; Tom, Brigadegeneral Koma: für die Ermutigung, höher zu gehen als jemals zuvor und bestimmt sehen wir uns mal in den Alpen oder unter Wasser wieder; Der Villa Venus und Anke & Thomas: für die schönen Tage und Abende auf Peninsula Valdes, macht weiterhin Südamerika etwas sicherer und wir freuen uns auf ein Wiedersehen, wo auch immer; Dodgy Drive: für die Feuer-Performance und die netten Abende;   Anton: für Sandwiches mit Banane und die beste Oliver Kahn-Performance ever; Peter: fürs die Fahrt durch Argentiniens Norden Jesse: für die Zeit auf der Osterinsel; Ben aus Frankreich: fürs Mitkommen auf den Taapaka; George & Marisol in Putre, Chile: für verwirrende Informationen und das mit Abstand beste Frühstück in Chile

Pablo aus Valparaiso: für Disco und lockere Abende, auch während des Bebens; Christian und Valposub: fürs Aufzeigen einer neuen Dimension; Susanne & Nico: Für die Bekanntschaft auf der Osterinsel; Antje: aus der Weißwareabteilung im Mediamarkt direkt nach Argentinien, Respekt; Christina: für die Begleitung; "In His Shadow" Binky und Tony, Marylou, Bill, Little Joseph und Steve: fürs Essen und die Gebete; Butch & Debbie: für die Ausrüstung auf der Stampede Road, die Tipps, die Dusche und das wir noch bleiben durften, als ihr schon weg musstet; Janelle: für die besten Tacos in San Francisco und das verrotzte Treffen in Pismo Beach; Doreen: für den Chile Lonely Planet; Den Jungs, die uns ohne Auspuff von der Chevron Tanke zurück zur Kirche „In His Shadow" in Alaska gefahren haben; Dem illegal in Alaska lebenden und arbeiten Mexikaner, der uns den halben HWY 1 in seinem Chevy Laser gefahren hat; Den beiden Klassik hörenden und sehr stillen Israelis für die Fahrt Richtung Tok Alaska; Den beiden Hausbauern vom Stampede Trail für Wasser und das die Hunde uns nicht gefressen haben; Der Familie mit der zweijährigen Tochter vom Stampede Trail, die uns das letzte Stück mitgenommen hat und das eigentlich und um diese Uhrzeit schon mal gar nicht macht; Dem Opa für Softdrinks und die Mitnahme bis zu dem Fluss wo er spontan beschloss lieber zu angeln, als weiterzufahren; Dem Texas-Opa, wir haben zwar kein Wort verstanden aber war trotzdem nett mit dir alter Haudegen; Jen: für die Fahrt zur Husky Farm und die Münchener Freiheit; Der Huskytrainerin Susan: Für die letzten Kilometer; Den Bauarbeitern vor Tok: für Obst, Getränke, Süßigkeiten und Kartoffeln Louisina-hot-style; Dem Straßenbauingenieur aus Anchorage: für die selbstgemachten Elch-Trockenfleisch-Sticks in Terriayki Sauce; Flying Nurse Todd : für den frischesten Lachs der Welt, Bananen und Kaffee; Surfer Ben in San Francisco: für eine spontane Stadtführung und Taxifahrt; Siggi und Inge dafür, dass ihr einfach so zwei Anhalter über die Kanadische Grenze genommen habt und dem Gegenbeweis, dass Wohnmobile doch für Anhalter anhalten; Dem kanadische Feuerwehrmann Mathew, der uns über 600km nach Whitehorse gefahren hat und seiner rothaarigen Freundin für Kaffee; Dem Metallica-Fan in Whitehorse; Der Mutter mit der Tochter: fürs Mitnehmen aber für den Schwarzbären hättet ihr noch kurz anhalten können. Nächstes Mal, ja?; Das Paar, das erst an uns vorbei gefahren ist und uns dann doch mitgenommen hat; Dem jungen Kanadier und dass endlich mal ein Subaru für uns gehalten hat und danke für die Kirschen; Renee und Josh: viel Erfolg beim Tanzen in Japan; Romina und Steffi: für Begleitung über den Chillkoot Pass; Dem Sherif aus Tillamok/Oregon: der uns den Strafzettel für das Überfahren eines Stoppschildes erlassen hat, danke für 300 Dollar; Josh: für Tipps nicht von diesem Planeten, einen der besten Übernachtungsplätze und Keep on searching for that rainbow; Tonsina Lodge Alaska: für literweise Kaffee, Übernachten auf der Blumenwiese und Wifi; Andi und Michi: für Western Union Hilfe in letzter Minute Dem älteren Ehepaar aus Anchorage: für das Coupon Heft im Wert von 5.000$; Radel-Holger: für Kocher-Benzin; Pat auf der Inside Passage Fähre für die Einladung nach Texas, die Gespräche an Bord und das ist keine Cola da in deinem Glas; Dem Kanadischen Paar, das uns zum Portwein in ihren Camper eingeladen hat; Den Kanadiern für Campen und Nektarinen in der Nähe von Radium Hot Springs / Canada; Dem Südafrikaner Francoise: für die Geschichte seiner Schwester „Crying with Cockroaches"; Toni und Till aus Berlin: für eine tolle Zeit am Ende der Welt; Hostal Nuevamente in Valparaiso Gustavo und Pilar: für ruhiges Blut in wilden Zeiten; Dem freundliche Navimag-Mitarbeiter in Puerto Natales: der uns nicht nur einen satten Rabatt sondern auch eine zwei Klassen up-ge-gradete Einzelkabine gab; Theresa & Philipp Roatan/Honduras: für den besten Job der Welt; Der Reifenwerkstatt auf Roatan: das kostet einen Dollar und dauert 3 Minuten?; Clinica Esperanza, Roatan: fürs wieder „tauch-bar" machen mit Antibiotika und dem „Nasenspray aus der Hölle"; Ingo und Birthe: fast hätte es geklappt mit einem Treffen, holen wir nach; Walmart: für Kontaktlinsen; Dr. Wohlfeil: für das problemlose und schnelle Ausstellen eines Kontaktlinsen Rezeptes; Nico und Luca in Mendoza: für halbtaube Ohren, viel neue Musik und leckeres BBQ; Hawaii-Bryan: der uns in Rurrenabaque nach vier Monaten wiedererkannt hat; LAN Chile: für drei Nächte fünf Sterne in Guayaquil, Ecuador; Jürgen & Pura Vida auf Roatan: dass du aus uns zwei gute Taucher gemacht hast; Phelia auf Roatan: für gute Tipps zum Gesundwerden; Subway watersports Roatan Laurie, Ryan und dem schweigsamen Albert: hat Spaß gemacht und Laurie, für den nächsten Schokokuchen, nimm mal mehr Kuchen, weniger Schokolade; Den beiden Schweizern: für den Ecuador-Reiseführer in Vilacabamba; Diana und Cristobal: für die Stadtführung und das Frühstück in Quito; Claudia @ Scuba Iguana, Galapagos: für den Freundschafts-Rabatt; Dave und Helen aus UK: dafür, dass ihr ausschlafen wolltet und du hast Recht Dave, Life ain't fair but there are those, who help adjusting…; Dem Oro Verde in Guayaquil: für das unglaublichste Dessert-Buffet, das ich gesehen habe; Der Stadt Las Vegas: es steht zwei Null, verstehste, näh?; Dianne: für ein Wiedersehen und Kaffee in Auckland; Susanne: für das Treffen in Wellington und Zuccinikuchen; Dem schwedischen Ehepaar: die uns in Neuseeland nach dem Queen Charlotte Trail zurück nach Picton gefahren haben; Evette und ihrer Mutter Madelene: für Unterkunft und Verpflegung in Sydney und dein RAV4 kann auch anders als Vollgas; Den Foo Fighters: für das Gratiskonzert in Sydney; Den Flugbegleitern und Reiseverkehrskaufleuten: die uns immer wieder mal einen Platz am Notausgang gegeben haben; Udine und Bernd: für die Karte, den Wein und den netten Abend ; Deutsche Welle TV: für hin und wieder ein paar Sendungen auf Deutsch; Kati und Julien: für die Treffen in Thailand; Marta, Ima und David: für die Spezialbehandlung und die lässigen Abende, viel Spaß in Myanmar Marta!; Den spontanen „Fremdenführern" in Myanmar; Franzi: die wir zwar nie erkennen aber wenn wir uns in Hamburg über den Weg laufen, hau uns bitte an; dem italienischen Restaurant in Yangon: für „Pasta to die for"; Rainbow Divers in Nha Trang, Vietnam: für den geschenkten Tauchgang; Kantha Bopha, Kambodscha: für ein neues Shirt, das Gefühl ein guter Mensch zu sein und hat auch gar nicht wehgetan; den Menschen in Myanmar; Stefan und Aidil: für die Zeit in Singapur; Fabian für die Idee.

Vielen Dank allen, die uns unterstützt haben.

Epilog
Frankfurt, Deutschland, Mai 2012

Auch heute bin ich noch häufig auf Flughäfen und da sehe ich sie, Reisende mit großen Rucksäcken, auf denen Flaggen stolz erzählen wo sie waren. Ich möchte auf sie zugehen und ihnen sagen, wie sie am besten in die Stadt kommen, ich möchte Ihnen sagen, wo sie schlafen können und, dass sie sich das Taxi sparen sollen.
Sie würden mich nicht fragen. Ich bin keiner von ihnen. Ich trage Anzug und keine abgerissenen Klamotten. Ich bin geduscht, rasiert und vor allem trage ich statt Rucksack eine Laptoptasche. Ich trinke übertreuerten Kaffee und gehöre einfach nicht dazu. Die locker sitzende Firmenkreditkarte ist nicht das einzige was uns unterscheidet. Ich könnte sie im Mietwagen mitnehmen aber was sollen die Kollegen denken?

Sie gehen vorüber ich schaue Ihnen nach, meine Kollegin sagt etwas. Realitäten könnten nicht unterschiedlicher sein. Ich bin mir nicht sicher, Teil welcher Wirklichkeitskonstruktion ich sein will. An Flughäfen jedenfalls kommen mir diese Gedanken. Flughäfen sind die Schnittmenge dieser zwei scheinbar parallelen Welten. Die Berührungspunkte Reisender mit der Realität oder die der Anderen mit Sehnsüchten, außerhalb durchgetakteter Meetings, stumm geschalteten iPhones und eingehaltenen Agenden. Ob sie einander beneiden, nur ein kleines bisschen? Oder ahnen sie gar nicht, dass sie sowohl dies, als auch jenseits der „fast lane" am Check-in stehen könnten? Mit allen Vor- und Nachteilen wie auch immer die gewichtet sein mögen.

Ich fahre auf einem dieser Förderbänder hinter einem Deuter 80+20 Liter Rucksack. Neuseeland, Australien, Fidschi, Vietnam, Thailand erzählt er mir und ich nicke wissend. Freust Du Dich auf Zuhause? Wo ist Deins und bist Du glücklich? Würde ich gern ihn fragen, könnte ich genauso gut mich. Ja, hier und ja sind meine Antworten. Das Förderband geht zu Ende, meine Kollegin möchte noch Parfüm im Duty Free kaufen. 70 Euro werden von einer Karte abgebucht, 700 Meilen der anderen gutgeschrieben.

Der Typ mit dem Rucksack ist weiter und ich denke, so eine Fahrt auf dem Förderband hat viel mit reisen zu tun.

Du entscheidest dich für diesen Schritt und von da an läuft alles automatisch. Zugegeben, eine Weltreise ist nicht so eindimensional wie die Fahrt auf dem Förderband und statt Leuchtreklame, feuert das Leben jeden nur erdenklichen Eindruck auf dich ab aber wenn ich zurückblicke, ist nach der Entscheidung reisen zu gehen eigentlich alles von alleine gegangen. Automatisiert, bis zu dem Tag, wo die Fahrt endete.
Das Förderband war vorbei und unsere Reise auch.